U0942236

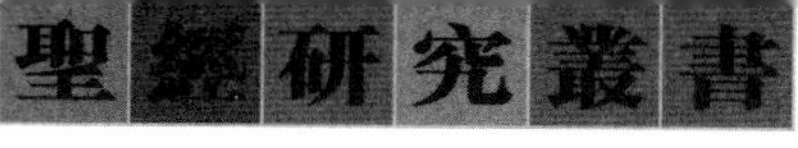

ReNewed Perspectives on Paul

誰的保羅？哪個福音？

保羅詮釋現象的反思

曾思瀚 著
曾景恒 譯

基道出版社

▼

聖經研究叢書

誰的保羅，哪個福音？

保羅詮釋現象的反思

Renewed Perspectives on Paul

作者
曾思瀚 Sam Tsang

譯者
曾景恒 Vivien Tsang

責任編輯
梁冠霆、許寶瑩

裝幀設計
奇文雲海．設計顧問

■

出版／發行
基道出版社
香港沙田火炭坳背灣街 26 號富騰工業中心 1011 室
LOGOS PUBLISHERS
Unit 1011, Fo Tan Ind. Centre, 26 Au Pui Wan St., Shatin, Hong Kong
電話：(852) 2687-0331　傳真：(852) 2687-0281
網址：http://www.logos.com.hk

承印
陽光 (彩美) 印刷有限公司

●

7/2012 初版
Cat. No. LP187A
ISBN: 978-962-457-441-8

Printed in Hong Kong

刷次	10	9	8	7	6	5	4	3	2	
年份	2027	2026	2025	2024	2023	2022	2021	2020	2019	2018

米特樂序

「我們可以對耶穌與保羅之間的差別說些甚麼呢？這些只是表面上的差別，而不是真實的。」（頁 202）這類主張也許反映了一個研究新約的非鑑別進路，又或有可能如這本著作一樣，是全面地重新評估猶太根源和作外邦人使徒的保羅的認信的結果。為了延續把耶穌評估為一位猶太拉比和先知，新約學術界三十年來一直為所謂的「保羅新觀」（New Perspective on Paul, NPP）辯論不休。更準確地說，一些主要的關注，可追溯至超過半個世紀前的辯論，最先來自已離世的哈佛大學教授史坦度（Krister Stendahl），以及桑德斯（E. P. Sanders）那部出版於一九七七年、最具影響力的著作《保羅與巴勒斯坦猶太教》（*Paul and Palestinian Judaism*）。

然而，就如曾思瀚適切地展示，學界對新約和初期基督教的辯論是多元化的。當西方正激起一種富創意的辯論，並鼓勵辯論雙方廣泛參與所有相關課題的寫作和研討會時，亞洲的學者卻似乎不願參與其中，甚或認真考慮保羅新觀的關注。以歷史的差異性及多樣性來對抗現狀，在西方學府的處境中十分顯著。可是，在亞洲的很多處境中，因著對傳統與和諧一致的高度重視，致使西方學界的努力沒有引來太大的關注。

在這個重要的保羅新觀與其他觀點的討論裏，曾思瀚不單呈現了對辯論多方面的重要和全面性評估，也挑戰我們在亞洲基督徒的處境中，反思由新角度研讀保羅的重要性。在詳細檢視那些會損害我們理解保羅和他的書信的東西後，曾思瀚為我們描繪出一個多重樣貌的保羅，挑戰傳統對基督教的理解。他其中一個主要關注，就是要提高詮釋學方面的意識，因不同的焦點與方法進路會導致不同的詮釋。另一點就是要面對歷史和神學挑戰：保羅無意脱離猶太教，或更直率地説，保羅並非反猶太主義的。相反，在初期跟隨耶穌的人之間的衝突，乃是彌賽亞式猶太教形成階段的一部分和包袱。不同的歷史踐行者只是在外表上不同，而不是一種現實。與其把書信的保羅與使徒行傳的保羅對立，又或把信義宗的保羅與新觀的保羅對立等，曾思瀚力言要對交匯的問題、個人委身與前設作出整體性的回應。

這個研究十分寶貴，在某程度上也是對保羅研究的新貢獻，它把東西方的觀點和前設，以及歷史—神學、社會—倫理的關注，清楚地表達和相互聯繫。

米特樂（Dieter Mitternacht）
香港信義宗神學院副教授
瑞典隆德大學（Lund University）講師

鄧序

基督教自宗教改革以來，對使徒保羅的神學觀點的解釋，成了確立新教的信仰所在，而焦點就落在「藉信稱義」之上。似乎一直以來，無論西方教會或是華人教會，都認為保羅的神學就是「藉信稱義」了，別無其他。然而，這種習非成是，恐怕是把馬丁．路德（Martin Luther）昔日的信仰處境忽略過去而導致的。這樣的後果是，原本屬於針對性的議題轉變成了排斥性議題，意即「藉信稱義」不再只是保羅其中的關注之一，而是其關注之全部。於是，在保羅的眾多書信之中，出現了書信中的書信，以羅馬書和加拉太書為準繩；同樣地，在保羅的諸種神學關注之中，也出現了神學中的神學，以「藉信稱義」為準繩。也許，這只是路德的保羅，或信義宗的保羅。

這樣的保羅就是保羅的全貌嗎？我們應該怎樣解釋保羅的眾多書信？我們可以大而化之地約化、還原保羅的諸種神學關注嗎？要避免這種情況出現，我們只能重新注意歷史的保羅在不同的處境底下所寫下的書信，來了解他的諸種神學關注了。

這樣的講法是要竭力避免把保羅非歷史化及把他的書信非處境化。真理並非抽象而是具體地在歷史及處境中展現的。如果我們可以著重耶穌乃拿撒勒的猶太人，祂來不是廢掉律法乃是成全律法，那麼為甚麼我們不可以重視保羅乃熱心律法的猶太人？如果新約四卷福音書是因應不同教會處境而以不同的角度呈現出耶穌的眾多面貌，那麼為甚麼諸多的保羅書信不也是因應不同的教會處境而展現出保羅的諸種神學關注？

我們感謝曾思瀚博士，他為我們撰寫了《誰的保羅，哪個福音？》，不單為我們綜覽、檢視、反思過去接近四十年的保羅研究，以及當中的爭議（第一部第 1 及 2 章），更帶領我們重新進入保羅書信的世界（第二部第 3 章），展示出歷史中的保羅與書信作者保羅，立足於此，然後以哥林多前書為例，示範釋經的過程（第二部第 4 章），藉此而建立一種研讀保羅書信的範式。然而，《誰的保羅，哪個福音？》只是一個引言，文章是否可以繼續寫下去，就要拭目以待，我們不能只是寄望曾思瀚博士勤奮研寫出版——當然我們也厚望殷切他會如此——更重要的是華人教會研究保羅的學者，一同參與當中的討論。這種討論，必然是眾聲喧譁的，因為我們都不是上帝，沒有天眼，我們都總是已經站在某一地點來觀看事物。但是三一上帝讓我們各自有別，正是幫助我們互相校正、補充，由此而使我們更為謙卑，更重視研究同道的貢獻。

願上主使用《誰的保羅，哪個福音？》，造福教會羣體。是為序。

鄧紹光

香港浸信會神學院基督教思想（神學與文化）教授

二〇一二年五月二十九日

盧序

思瀚博士在年青的華人新約學者中是一位出眾的作者，不但出版速度迅速（五年內二十五本書），而且範圍廣泛，包括以弗所書和羅馬書研究、講道學和釋經法等，內容深入淺出。由於我倆對保羅研究有濃厚的興趣，並且都希望對華人教會在這方面的認識作出貢獻，因此一見如故。

約在兩年多前，我們分別開始寫作有關保羅的書籍，並且互相邀請對方為自己的著作撰序。如今，思瀚已完成他的著作，並按承諾邀我作序，而我的只完成了一半，並已擱置一旁多時，完成無期。在我收到書稿閱讀後，實在為思瀚感到高興，因為這本書確是保羅研究的入門好書，對於有意深入了解保羅其人及書信的人士而言，這是一本不可不讀的基礎讀物。

本書有以下四個特點：

1. 梳理學者們如何詮釋保羅的教導和意涵爭論的問題；將自十九世紀末開始，不同學者逐步把保羅研究從十六世紀的神學壟斷中轉變過來的發展，作了廣泛的討論。

2. 解釋了有關詮釋保羅思潮的不同運動，說明了它們的前設和觀點；幫助讀者了解「因為詮釋建構神學，而神學則重塑對文本的詮釋」。
3. 指出了我們熟悉的「保羅」並不等同於歷史保羅（historical Paul）。把保羅按照其歷史處境呈現為一位多元文化與立體的人物；一個猶太教傳統之下的保羅，又是一個洞察外邦人文化氛圍，以外邦語言傳講猶太人福音的歷史保羅。
4. 以哥林多前書為例子，具體說明如何以研究保羅的成果，應用在詮釋保羅的書信和其思想上。

思瀚誠然為我們撰寫了一本高學術水準、詮釋保羅及其書信的入門書籍，為一羣喜愛保羅的華人讀者作出了重要的貢獻。長遠而言，本書必定可以推進華人教會的保羅研究，使這位歷史保羅仍可以對今天的華人以言語和行動傳揚福音。

在完成此序時，得知思瀚因家庭的緣故而舉家返美生活，這實在是香港教會及神學界的損失。謹盼望思瀚能在彼邦繼續寫作，為推廣華人的聖經研究作更大的貢獻！

願主賜福思瀚及家人有更美好的生命和事奉！

盧龍光

香港中文大學崇基學院神學院院長

二〇一二年六月十四日旅次於沙巴

目錄

Contents

導言：本書的必要性

多個世紀以來，牧者和學者仍然就著應如何詮釋保羅的教導和意涵爭論不絕。保羅對當代教會的教導，仍然深深影響現今每位基督徒，就如現任天主教教宗本篤十六世（Pope Benedict XVI）宣布二○○八至二○○九年為「聖保祿年」一事可以得見。[1] 對於如何詮釋保羅教導的問題，自從十九世紀末開始，學術界便提出不少重大的修正。學術羣體渴望找到新的學術範式（paradigm），他們嘗試以科學鑑別方法判斷一切事物的真偽。在未有任何實證之先，任何論說都不能當為真實，包括宗教，這使他們逐步從十六世紀的神學轉變過來。近年來，學術和教會羣體更不斷提出新的範式，有如恆河沙數。學術觀點日新月異，叫人不能置身事外。如此，我誠然意識到，為一般學生撰寫一本高學術水準、關於詮釋保羅的簡介，實在是極艱鉅的任務。就是賴多寶（Herman Ridderbos）那本五百六十二頁的「概述」，[2] 亦只能綜覽保羅的神學。如果概述都多於五百餘頁，要我用三言兩語而又能詳盡地交代保羅的神學，幾乎是不太可能的任務。所以，我只願戰戰兢兢地嘗試簡介使徒保羅博大精深的神學思想。

我願透過本書幫助讀者了解有關詮釋保羅的不同思潮，理解當中的前設和觀點，因為詮釋建構神學，而神學則重塑我們對文本的詮釋。我期盼能造就一羣喜愛保羅的華人讀者，使他們了解和熟悉不同的詮釋學統，並認識一些近年的學術討論議題。正如我在課堂上時常提醒學生：「除非你知道一些關鍵的議題，否則你就無法掌握保羅在他任何一封書信中的教導。」我依舊恪守這信念。我們可以掌握釋經的方法（例如：文法和詞彙研究等），但除非我們掌握到釋經的藝術（例如：鑑別學和神學等），否則我們將無法掌握保羅的教導。這本書正是要討論釋經的藝術。[3] 換言之，我希望我們能夠探討保羅原有的激進思想，並刺激我們提出新的問題和答案。本書會嘗試回答部分問題，但總括而言，它會提出更多問題，而這些問題則是引子，叫讀者留意那些被忽略的討論，並鼓勵每個人都能建構一套對保羅的詮釋。

當然，本書提出的觀點，必定包含作者的個人因素和影響。隨著本書所開展的討論，這些個人因素也會愈來愈顯而易見（甚至是太明顯了）。我當然不能夠為這些因素致歉，因為每個人都有不同的經歷和訓練。多元文化的教育（主要是英、美的教育經驗，亦有華語的）和兩語環境（英文及兩種中文方言）肯定對我帶來不少影響。具體地說，我是在英、美兩地接受高等教育的，如今在香港的學術羣體中工作和做研究，但我的目光本質上跟普通的美國人並沒有分別，即使身處於後殖民年代。我希望本書不僅能幫助我們以不同的方式詮釋保羅，也能以不同的方式了解詮釋者。除非我們學習了解和欣賞不同學說的背景，否則我們不應該就此作結論，這太武斷了。當然，在學習欣賞某一學説的同時，我們不一定要認同它的結論。我相信不少學者——包括我的同事（甚至樂意地）——都會指出本書的不足之處。但我誠摯盼望它能夠成為信仰羣體對話的起始點，叫我們能謹慎、積極和誠實地從保羅和他歷世歷代的詮釋者身上學習。不論今昔，歷史仍是我們學習詮釋的最佳導師。

除了探討詮釋的歷史（history of interpretation）外，我還有另一個抱負：就是要求漢語詮釋者以嶄新的角度看保羅，並且不把我們熟悉的「保羅」等同於歷史保羅（historical Paul）。我希望把保羅看為一位有多元文化及立體的人物。究竟這是甚麼意思呢？我們已經認識改革宗傳統詮釋下的保羅，而這傳統亦是我所堅守的。我對這個傳統珍而重之，也認同這個傳統主張的大部分詮釋。事實上，我的信仰和對信仰的認識，都是在這個改革宗傳統的養育下成長的。但我認為，假如我們僅僅以改革宗傳統來研究和認識保羅，就不足以叫我們整全地認識他。那個猶太教傳統之下的保羅，又是一個怎樣的人呢？那個洞察外邦人環境，同時又以外邦語言傳講猶太人福音的保羅，他究竟是誰呢？恐怕沒有太多人察覺到這些問題。請容許我大膽地指出，歷史和書信中的保羅，並不是我們現今所認識的一般「基督徒」。不錯，回顧起來，保羅部分符合這個「基督徒」的定義，但卻不足以表達保羅是個怎樣的人。

當我們以「基督徒」一詞形容保羅時，就是將路加的辭彙和非歷史性的現代宗教詞彙結合來使用。試以哈林頓（Daniel J. Harrington）一書為例。[4] 如果哈林頓指「基督猶太教」（Christian Judaism）是一種以基督為中心的猶太教（Christ-centered Judaism），以前者來描寫保羅的信仰也有可能是合宜的。然而，哈林頓對保羅的描述並不夠徹底。在建構保羅的形象時，哈林頓的描述同時夾雜了一些敏感的詞彙和基督教的標籤。但不論是保羅自己或路加，都從來沒有稱保羅為「基督徒」。我的意思是，我們不應該單憑自己的意思來建構保羅的形象。歷史保羅是一位狂熱的猶太人。

本書希望誠實地研讀保羅。他曾經頗熱中於猶太教，並以猶太教的語言（而不是路加的言詞或現代宗教的詞彙）表達他對信仰真理的詮釋。儘管保羅的彌賽亞信仰要跟猶太教分道揚鑣（參羅九～十一章），他所傳講的福音，亦是建基於耶穌為彌賽亞的猶太教。我認為保羅也有可能會同意這一點。同時，這種猶太教對耶穌所帶來的改變是非常敏銳的，而保羅也希望與所有願意聆聽和接受這福音的人分享它的信息。透過記敘彌賽亞福音與猶太教的分歧，保羅期盼能打動一羣羅馬的外邦信徒，支持他的宣教事工，使猶太人和外邦人因福音的緣故而一同得益處，這是保羅所相信的。對一些不相信耶穌是基督，和不相信一套可以接受外邦信徒的福音的猶太人而言，保羅傳講的猶太教並「不像樣」；但對保羅而言，這福音就是猶太信仰的演繹。[5] 這福音雖然以猶太教的方式盛載，卻能以外邦人的語言表明出來。當然，這個保羅的形象，極可能會在教會圈子內引起回響和激烈的爭論。尤其是較為保守的華人信徒圈子，他們可能擔心我已經把福音忘記得一乾二淨。對於這些批評者，我只想反問：「你們可以肯定，你們的福音跟保羅的版本是一模一樣的嗎？」

儘管不少人可能會批評，身為美國公民的我，對反猶太主義「神經過敏」。但我懇請他們留意新約中的記載，看看他們能否拒絕把保羅當為一個貫徹始終的猶太人，一個深受猶太教的詞彙、福音和習慣影響的人。在重新評估很多不同版本的歷史保羅後，我確信保羅的信息和今天不少人所想的福音，仍然有很大的差別。我並為此而努力不懈。透過解構「基督徒」保羅（“Christian”Paul），希望我們能夠對歷史保羅有更深入的了解。我深信，透過了解這個我們既陌生又激進的保羅，就能欣賞保羅對基督教信仰根本的貢獻。雖然我未能夠完全明白保羅，也應該沒有完全弄錯。歷史是偉大的老師，不僅教導我們詮釋保羅的歷史，也教導我們認識歷史中的保羅。因此，在本書中，「基督徒」和「基督教」二詞的使用，只會局限在三個層面之上：第一，我會使用它們來稱呼所有在使徒離世後及教父時期的信徒；第二，當我審視學者對保羅的研究時，我會跟隨其他現代研究保羅的學者，使用「基督徒」和「基督教」二詞；第三，我會在現代基督教會信徒的倫理層面上使用這二詞。我希望我們能夠擺脫「學術界的白噪音」的影響來聆聽這位保羅。假若本書能夠引起一小撮人作出反省，我已經「完成任務」了！

本書由兩個部分組成。在第一部分，我將會審視有關保羅的學術研究，以現代的研究方法為焦點。由於篇幅所限，我未能一一盡錄每位研究保羅的學者的心得及成果。而且，在圖書館中，我們應該不難找到他們的著作。因此，我希望藉著集中討論近年一些詮釋保羅的代表作，帶出不同的詮釋議題和相應的解決方法。除了把它們分類，我亦會嘗試綜合這些不同的解決方法和進路。我當然會談到這些詮釋範式的意涵、優點和缺點。這些詮釋範式的意涵，亦會影響我們這羣研究保羅的華人神學家，應該如何先容許保羅對我們說話，然後才讓我們的神學透過保羅說話。在了解所有意涵之後，我們才算準備好處理保羅的文本。本書的第二部分將談及如何詮釋保羅，並以哥林多前書為例而加以說明。這部分會涉及詮釋保羅書信的重要議題，這是讀者不容忽視的。接著，我將會應用本書前部分的探討成果，研讀哥林多前書這一範例。每一種詮釋方法的理論層面，都容易掌握得到的，但我們必須透過釋經，徹底檢驗它們實質上的作用和貢獻。

註釋：

1. Robert Paul Seesengood, *Paul* (Chichester: Wiley-Blackwell, 2010), 9.
2. Herman Ridderbos, *Paul*, trans. John Richard De Witt (Grand Rapids: Eerdmans, 1975).
3. Thomas Schreiner, *Interpreting the Pauline Epistles* (Grand Rapids: Baker, 2011), 69～134 有好些文法和研究詞彙的精彩討論。
4. Daniel Harrington, *Meeting St. Paul Today* (Chicago: Loyola Press, 2008), 9.
5. 余德林：〈沒有換神變神，算甚麼「歸正」?——論保羅的神觀和基督論〉，《山道期刊》卷十三第一期(2010年7月)，頁98～104。在〈沒有換神變神，算甚麼「歸正」?〉一文中，余德林批評所謂保羅「歸正」的說法。

第一部
現代詮釋下的保羅

Evolution of Pauline Criticisms

第 1 章
保羅鑑別學的演變

1. 尋找不一樣的保羅：以歷史鑑別學為起始點

宗教改革以後，詮釋者孜孜不倦回應改教家的詮釋。改革宗的教義漸漸變得嚴厲起來，特別在加爾文（John Calvin）死後，詮釋者甚至開始整理改革宗先賢的教導。雖然不少人以改革宗信仰的名義編寫教義，但不過是舊調重彈，重複加爾文的教導而已。

這僵局維持至十九世紀初才出現突破，並帶來翻天覆地的改變。在哲學領域上，德國柏林大學（University of Berlin）培育出著名哲學家黑格爾（Georg W. F. Hegel）和馬克思（Karl Marx）。隨著科學與科技發展，工業革命漸漸影響和改變人類的生活模式：人類更有效率地開採和使用燃料、工廠大量生產商品（例如：鋼鐵），以及西方醫藥的科研大幅度降低人類的死亡率等。這些改變促使歐洲人口激增。與此同時，與科技進步相關的實證主義（positivism）也開始影響學術研究，包括了經歷重大變革的十九世紀新約聖經研究。學者開始區分歷史耶穌（historical Jesus）、信心的基督（Christ of faith）、使徒和保羅。十九世紀學術研究最大的貢獻，在於它挑戰教會傳統一直接受的聖經一貫性（biblical consistency）、正典性（canonicity）和歷史性（historicity）。無論在宗教或哲學層面，這項學術發展都影響深遠，因為它為日後設立嚴謹的聖經學術研究奠下基礎（大部分基督教信仰所認信的，都是建基於聖經之上）。在一本最近出版有關保羅的著作中，博格（Marcus Borg）和克羅森（John Dominic Crossan）對十九世紀聖經研究作出極有見地的總結：「主流學者與基要派及其他保守派學者的分別，在於前者沒有假設聖經與其他書本不同，它並沒有得到一種神聖的保證，而令它毫無錯誤和絕對可靠。主流學者把聖經看為歷史產物，可以利用研究其他歷史文獻的方法來研究聖經，而無需要因為基督教的信仰，而產生特定的結果。」[1] 正如博格和克羅森所言，歷史鑑別學的基本假設，正是把委身於基督信仰和歷史研究分開。

在歷史鑑別研究中，包爾（Ferdinand C. Baur）具有舉足輕重的地位。他是歷史鑑別學的先鋒，而且對現今的學術研究仍有影響力。包爾在著名的杜平根大學（Tübingen University）參與研究工作，享負盛名。在著名改教者墨蘭頓（Philip Melanchthon）於十五世紀的帶領下，杜平根大學具有眾多優良傳統，其中一項就是對追求知識的重視。因此，杜平根大學能夠培育不少傑出的學生，包括天文學家、數學家開普勒（Johannes Kepler）和哲學家黑格爾（及現任羅馬天主教教宗本篤十六世）。本書也會討論黑格爾提出的辯證法世界觀——即「正題」（thesis）、「反題」（antithesis）和「合題」（synthesis）——對包爾等學者的影響。面對前輩和同儕的輝煌成就，包爾的成績可算是不遑多讓，成為當時杜平根大學最有影響力的聖經研究學者和神學家之一。拙作《新約鑑別學手冊》(天道，2010)已探討包爾對聖經研究的貢獻，所以本書也不會重述，只會討論包爾是如何分析和理解保羅。包爾對使徒保羅所作的研究寫成兩本書，第一本集中討論保羅的「主要」書信，而第二本則討論「次等」和「三等」的保羅書信，並質疑它們的真實性。[2] 在第一本書的引言裏，包爾其實證主義的語氣，足以反映他對現代主義的信任。他認為，他身處的時代既是屬於批判明辯的時代，也是思想成熟、「長大了」的世代。這個世代會透過現代邏輯理性，分析和批判原始和落後的現象(例如：基督教)。[3] 既是這樣，為何不可呢？畢竟人類也開始掌握和操控大自然，尤其是西方各國。因此，包爾的研究是建基於簡單的假設之上：以現在的方法解決過去遺留下來的歷史問題。[4]

對於保羅的研究，包爾分析史料出處時，會推斷它們是來自保羅，還是出自使徒行傳的記載。包爾認為前者較為準確，而後者只是使徒行傳的歷史詮釋。換言之，由於路加編寫歷史是有特定目的，包爾認為使徒行傳的記載不能準確地反映歷史保羅，即真正的保羅之形象(或有關早期教會實況之描述)。包爾這看法是受到施內肯伯格(Matthias Schneckenburger)的影響，從包爾在他的書本中列舉了大量引述施內肯伯格的資料便可得見。施內肯伯格認為，使徒行傳是護教作品，但包爾對使徒行傳的評價則更為負面。包爾選擇相信來自保羅而非路加的記載，揭示了他假設前者在歷史的準確性和真實性較後者可靠。每當兩者的記載有出入時，包爾總會信賴保羅的記載。[5] 對包爾而言，路加護教心切，這反而妨礙了路加對歷史的判斷，而保羅的第一身歷史敍述則沒有這個問題。選擇保羅而非路加的記載，仍然影響現今關於保羅的學術研究，就如不少人仍會選擇保羅的記載、甚至是傾向選擇一些較能被確定為保羅親自撰寫的保羅書信，而非一些較為可疑、被學者稱為「託保羅之名的書信」(pseudo-Pauline letters)。[6]

包爾另一個影響深遠的觀察，是關乎宗教歷史的研究。他以另一個哲學進路為基礎，重新理解信義宗傳統、福音和律法的對立。[7]他觀察到，這也是保羅和希臘化猶太人(Hellenists；例如：司提反)的爭論點。[8]這說法實際上是來自黑格爾的辯證歷史觀——「正題」和「反題」——的結合、使歷史順著「合題」的方向發展。黑格爾按著這些命題思考歷史，是可以理解的，因為對所有德國人而言，十九世紀是個非常困難的年代：一次又一次的革命運動摧毀了「神聖羅馬帝國」；德意志聯邦(German Confederation；即統一前的德國)成員國之間的戰爭，更幾乎把整個國家搞得四分五裂，也使不少德國人遷移至美國。雖然相對於當時不少傳統的觀念，包爾的說法已經有所突破，但他繼續以信義宗的範疇來進行研究。包爾假設司提反不是單單批評律法，而是嘗試修復福音和律法之間的「差異」。我們當然不應該舊調重彈，誤以為馬丁・路德(Martin Luther)需要為福音和律法的對立負上責任。公元二世紀，倡導異端的馬吉安(Marcion)，就是那位編撰「馬吉安正典」(Marcionite Canon)的人，他理解但同時又誤解保羅所面對的挑戰。這人其實早已察覺到律法與福音之間的辯證關係。十九世紀在德國盛行的黑格爾學派辯證歷史觀，可以說其實與馬吉安的思想如出一轍。所以，包爾根據使徒行傳的記載，推測歷史保羅曾參與回應福音和律法之間的對立和鬥爭。

包爾這種詮釋，可見於他的加拉太書註釋，他將加拉太書看為基督教與猶太教鬥爭的產物。[9]到了保羅撰寫羅馬書的時候，包爾認為這個鬥爭愈趨成熟，保羅也展示他經過深思熟慮的論點，進而鞏固基督教的基礎，而哥林多書信則是加拉太書和羅馬書之間的立足點。這是包爾的論點。[10]包爾對猶太教的評價非常負面。因此，加拉太書和哥林多書信，乃是從外邦和猶太基督徒之間的倫理爭執中衍生出來的，而羅馬書則是最後和演變出來的產物。包爾觀察到的發展，即教會歷史中教義的發展，也被他用作為了解保羅這個人。

到目前為止，對包爾而言，詮釋保羅的首要任務，就是回答：「保羅是路加筆下的保羅，還是保羅書信中的保羅呢？」直到如今，學術界仍然依循這個歷史進路研究保羅。鑑於學術思潮愈趨批判性，歷史研究法也受到影響，普遍開始研究和對比耶穌和保羅、保羅和早期教會之間的巨大差異。與此同時，各式各樣的抗衡、關於保羅的描繪，也在激烈的學術討論中被提出來，保羅的學術研究因而起了翻天覆地的變化。除了討論這些描述的相異處，學者也嘗試以其他研判方法來解決他們的問題：歷史保羅是誰呢？他到底在想甚麼？

在有關不同的保羅描繪的爭議中，學者經常把保羅和耶穌區別開來。《保羅：耶穌的宣教士》（*Paul: Missionary of Jesus*）一書的作者巴尼特（Paul Barnett），就曾回應和反駁這個研究趨勢。[11]他的詮釋方案刻意駁斥歐洲大陸學術的研究和評論，反對把耶穌和保羅對立起來的描述。他的論點如下：首先，巴尼特提到按事件發生的年代排列的次序。保羅在大馬士革的經驗，是在耶穌死後不久發生的。[12]不少質疑使徒行傳其歷史性的人，當然不會重視這個記載。另一方面，根據使徒行傳的記載，保羅早年與耶路撒冷教會保持聯繫，這必然容許他接觸一些曾經親身跟隨耶穌的門徒。[13]而且，從其他非保羅的敘述中，都可以找到不少在保羅信書中對耶穌的描寫的痕迹。巴尼特的論據，跟布魯士（Frederick F. Bruce）的研究觀點一樣，後者非常看重歷史保羅。單從巴尼特對歷史保羅的興趣，就可以看出十九世紀歷史鑑別學的重要性和對現今的影響。

2. 宗教歷史上的保羅

歷史鑑別學為保羅研究打下基礎；但是，歷史鑑別學學者選取的資料，仍需要進一步研究和分析。正如近年保羅新觀（New Perspective on Paul, NPP）的討論，當年學者對於歷史鑑別學也有不同的回應。例如：巴特（Karl Barth）嘗試以一套辯證架構（dialectical scheme），融合初期教會年代的不同學說。反之，布特曼（Rudolf Bultmann）則研究一些曾影響基督教的因素，凸顯不同學說的差異，把宗教歷史的進路引進保羅研究之中。布特曼這種詮釋進路，也可從他的傑作《新約神學》（*Theology of the New Testament*）清楚反映出來。[14] 換言之，巴特從正典的角度閱讀保羅，及較少留意當時保羅身處的環境，而布特曼則剖析正典，並從一世紀的社會和宗教背景閱讀保羅。巴特和布特曼兩位神學巨人之間有相當大的分歧，以上一例，尤其顯著。

我們在認識、欣賞宗教歷史學派對保羅研究的貢獻前，也必須明白到詮釋保羅書信會使用到經外文獻和證據，因為關鍵的議題，並不在於宗教歷史「學派」本身，而是在於詮釋者如何處理經外的資源。昔日歷史鑑別學播下的種子，已經開花結果，並主導著二十世紀初的研究。為甚麼會這樣呢？二十世紀的兩次世界大戰，讓所有自由主義者對人類的本性失去希望。人要不是摒棄自由主義(例如：巴特)，就是要把它改頭換面(例如：布特曼)。隨著二十世紀的流逝，不少「基督教」帝國漸漸瓦解(例如：俄羅斯、英國和德國)，人文世界不再單靠基督教的探究範疇，取而代之的是其他學科的大鳴大放，這些事都叫世界變得不再一樣。當哲學（有時是相當的世俗）為十九世紀的聖經研究提供極有力的詮釋框架時，其他學科，例如古典文學和考古學（手法還頗為拙劣），也開始影響著人如何詮釋保羅書信。

戴斯曼（Adolph Deismann）等人的研究，正挑戰著布特曼等學者要如何詮釋眼前的資料。對於二十世紀初期的聖經研究，戴斯曼和藍賽（William Ramsay）是兩個不容忽略的名字。戴斯曼是柏林大學的教授，因新約釋經而嶄露頭角，成為保羅研究和新約研究的先驅。他醉心蒲草紙和碑文研究，從而推斷一世紀的社會情況。戴斯曼渴望認識古時的保羅，而非宗教改革或啟蒙運動時代建構的保羅。[15] 他這個想法極具前瞻性，值得敬佩，也使他的研究足可媲美宗教改革時代的人文主義思潮。當然，戴斯曼的研究方法也有其不足之處。他最大的問題是過分依賴他本人的研究發現，並以此來研讀保羅。如此，他將一些與保羅沒有關係的社會意義，強加於經文和其詮釋之中。儘管不少人因此嚴厲地批評戴斯曼，但他的努力卻避免了將保羅研究過分地抽象化，以致文本脫離了一世紀的真實處境。

藍賽爵士身處戴斯曼的鄰國，是一名英國學者。他研究所得的結果，脫離了其自身早年的理論基礎和進路。起初，藍賽追隨批判學派所倡議的假設，就如杜平根學派所主張的，但後來他卻改變了，漸漸轉為相信路加的歷史記載，到最後他更十分依靠路加的記載來研究保羅，[16] 並當作歷史保羅的背景。因應藍賽的研究，身為保羅同伴的路加，其名聲得以存留至今。及後，布魯士也跟隨藍賽的研究進路，以相似的歷史鑑別方法研讀保羅。[17] 布魯士承先啟後，力排眾議，指出保羅與耶穌之間的相近之處，而非二人的差異，並主張以一世紀的背景研讀保羅和耶穌。[18] 雖然他是位虔誠的基督徒，但他的研究結果並非單從信仰中領悟出來；一世紀的歷史背景，幫助布魯士對保羅與耶穌作出許多有見地的洞察。

布特曼順應十九世紀的討論，提出基督宗教演進的解說，作為二十世紀的研究方向。當十九世紀的學術研究集中討論教會內部的種種因素時，布特曼的研究也有考慮到在教會以外，那些影響基督教形成的因素。對他而言，耶穌創立基督教，而他的門徒則分裂基督教，並形成猶太基督教和希臘化基督教。而來自耶穌的教導，就是教會的宣講。[19] 保羅屬於希臘化基督教的羣體。[20] 對希臘化基督徒來說，他們需要對抗外邦宗教；[21] 與此同時，他們也受到外邦宗教的影響，例如：異教的奧祕主義、諾斯底主義（Gnosticism）等。[22] 布特曼認為，諾斯底主義的影響尤其顯著，特別是在哥林多教會，這一點在保羅的哥林多書信中可見一斑。談及基督與文化的衝突和適應的這類討論，盛行於二十世紀的學術風氣中。雖然布特曼的研究進路與狄比流斯（Martin Dibelius）有分別，但他們都能得出相同的結論：諾斯底主義對初期基督徒影響深遠。這類基督教演進的解說，繼承了始自十九世紀杜平根學派的演進模式（evolutionary model）。

就以上的討論而言，我們對布特曼的進路可以作甚麼評價呢？布特曼以「信前的人」（man before faith）和「信後的人」（man after faith）兩大範疇來理解保羅，我們可以視這種方式為人類學的研究進路。[23] 布特曼的研究結果充滿存在主義色彩。在「信仰之下的人」（man under faith）這範疇下，他的救恩論的架構，仍然跟隨德國的神學傳統、法庭式的稱義觀（forensic justification），布特曼稱它為「法庭式的終末的義」（forensic-eschatological righteousness）。[24] 然而，從這一點開始，布特曼漸漸離開了他的神學傳統，把救恩單單視為認識真正的自我，迴避了超自然層面的救恩觀。[25] 在德國，他這套神學思想影響至今，就如當代著名的神學家莫特曼（Jürgen Moltmann），他在描述上帝在基督裏的國度時指出，「只有當人尋見上帝的國，他們才能尋見自己」。[26] 二人主要的分歧在於莫特曼深信復活事件是史實，而布特曼則堅持不能確定復活事件的史實性。布特曼不願意為此事給予明確的立場，並提出保羅式的宣講（Pauline preaching）其實就是宣講關於基督如何不斷啟示祂自己這一件終末事件而已。[27] 在大部分情況下，布特曼迴避為保羅超自然性的宣講命名，卻在諾斯底主義的釋經和存在主義神學之蔭庇下，以「神話」（myth）這一含糊不清、卻又帶點反自然味道的詞彙告終。由於個人化的西方社會長期排拒一切的超自然論述，並視之為迷信的表現，布特曼便嘗試讓保羅變得更有現實意義。他以個人的獨特性取代超自然的事件。結果卻事與願違，且帶諷刺的是，從基督教護教的層面來說，假如我們挪開一切超自然的事，歷史保羅還有甚麼可說的呢？

除了布特曼外，蓋士曼（Ernst Käsemann）是另一位人類學研究進路的支持者。他是布特曼的學生，自然深受布特曼的影響。由於蓋士曼缺乏足夠的資料，在他早年的研究中，只能看見諾斯底主義存在於保羅身處的世界中，但卻看不見是存在於保羅的神學之中。[28] 他認為諾斯底主義和保羅的神學思想，皆建基於類似的人類學架構，以致兩者之間有不少相似的地方。蓋士曼借用布特曼的用語，將「信仰之下的人」理解為一種有機的狀態（an organic state），並會在不同的宗教禮儀和環境之下、以一種動態的方式，不斷地改變和調整。[29] 他把救恩視為一套仿效上主的倫理模式，又視基督為人類實相（true humanity）的啟示。對蓋士曼而言，保羅的神學，融合了人類的經驗與神聖的力量。這思想架構使蓋士曼高舉哲學，結果哲學主導了他的釋經。他強調人應該活出基督的愛和苦難，這甚至令他的基督論黯然失色。儘管他對布特曼作出了不少批評，他的研究結論卻跟布特曼提出的大同小異，如出一轍。他認為，人要實現真我，只能透過耶穌基督帶來的神人復和，而並非耶穌基督代受刑罰的犧牲。[30] 由於蓋士曼的研究，歷史保羅不至淪為普遍現代人所理解的純粹超自然主義。

蓋士曼除了提出人類學的基督論（anthropological Christology）之外，他的救恩論也建基於亞當人類學（Adam anthropology）之上。蓋士曼認為，當人能夠存在，並活出亞當的樣式，那他就能藉基督稱義。這個把稱義視為個體存有的實現的說法，美其名是理據相當不足，[31] 實際上則清楚顯示出一個警示，就是布特曼在存在主義框架下所理解的保羅神學，其結論是非常個人化的。

伯恩坎（Günther Bornkamm）是另一位著名的德國聖經學者。他也跟隨包爾的研究方向，嘗試觀察及比較路加筆下和保羅書信中的保羅的分別。雖然伯恩坎不太認同布特曼的主張，但也深受布特曼的影響。他的神學以在迷失狀態下的人類為起始點，這方面與布特曼的神學非常相似。在迷失狀態下的人類，需要面對律法和墮落的張力，就如亞當一樣，即既活在律法之下，同時卻又是宇宙的墮落者。[32] 亞當是迷失狀態下的人類的表表者，而基督則是迷失狀態下的人類的拯救者。基督藉著稱義，使人不再活在迷失狀態之中。[33] 因此，基督事件是這些問題的解決方法。

在神學上，伯恩坎緊隨當時歐陸的學術界，把稱義看為福音的核心。然而，伯恩坎並非藉存在主義的研究進路來得出此結論的。相反，伯恩坎是以歷史鑑別學，研究初期教會傳統和宣講，以及保羅的歷史狀況，從而得出這個結論。[34] 事實上，伯恩坎在討論改教家如何理解因信稱義時，也提及到保羅，這顯示出他的詮釋向度。[35] 伯恩坎運用歷史鑑別學，嘗試分析教會最初的宣講，以探討福音的延續和演變這個歷史問題。他明確地指出上帝的信息和祂的門徒的信息之間的分別。簡而言之，伯恩坎認為，新時代帶來的天啟思想，可以概括出這些分別。[36] 雖然伯恩坎一方面容許歷史鑑別學引導他的研究，另一方面仍遵循信義宗的神學架構，但他主要是跟隨當年盛行的詮釋常規。伯恩坎也遵循新約聖經的正典體制，提出福音書的重點應為復活之前，這與強調復活之後的書信有所不同。伯恩坎的目標是要撰寫一本保羅的傳記，這傳記也不會忽略保羅的神學思想。因此，伯恩坎時常藉歷史鑑別研究來使用路加和保羅的記載。[37]

與同時代的布特曼不同，伯恩坎至少主張歷史耶穌與初期教會，或歷史保羅與保羅書信之間，應有一種更密切的關係。[38] 伯恩坎與他同時代的人一樣，同樣以二分的方式，把猶太教描述為希臘化散居地的猶太教與巴勒斯坦的猶太教。[39] 按著成書日期的次序，伯恩坎視路加為保羅的同伴，因此受到保羅的影響。[40] 伯恩坎描述路加與保羅之間的差異，在於前者嘗試展示合一的教會，而後者則從沒嘗試平息紛爭。[41] 伯恩坎固然對保羅這位神學家深感興趣，但也同樣對歷史保羅感興趣。因此，他的著作主要將保羅描繪為歷史的保羅，同時卻又混雜著保羅神學。

歷史鑑別方法幾乎時刻強調初期基督教宗派的分歧和差異。在討論路加筆下的保羅時，來源的問題將會不斷重複出現，而保羅的言論也往往被視為路加虛構出來的。[42] 伯恩坎認為，與分歧和差異一樣，耶路撒冷對福音的定義，在保羅宣教初期一直未有定案。[43] 與此同時，他在對耶路撒冷教會的理解這命題中，十分小心地保存著不同羣體之間普遍合一的傳統觀念。[44] 他也解釋了使徒行傳中的保羅與書信中的保羅之間的分別；在路加筆下，並不存在保羅書信系列。[45] 由於路加的著作受到保羅的影響，伯恩坎謹慎地使用使徒行傳，不完全相信它的準確性。伯恩坎認為，有關保羅的成長的記載肯定是正確的，但保羅曾經見證說他是迦瑪列的門生（徒二十二章），因而深受迦瑪列影響，伯恩坎對這一點的記載存疑。[46] 很有可能，他正面的評價是基於路加的著作和保羅的書信都以不同版本記載了這件事。與此同時，伯恩坎主張，在大馬士革，是那些希臘化猶太基督徒導致保羅歸正，而不是出於某些突如其來的異象。[47] 伯恩坎的保羅是個不斷成長的猶太宣教士，而不是戲劇化的歸正者；保羅乃是以希伯來聖經和初期教會傳統為理據與人爭論的。[48]

在伯恩坎的著作中，他也提出了方法論的問題：我們能否不以歷史鑑別學理解保羅的神學？很多鑑別學學者都同意保羅撰寫了不同的書信，以回應不同的情況，因此令人無法整理出他的神學思想。伯恩坎卻不同意這個說法。[49] 他譴責現代人把宗教思想的「理論」與「踐行」分開，並視之為矯揉造作的做法。[50] 我們可以多一點從神學角度去看保羅，但這又是怎樣的神學呢？伯恩坎透過保羅親口的宣稱，已準備好這個神學答案。這是最貼緊使徒心意的，且不是一個抽象的形式（即：現代的神學化），而是實際、具體的宣稱。[51] 甚至是保羅對妥拉（Torah）的觀點，也是出於他對種族分歧的關注，而他本人亦已預備好要修正這個問題。[52]

總括來說，歸正前的猶太人保羅仍然符合現代基督徒所建構的猶太教，而不是較為近期的保羅新觀之理解。伯恩坎視會堂為宣教運動，好像基督教教會。[53] 雖然今天普遍不會再這樣理解猶太教，但在伯恩坎的時代，這是頗為根深柢固的。歸正前的保羅熱中於宣教和逼迫基督徒；[54] 歸正後的保羅依然滿腔熱誠，只是他轉移了重點。在伯恩坎筆下，歸正前的保羅較似是一個宗教狂熱分子，與現代的恐怖分子沒有甚麼不同。

由於伯恩坎那一代曾目睹德國納粹黨的惡行，他因而在保羅的救恩論中看見重要的倫理涵義。由於基督與亞當是個對比，人類的情況可以主要基於天啟年代（apocalyptic chronology）而分作兩個部分。首先，現今的生命包含透過聖靈、受苦與羣體而與上帝、同伴和自我建立的關係。其次，現今的生命也指向將來的生命。伯恩坎以信、望、愛其實現式終末論（realized eschatology）為重點，而不是處理保羅終末論中的將來，並從而得出適用於他那個年代的即時倫理應用。伯恩坎最重要的貢獻，必定是他那嘗試擺脫布特曼的影響的努力。雖然伯恩坎對保羅的理解並不完全，也是以人類學為基礎，但他卻強調保羅與他自己同時代的人的共通之處，就是從人類狀況傳講自由的福音。[55] 伯恩坎提醒他同時代的人，在歷史批判者最諷刺性的批評和觀察之外，有一個所有初期基督徒都共同看到的出路。

在對基督教的宏觀分析中，歷史仍然扮演著重要的角色。其中一個重要的研究出自摩爾（G. F. Moore）的《宗教歷史》（*History of Religions*）。他在第一冊專注討論所有非基督教宗教，而在第二冊則討論猶太基督教。[56] 摩爾的偏好十分明顯，因為他花在猶太基督教上的篇幅，比所有別的宗教明顯地多。再者，他在第二冊的鋪排上，也表明了他基督教的演進論觀點，即認為基督教是從猶太教而出，以致他展開了有關詮釋者所想的猶太教應屬於哪一種猶太教的討論。他清楚地指出，保羅著作列出妥拉，以致人類可明白到人是無法守全律法的，因此會對與之相異的稱義方法感興趣。[57] 他在這裏的立場與路德十分相似。摩爾將希臘化的猶太教和巴勒斯坦的猶太教分開，並列入不同的類別。[58] 他也使用了非基督教的詞彙來形容基督教。對於保羅的「奧祕」，摩爾主張這個奧祕的基礎，乃建基於被釘的神聖人物（即：基督）這個古老傳統，而屬這傳統的成員，也必須遵行水禮的禮儀。[59] 摩爾筆下的保羅，基本上棄絕了所有猶太教的認信（尤其是與妥拉有關的），只保留了法利賽主義（Pharisaism）的復活教義。[60] 雖然摩爾的任務主要是描述性的，但基督教與猶太教的關係，到了較後期有關方法論的爭議時，就顯得十分重要了。我們在下文論到保羅新觀的興起時，將會再討論這個問題。

3. 探索天啟保羅：歷史和神學中的保羅

包爾以歷史為重點，而史懷哲（Albert Schweitzer）則以終末論為主。史懷哲博學多才，人所共知。他的研究包括非洲探索和向非洲宣教、醫藥、彈奏管風琴，演繹巴哈的音樂，以及撰寫有關耶穌和保羅的著作。他經歷過二次世界大戰，也曾被拘留。雖然他比起大部分尋求穩定信仰的傳教士仍更為開放，但他的著作也重拾了天啟的範疇，這是十九世紀歷史鑑別學一直忽略了的範疇。事實上，史懷哲在他的《使徒保羅的神祕主義》（*The Mysticism of Paul the Apostle*）中，以描述神祕的保羅開始。[61] 史懷哲指的「神祕」是甚麼意思呢？他以天啟語言為框架，建構他的信息。神祕主義以屬天的實在（heavenly reality）來看屬地的實在（earthly reality），而根據史懷哲，他認為這不單是基督教意識的一部分，也在很多世界宗教領袖和哲學家（例如：婆羅門〔Brahmans〕、佛陀、黑格爾）的宗教意識中得見的。[62] 以保羅為例，這種與上帝的神祕關係，乃是透過與基督聯合，用他自己的術語，就是藉著「基督的神祕主義」（Christ mysticism）或某種透過基督的意識（Christ-consciousness）而得到的上帝的意識（God-consciousness）而建立的。[63] 史懷哲建構的圖像不單具有神學性（即：天啟性），但也是心理上的（即：「心靈上」的？）。史懷哲解釋說，保羅其獨特的「在基督裏」的用語，正表達出這種神祕主義，而他也引述了好些從羅馬書到腓立比書的經文為證（例如：羅六 10 ～ 11；加二 19 ～ 20，三 26 ～ 28；腓三 1 ～ 11 等）。[64] 史懷哲簡單地比較了保羅和他周遭的宗教。與異教強調的重生循環不同，史懷哲留意到保羅只以復活—神祕主義（即：與基督同復活）為重點，這是一種歷史—宇宙式的神祕主義（historical-cosmic mysticism），有別於異教的神話式神祕主義（mythical mysticism）。[65] 或許，史懷哲的觀點不過是另一個較花俏的說法，即表示保羅認為基督的復活與其自身的生命和教會的生命有密切關係。然而，這並非單純地與個人有關，因為保羅藉著在逼迫者的手中受苦，而真實地經歷了與基督聯合。[66] 根據史懷哲，信徒一般都是透過聖靈而經歷到「在基督裏」；但是，除非人早已「在基督裏」，否則他是不可能被聖靈充滿的。[67] 史懷哲為表明他的論點而作出一個比較：保羅的神祕主義是來自初期的基督教終末論，而其中一個證據就是被聖靈充滿（即：以西結書三十六章 26 至 27 節及約珥書二章 28 至 31 節），而不是像異教的奧祕或希臘化的諸宗教一般。[68] 史懷哲筆下的保羅，乃是從宇宙的角度看國度，而不是從民族的角度看國度。或許，史懷哲的貢獻不單是發現「在基督裏」的神祕詮釋，更重要的是，他將宇宙（即：終末性）和政治性的詮釋範式，在保羅的思想中區分出來。

史懷哲的宇宙面向似乎滿有創意，且甚具一致性。在論到妥拉的時候，史懷哲相信這對於保羅的外邦讀者而言，妥拉已不再適用，因為妥拉是由天使掌管的，而這樣的理解，則是源於他對加拉太書三至四章的詮釋。[69] 事實上，加拉太書三至四章成為了史懷哲在多方面的詮釋的指引。史懷哲從天使的角度解釋妥拉，並從上帝的救恩歷史或終末論，發展至一些較為獨特的天啟—宇宙論。原因如下：假如與保羅所教導的一樣，即妥拉是由天使所掌管的，那它就會漸漸被廢除，因為基督的復活已經取代了天使的掌權。在這件天啟事件（即：基督的死與復活）發生之後，妥拉就不再相容了。復活的超自然能力能夠把妥拉放在人的心裏，以致保羅無法把上帝的國度當作妥拉的國度。[70] 就倫理的層面而言，史懷哲也提出了重要的一點：保羅高舉要從妥拉中得自由，但他為甚麼在關於奴隸制方面擁護現狀呢？[71] 被揀選的人在世界的終末稱為義，如今得以透過在耶穌基督裏的義（有別於透過妥拉的義）而得生，而水禮和聖餐（從施洗約翰和初期教會主再來〔parousia〕的教導而來的傳統）這兩個「在基督裏」的聖禮則代表著這個實況，就如末世已經在信徒裏實現了。[72] 無怪乎保羅的倫理可以叫「善行」與「白白的恩典」緊扣在一起！對史懷哲而言，信徒「在基督裏」的狀態（因此是「與基督一起」）一方面得著救贖，另一方面也形成了善行，因為基督透過聖靈內住在信徒裏。[73] 而終末性的倫理則再次解釋了這一點：對保羅而言，直接的天啟（即：有關天使的事情）問題較為切題。我們可以見到，史懷哲解釋保羅的方法發揮得很好。

包爾和史懷哲的研究是現代主義發展和抬頭的重要釋經里程碑，這對於一些二次世界大戰之後的作者而言尤其重要，其中一位是舒奧培斯（H. J. Schoeps）。直至現在，很多新約學者依然會討論舒奧培斯的《保羅》（*Paul*）一書。[74] 舒奧培斯是生於德國的猶太人，他的父母是大屠殺的受害者，而他在二次世界大戰後從瑞典回到德國。舒奧培斯並不嘗試從宗教歷史的研究進路（較為外在鑑別的進路）來理解保羅，而是大膽地嘗試根據保羅本身的教導（較為內在鑑別的進路）進行研究。在舒奧培斯之前的作者，都慣以保羅思想中的某部分為焦點，但是舒奧培斯卻致力理解保羅的整個思想世界。我的意思是，舒奧培斯嘗試提供一個理解保羅的整全模式。

身為研究猶太教的學者，舒奧培斯比大部分人都佔有優勢。在他的評估中，他嘗試補充史懷哲對耶穌和保羅的天啟思想觀察，指出較後期的拉比文獻中的天啟觀念。[75] 他繼而駁斥史懷哲有關天啟的獨特性的宣稱，指出從但以理到巴科巴（Bar Kokhba），特別的天啟式盼望一直延續，從未間斷。[76] 有別於史懷哲狹窄地理解的天啟觀念，舒奧培斯乃從宏觀的角度，引入終末論為詮釋的範式。這並不是說，史懷哲並沒有提供任何有關終末論資料背景的討論，而是史懷哲的著作早已先假設了保羅的神祕主義，才繼而處理其他證據，而舒奧培斯則採取了相反的做法。舒奧培斯的特別終末式盼望與天啟觀念十分配合，又或許是天啟觀念與他的特別終末式盼望十分配合。舒奧培斯的著作鋪排，清楚地表明他主要是從終末論的角度來看保羅的，而這正是保羅的救恩論的基礎。[77] 史懷哲也做了類似的東西，他認為救贖乃是保羅終末論的自然產物，但是舒奧培斯則進一步地全面發展他這個概念。[78] 即使他在駁斥史懷哲的神祕主義的證據時，他依然繼續強化史懷哲的方法，把保羅天啟主義置於終末論的框架裏。舒奧培斯也在保羅思想的不同層面中，把保羅置於希臘化的基督教和拉比猶太教裏。[79] 舒奧培斯認為，有關彌賽亞、末世，以及禮儀上從未間斷的爭論，並不單是一世紀的基督教—猶太教之間的爭論，也延伸至拉比的時代。[80] 而在這個延續裏，保羅則完全符合他那個時代的神學爭辯與框架。

舒奧培斯到底看到甚麼樣的終末式延續性？在他的著作中，舒奧培斯從舊約勾勒出救恩歷史的一種元敍事（metanarrative），尤其是追溯到大衞王權和國度的意識形態。舒奧培斯主張，到了保羅的時代，國度的意識形態已經漸漸衰微，而天啟式的理想（即：屬天的國度）則漸漸抬頭。[81] 舒奧培斯檢視了史懷哲幾乎完全略過了的部分，並提供了一個解釋保羅時代的被擄後的終末論和天啟主義的模式，而保羅也成為了以有關耶穌的彌賽亞宣稱為基礎的詮釋傳統。[82] 今天，在賴特（N. T. Wright）等學者建構諸種詮釋的模式時，這更是顯得十分重要。與史懷哲一樣，舒奧培斯也把天啟觀念作為他詮釋的大前提；但有別於史懷哲，舒奧培斯更詳細地證明天啟的保羅是如何形成的。他的天啟—終末式的保羅詮釋，可以用他自己的話概括：「假如隨著耶穌的死，舊有的世界已經開始過去，而世代的改變已然實現，那這就暗示著祂的復活，預告了彌賽亞時代的開始。」[83] 如此，史懷哲與舒奧培斯的共通之處就是以復活為關鍵，也是今天賴特的重點。

由於復活引導著舒奧培斯的詮釋，對舒奧培斯而言，保羅的救恩論成為解釋「十字架」的重點，即使保羅要為此曲解妥拉。這是完全可以理解的，這不單因為舒奧培斯是現代的猶太歷史學者，也因為被釘的彌賽亞在一世紀也的確是一大問題。根據舒奧培斯，單獨一人為贖罪而死的說法，並不見於任何猶太著作，雖然他察覺到類似的概念或有在舊約書卷（例如：賽五十三章）出現。[84] 對舒奧培斯而言，保羅書信中的歷史是以彌賽亞的形式出現的。[85] 基督在那往大馬士革的路上顯現，不過是確定了「後彌賽亞的世代」已基本上改變了上帝的救恩歷史階段：妥拉的時代已經過去了。[86]

在我介紹朗格內克（Bruce W. Longenecker）——結合天啟觀念、終末論與某些社會學而成的——其獨特的保羅新觀之前，我們必須先討論龐卡（J. Christiaan Beker）和詹姆斯．馬丁（James Louis Martyn）的著作。他們的著作也以終末式神學進路來詮釋保羅，而最終影響了朗格內克的研究。龐卡的終末式保羅詮釋以天啟的進路進行，「天啟」對他來說，是指「盼望彌賽亞的應許應驗」。[87] 與史懷哲不同，龐卡的討論在內容與方法而言，是頗為實在的，前者則堅持使用類似神祕主義等含糊的詞彙。龐卡在他的著作中斥責人以個人立場解釋福音，而他也認為無法明白保羅歸正的心路歷程並不重要。他說：「心理學上的簡化論（psychological reductionism）並無法取代歷史的解釋。」[88] 如此，他就採取了與金世潤（Seyoon Kim）相反的方法（他沿著保羅的呼召來詮釋），以較宏觀的進路詮釋保羅，就是「上帝在基督裏開始了的狀況」。[89] 他尤其是指到歷史性和肉身的復活是「以基督為中心」的天啟事件。[90] 龐卡認為保羅的福音是那融貫一致的核心與那些不太配合的東西產生互動後的結果。[91] 而在每封書信的處境中，龐卡都嘗試找出核心和偶發性的事件，使他自己的神學高度地配合書信的處境，並以「對話性」（“dialogical”；即：不同羣體之間的對話）和「辯證性」（“dialectical”；即：正題與反題之間的衝突）來形容之。[92] 在龐卡的研究中，「核心」並非指一些狹窄、抽象的教義命題，而是指可以包含大部分保羅思想的那些東西。[93] 龐卡以加拉太書和羅馬書為他的主要資料，選擇了天啟的內容；但是，他並不是隨意選用任何天啟的內容，而是選擇天啓式勝利的內容，即上帝透過十字架這代表著羞愧、可憎的政治象徵、勝過萬有（例如：天使、死亡等）的內容。[94] 在龐卡的描述下，保羅的才華在於他能夠把一個超脫塵俗的核心思想，放入並應用在此岸的世代裏，以致其讀者作出信心的回應。[95] 有別於在他之前的人（他們沒有使用如此明確的方法），龐卡在保羅的核心神學世界與偶發性的歷史情況之間的保羅互動模式（interactive model），是十分清楚的。

除了天啟式的詮釋以外，詹姆斯・馬丁的研究所展示的重要發展，也包括了「以加拉太人的耳朵聆聽」的詮釋方法。[96] 詹姆斯・馬丁的詮釋採用了「話劇」等詞彙，形容以互動的讀者為中心（reader-sensitive）的閱讀過程。所有角色（包括保羅、加拉太人和煽動者）的聲音都被人聽見。詹姆斯・馬丁敏銳地留心保羅與煽動者措辭中的神學元素，發現加拉太書一章 4 節包含著初期的神學元素。[97] 詹姆斯・馬丁以此為閱讀範式，與書裏其他天啟詞彙串連起來。雖然有部分結論固然與其他天啟詮釋者是一致的，但他的詮釋方法一方面對全書的文學結構頗為敏銳，另一方面也能留意到書中的情況。詹姆斯・馬丁以加拉太書的序言為基礎，以連貫的神學思維閱讀全書。天啟事件包括基督之死和復活，以及保羅的呼召。詹姆斯・馬丁也察覺到保羅強調倫理教導，以詹姆斯・馬丁的話作總結：「上帝已經完成了它……而你就要把它活出來！」[98] 我們現在討論的，並不是作為抽象的神學概念的天啟事件，而是涉及今生的天啟式倫理。這樣做的時候，所宣告和實踐的福音，就不只是傳統，而是一件天啟事件。[99] 至少詹姆斯・馬丁在很大程度上，成功地應用了一致的天啟式計劃來閱讀保羅書信，同時又敏銳於加拉太書的文學情況。

朗格內克的研究與上述提到的終末式詮釋類似，他是近年的重要學者，在多方面貢獻良多，下文將討論他在修辭方面的貢獻。朗格內克關於保羅神學的代表作就是《亞伯拉罕的上帝的勝利》(*The Triumph of Abraham's God*),當中他提及前人(尤其是史懷哲和蓋士曼)的研究,並把這些研究與龐卡的結論串連起來。[100] 朗格內克以前人的神學進路為基礎,把神學與社會身分結合,開拓了新的研究進路。朗格內克的研究不單結合神學與歷史,而且其重點更加準確,並以社會學的模式作詮釋。當朗格內克的著作出版時,社會學的模式在釋經學中也漸趨成熟,而他亦將其發揮得淋漓盡致。在這本可讀性甚高的著作裏,他先觀察保羅的時代,描繪加拉太當時的情況。因此,他的意圖肯定是歷史性的,因為他視保羅為猶太人,要宣講猶太人的信息,雖然朗格內克並沒有表明這是「哪類猶太人」(有別於詹姆斯.馬丁、龐卡、桑德斯〔E. P. Sanders〕、鄧雅各〔James Dunn〕與賴特)。朗格內克察覺到加拉太書有不同的豐富詮釋傳統,他以上帝在基督裏的得勝為焦點,強調上帝的能力勝過超自然的力量、所帶來的具體成果,以及得勝的細節。[101] 在很多方面,他的研究出色地結合了詹姆斯.馬丁、龐卡、鄧雅各與賴特的洞見。那麼,上帝勝過了哪些超自然力量呢?

朗格內克根據加拉太書一章 4 節的線索,主張上帝勝過了罪的勢力、超自然的存有(例如:天使)與民族界限。[102] 在基督裏的人是有分於約中的,因為他們跟隨了亞伯拉罕的腳蹤,這個邏輯在龐卡的著作中清楚說明了。[103] 他不單引用加拉太書(他主要的經文)證明他的論點,也引用了部分羅馬書,那裏對「罪是個人的權勢」有較清楚的討論。舊有的世代已經過去,上帝在基督裏的勝利已經來到,而新的世代就是全新的創造。因此,當保羅攻擊任何類別的宗教習俗(例如:行割禮)時,朗格內克認為主要的問題是「在它背後的是哪種勢力?」[104] 只要那是屬於舊世代的習俗,保羅就會視之為反對福音,會拒絕它。新的世代包括了聖靈在得著新身分的上帝子民羣體中的全新工作。雖然他的研究傾向保羅新觀，但他可是透過終末論和敘事式的閱讀而得出他的結論的。

從上述討論可見，方法上的分歧明顯是在於歷史和神學上的分歧。歷史學家所重視的，乃是描述保羅時代的歷史現象模式，而神學家則重視使徒的思想。

在歷史—神學的範疇裏，布魯士的高足金世潤建議以一種由歷史引導的詮釋範式，研究保羅的宣教，那就是根據金世潤對保羅的呼召的理解所進行的一種歷史重構。在他的《保羅福音的起源》（*The Origin of Paul's Gospel*）中，金世潤主張，保羅的呼召是理解其神學的核心。[105] 布魯士另一位學生德雷恩（John Drane）也贊同，說：「從那一刻開始，『保羅』就知道舊約的律法再也無法取悅上帝，因為在嚴苛地遵行這些律法的同時，保羅發現自己正與上帝為敵！」[106] 這個呼召導致德雷恩認為妥拉對保羅而言已再沒關係。有別於德雷恩，金世潤把更多想法讀進保羅的呼召裏。對金世潤而言，這個呼召是在歷史中發生的，卻繼而成為保羅的神學。金世潤進一步強調，往大馬士革途中的啟示告訴保羅，基督來到令妥拉也畫上句號。[107] 保羅的呼召的重點，不單與歷史鑑別的觀點脗合，也與佛洛伊德（Sigmund Freud）的「人的過去影響其現狀」之觀念甚為一致。金世潤致力於心理分析，但並沒有刻意透過歷史鑑別的進路作研究。[108] 這暗示著保羅內心世界的結論與對保羅的心理分析是一樣的，但並沒有進一步發展下去。

在某程度上，金世潤的研究有護教作用，他反對以使徒行傳過分懷疑的觀點作為歷史保羅的背景。至於保羅在使徒行傳中向猶太人宣教，金世潤則辯說保羅也有在會堂中向外邦進猶太教的人宣教，以致外邦人最終也會歸正。[109] 金世潤進一步聲稱，保羅在蒙召時，立時知道他的呼召是要向外邦人傳福音；

保羅並不需要之後才詮釋這個經歷。[110] 因此，這個呼召既是歷史性的，也是「天啟性」的。[111] 在這個構想中，金世潤把使徒行傳的記載與保羅對他自己的呼召的討論理順。然而，關鍵是保羅的福音——在最初領受和內容上（加一 1～12）——的啟示本質，包括以下的信息：被釘十字架的基督的智慧、包括外邦人、全以色列最後的救恩（即：奧祕），以及耶穌作為上帝的形象（即：亞當基督論〔Adam Christology〕）。[112] 結果，金世潤視歷史保羅為宣教士，對比猶太教所缺乏的宣教工作。根據金世潤的說法，保羅從他的歸正中想通了他這個罪人得著恩典的課題，因而也投射到所有人身上，並得出因信稱義的教導。[113] 因此，金世潤認為沒有理由視保羅為猶太宣教士，而應是由基督任命的宣教士。[114] 這樣的保羅觀點，強調保羅有別於他的猶太同胞，也把猶太教與基督教二分。金世潤的保羅是獨特的，因為這並沒有需要強調保羅在猶太教中的延續性。在大馬士革路上的啟示，在很大程度上否定了尋找這個延續性的需要。金世潤筆下那悔罪的保羅，在某程度上直接針對史坦度（Krister Stendahl）多年前描繪的保羅，但較貼近路德的保羅。這樣，金世潤就脫離了詮釋保羅的宗教歷史學派。[115] 在金世潤的神學構思之中，猶太人保羅似乎退居後位。

大半生在杜倫大學（University of Durham）任教的傑出聖經學者巴瑞特（C. K. Barrett），根據上述的天啟式（以及終末式）進路，視保羅為基督的神學家；但是，其研究也有部分是透過終末式的基督論，根據亞當基督論的理解來達到這個結論的。[116] 雖然賴特的敘事進路當時還未盛行，但巴瑞特的神學是以他述說人類故事中某些有關世界的敘事為基礎的。然而，他的敘事並不包括大部分的使徒行傳，因為他對使徒行傳的歷史性不敢恭維。[117] 他的著作以人類的失敗為起始點，繼而以基督為解決方法。[118] 巴瑞特的研究透過情境論證法（situational polemics），展示保羅如何構思神學，好像認真看待保羅書信的人一樣。[119] 釘十字架的事件具有終末性的意義，因為十字架引進了新的世代。[120] 雖然保羅與耶穌之間的描繪並不一樣，但根據巴瑞特，二人都有共通的國度觀。巴瑞特研讀保羅的重點是，他按著保羅書信去理解猶太教。他似乎假設了保羅在其論證中，正確地理解猶太教。直到這裏，他與桑德斯（E. P. Sanders）是頗為一致的；然而，在這一點上，他就與桑德斯不同了。桑德斯認為保羅和猶太教之間具有延續性，但巴瑞特認為保羅是在攻擊猶太教。[121] 巴瑞特似乎不想脫離宗教改革式的閱讀，因此堅持不可以把因信稱義棄置一旁。[122] 即使已有不同的終末性和基督論理解，因信稱義依然佔有一席位。[123] 巴瑞特的保羅是「基督徒」保羅，與他的猶太教同胞是有分別的。

4. 探索一致地不一致的保羅：別理會張力吧！

其中一個以神學進路研究保羅的傑出學者是芬蘭裔的衞辛尼（Heikki Räisänen），他的研究生涯從越戰之後開始，直至二十一世紀初才結束。我會在這裏提到他的研究，主要是因為他不單構思出獨到的議題，也與金世潤和鄧雅各（下文將進一步詳細討論他的研究）展開對話。他漫長的研究生涯與大量的著作，足以確定他在保羅研究的影響力。衞辛尼的研究，主要處理保羅身為猶太人與保羅對妥拉的立場之間的張力，而兩者似乎是無法並存的。最能表達衞辛尼的立場的，是一部名為《耶穌、保羅與妥拉》（*Jesus, Paul and Torah*）的文集。[124] 我將在這裏總結他的方法和結論。為要回應金世潤指保羅產生極端轉變的論點，衞辛尼提出了相反的見解，他指出保羅的神學乃是慢慢地演變而成的。[125]

作為導論，我們必須留意衞辛尼跟隨了較早期研究保羅的歐陸進路。這個進路的代表作是德國學者休伯納（Hans Hübner）的釋經研究，但也可追溯至立敕爾（Albrecht Ritschl）的研究。[126] 舉例來說，對立敕爾等人而言，黑格爾的演進模式已成為標準。演進模式繼續影響著十九世紀之後的歐洲詮釋和神學進路。如今的分別，在於這樣的模式是用於初期教會的發展方面，還是用於初期教會的特性上。在這個情況下，它是用於保羅這個人物身上。衞辛尼跟隨了休伯納的方式，後者採取了演進的進路來研究保羅。休伯納留意到，就保羅對妥拉的立場而言，加拉太書和羅馬書之間是有分別的（因此是演進）。[127] 在觀察的過程中，他事實上認為保羅完全認同耶路撒冷，而挑撥者則以創世記十七章對割禮的詮釋為重點，攻擊保羅和耶路撒冷。[128] 因著種種原因，休伯納認為羅馬書所處理的亞伯拉罕欠缺了立約的部分。[129] 其他分別包括：在加拉太書裏，亞伯拉罕的後裔是基督，而在羅馬書裏，後裔是指亞伯拉罕所有屬靈的兒女。[130] 在加拉太書裏，妥拉是負面的，但在羅馬書裏，妥拉是正面的，是以基督為中心的（參羅八 2）。[131] 休伯納把這樣的發展，歸因於保羅針對猶太教—基督教就他在加拉太書中對妥拉的理解所作的反應之反思。[132] 保羅也多次在羅馬書提到以色列的歷史，但是加拉太書並沒有這樣的敍述。[133] 這種種分別都表示保羅正在改變：由於不同的人對他較早時的構想有不同的回應，他必須反思他的妥拉觀。至少，休伯納是這樣想的。

追溯上述的研究，我們可以從研究保羅生平如何影響他的思想的論述中，看見兩個趨勢：一下子徹底改變的保羅，以及漸漸改變的保羅。[134] 哪一個才是真正的保羅呢？ 貝克爾（Jürgen Becker）聰明地嘗試平衡兩者，他一方面堅持使徒的呼召（以及脫離律法的福音）是基礎，但另一方面也視保羅為豐富的思想家，能夠作出改變。[135] 衞辛尼在評論保羅的時候，特別強調在保羅神學中，保羅對妥拉的困惑。根據衞辛尼，這個困惑是源於保羅成為基督徒前，對希臘化基督徒的不解：他們准許外邦人進入他們當中，卻放寬了禮儀上的要求。[136] 惟有當保羅歸正後，他才改變了這個接納外邦人的心態。希臘化教會在使徒行傳六至八章中的工作，向衞辛尼展示了一道橋梁，連接著保羅對妥拉的不安（例如：放棄割禮）以及耶穌的傳統（即：假設了與妥拉一致的歷史耶穌）。[137] 衞辛尼也留意到保羅書信中有不少關於妥拉的辯證式言論，有些是正面的，有些是負面的。妥拉辯證是他研究的專長。他願意容讓這些辯證——或根據他的說法——存在矛盾，而這亦引來金世潤等學者的懷疑。衞辛尼立刻批評金世潤把太多保羅的神學內容讀進加拉太書一章 11 至 17 節，但福音卻並不需要包括「整個」宣講。[138] 金世潤之前在他的著作中主張，人沒有把足夠的內容讀進保羅的呼召裏，而衞辛尼則堅持相反的立場。研讀衞辛尼的著作時，我們會感受到他想脫離金世潤那「解決所有問題」的架構，而寧可相信不同的處境會導致保羅有不同的想法（有時候甚至是不一致的）。

除了討論保羅福音的起源外，衞辛尼也關注保羅對猶太教的困惑。他認為有不同類別的猶太教存在著，而保羅對猶太教的看法則較為狹窄和負面。[139] 衞辛尼繼而認同桑德斯對恩約守法主義（covenantal nomism）的構想，視之為猶太教的共同起源，並從那裏開始發展出有別於桑德斯的保羅研究。[140] 據他自己的判斷，他的神學任務的一部分，就是要探索保羅有否主張將成就（achievement）與恩典的宗教（grace religion）相對（例如：金世潤的理解），又或將遵守律法的猶太教與不受律法約束的基督教相對（例如：桑德斯）。[141] 我們可以清楚見到，這個討論將保羅置於反對猶太教的基督教那方。

一如所料，保羅對猶太教明顯的困惑，會把討論的焦點轉為他對妥拉的困惑上。衛辛尼計劃如何解決看似矛盾的言論呢？他以基倫布格（Rafael Gyllenberg）的德里慈紀念講座（Franz Delitzsch Memorial Lecture）為基礎，區分「律法」一詞的兩個基本用法：字義和文字遊戲，這不單是出自保羅書信，也是出自不同的希羅文獻的，包括習俗、特別的條例、倫理標準、一般行為、常見程序、習慣等的文獻。[142] 在文字遊戲的類別中（一種隱喻式的用法），他聰明地表示，保羅有時候會以「律法」一詞代表「『規例』（rule）、『次序』（order）、『標準』（norm）、『體系』（system）或『原則』（principle）」（參羅三 27，八 2）。[143] 事實上，並非所有有關「律法」的正面言論都與妥拉有關。[144] 在這樣研讀的時候，修辭就成為解釋保羅書信這些充滿張力的片段的主要元素。「律法」一詞的文字遊戲本身就是修辭，它也指出一個詞彙可以有多個意思，而在英語中卻可能只得一個意思，至少衛辛尼是這樣辯稱的。這樣做的時候，他就把詮釋提升到另一個層次：從文本到語言學的用法到修辭，最後回到作者的意圖上。這些討論為近年的保羅神學研究架設了最重要的舞台。衛辛尼建構出來的保羅是沒有神學議程的，這是他徹底地建構歷史人物的嘗試。他致力透過實踐歷史鑑別學而得出他的結論。他的研究也是修辭研究的開始，把很多可能性讀進「律法」當中，尤其是以文字在不同處境中的用法為基礎。他指出（或許是非故意的）歷史和修辭是可以並存的。

從上述的討論可見，保羅的心思似乎難以捕足。保羅如何得知這一切資料？這個問題的答案將會是辯論的一部分：保羅是如何得到所有具爭議性的主題的資料（例如：倫理教導如何使用妥拉和舊約）？史葛（Ian W. Scott）最近就這個題目作了全面的研究。[145] 他在這個研究中，探討「理性」在保羅的認識論中扮演著甚麼角色。史葛認為，在保羅的羣體當中，惟有當人能理解信息，才能透過聖靈的工作而得著知識。[146] 這樣的評估是基於哥林多前書的討論：雖然人的心被罪玷污了，但透過保羅不斷重複勸告人要思想某些東西，人的心毫無疑問會得著真理。[147] 史葛猜想這個認識論模式是真實的，而且不單對羣體而言是真實的，對保羅也是如此。史葛認為，雖然保羅的福音出自上帝的能力，但惟有當信徒接納和思想它，這才有效用。[148] 史葛的研究有如下涵義：當人愈長時間思想，就愈能得著更多真理。因此，假如我們把這個模式應用在保羅和他的會眾上，這個模式就會符合保羅福音的演進模式，而不是金世潤的天啟模式。似乎到了這一刻，有關保羅的研究已達到某種「兩者皆然」的解決方案：很多人會認真看待保羅那不平凡的呼召，但與此同時，大部分人都不會忽略保羅的思想發展。以哲學—神學用語來說，保羅的思想發展是建基於基礎主義者（foundationalist）還是非基礎主義者（即：完全的演進〔total evolutionary〕）的架構？我們將在下一個部分討論保羅新觀，並會看看不同的學者如何嘗試解答這個問題。

註釋：

1. Marcus J. Borg and John Dominic Crossan, *The First Paul* (London: SPCK, 2009), 13.
2. Ferdinand Christian Baur, *Paul the Apostle of Jesus Christ*, two volume in one (Peabody: Hendrickson, 2003). 英文本原於一八七三至一八七五年出版。
3. Baur, *Paul the Apostle of Jesus Christ*, 1.
4. Baur, *Paul the Apostle of Jesus Christ*, 2, 264.
5. Baur, *Paul the Apostle of Jesus Christ*, 7ff.

6. Baur, *Paul the Apostle of Jesus Christ*, 256 ~ 257.
7. Baur, *Paul the Apostle of Jesus Christ*, 61.
8. Baur, *Paul the Apostle of Jesus Christ*, 63.
9. Baur, *Paul the Apostle of Jesus Christ*, 263.
10. Baur, *Paul the Apostle of Jesus Christ*, 267, 320.
11. Paul Barnett, *Paul: Missionary of Jesus* (Grand Rapids: Eerdmans, 2008).
12. Barnett, *Paul*, 15 ~ 16.
13. Barnett, *Paul*, 17.
14. Rudolf Bultmann, *Theology of the New Testament*, trans. Kendrick Grobel (New York: C. Scribners' Sons, 1951).
15. Adolf Deissmann, *Paul: A Study in Social and Religious History* (New York: Harper and Row, 1957), 4.
16. William Ramsay, *St. Paul the Traveller and the Roman Citizen* (Grand Rapids: Baker, 1962), 8.
17. F. F. Bruce, *Paul* (Grand Rapids: Eerdmans, 1991).
18. Bruce, *Paul*, 19.
19. Bultmann, *Theology of the New Testament*, 3.
20. Bultmann, *Theology of the New Testament*, 187.
21. Bultmann, *Theology of the New Testament*, 65 ~ 67.
22. Bultmann, *Theology of the New Testament*, 177, 187.
23. Bultmann, *Theology of the New Testament*, 191.
24. Bultmann, *Theology of the New Testament*, 274.
25. Bultmann, *Theology of the New Testament*, 269.
26. Jürgen Moltmann, *Jesus Christ for Today's World* (Minneapolis: Fortress, 1994), 29. 我必須要指出，莫特曼極力反對布特曼的非神話化的研究進路。參 Jürgen Moltmann, *The Way of Jesus Christ*, trans. Margaret Kohl (London: SCM, 1990), 158, 160。有關莫特曼對布特曼的批評，詳參 Jürgen Moltmann, *Theology of Hope*, trans. James W. Leitch (New York: Harper and Row, 1965), 60 ~ 66。莫特曼亦批評一些把「實在」和「上帝」僅當作為信仰的存在的表達的形式鑑別學學者（頁 186）。
27. Bultmann, *Theology of the New Testament*, 302, 329.
28. Ernst Käsemann, *Perspectives on Paul*, trans. Margaret Kohl (Philadelphia:

Fortress, 1978), 2.

29. Käsemann, *Perspectives on Paul*, 4.
30. Käsemann, *Perspectives on Paul*, 42.
31. Käsemann, *Perspectives on Paul*, 78.
32. Günther Bornkamm, *Paul*, trans. D. M. G. Stalker (San Francisco: Harper, 1961), 129.
33. Bornkamm, *Paul*, 129.
34. Bornkamm, *Paul*, 115 ～ 116.
35. Bornkamm, *Paul*, 135.
36. Bornkamm, *Paul*, 112.
37. Bornkamm, *Paul*, 88. 事實上，這本書的第二部分主要討論保羅的神學。
38. Bornkamm, *Paul*, 237.
39. Bornkamm, *Paul*, 8.
40. Bornkamm, *Paul*, xvi.
41. Bornkamm, *Paul*, xviii.
42. Bornkamm, *Paul*, 66.
43. Bornkamm, *Paul*, 22.
44. Bornkamm, *Paul*, 31.
45. Bornkamm, *Paul*, xx.
46. Bornkamm, *Paul*, 3, 11.
47. Bornkamm, *Paul*, 23. 我承認對很多學者而言，「歸正」一詞是有問題的。我並不喜歡這個詞彙，但為了配合前保羅新觀時代的討論，我要使用這個詞彙。
48. Bornkamm, *Paul*, 113.
49. Bornkamm, *Paul*, xxii.
50. Bornkamm, *Paul*, xxii.
51. Bornkamm, *Paul*, xxiv.
52. Bornkamm, *Paul*, 57.
53. Bornkamm, *Paul*, 10.
54. Bornkamm, *Paul*, 13, 16 描繪出逼迫的概略情況，而不是單單根據使徒行傳那似乎不太可靠的記載。
55. Bornkamm, *Paul*, 238.
56. G. F. Moore, *History of Religions* (Edinburgh: T & T Clark, 1914).

57. Moore, *History of Religions*, vol. 2, 130.
58. Moore, *History of Religions*, vol. 2, 122.
59. Moore, *History of Religions*, vol. 2, 128.
60. Moore, *History of Religions*, vol. 2, 133.
61. Albert Schweitzer, *The Mysticism of Paul the Apostle* (New York: Macmillan, 1968).
62. Schweitzer, *The Mysticism of Paul the Apostle*, 1.
63. Schweitzer, *The Mysticism of Paul the Apostle*, 3.
64. Schweitzer, *The Mysticism of Paul the Apostle*, 3 ～ 4.
65. Schweitzer, *The Mysticism of Paul the Apostle*, 15, 23.
66. Schweitzer, *The Mysticism of Paul the Apostle*, 153.
67. Schweitzer, *The Mysticism of Paul the Apostle*, 168.
68. Schweitzer, *The Mysticism of Paul the Apostle*, 160 ～ 161.
69. Schweitzer, *The Mysticism of Paul the Apostle*, 188, 199.
70. Schweitzer, *The Mysticism of Paul the Apostle*, 192.
71. Schweitzer, *The Mysticism of Paul the Apostle*, 196, 330 ～ 332.
72. Schweitzer, *The Mysticism of Paul the Apostle*, 206 ～ 207, 234 ～ 271.
73. Schweitzer, *The Mysticism of Paul the Apostle*, 296, 302.
74. H. J. Schoeps, *Paul*, trans. Harold Knight (Philadelphia: Westminster, 1961).
75. Schoeps, *Paul*, 40 ～ 41.
76. Schoeps, *Paul*, 41 ～ 42.
77. 例如 Schoeps, *Paul*, 126。
78. Schweitzer, *The Mysticism of Paul the Apostle*, 57.
79. Schoeps, *Paul*, 47 ～ 50.
80. Schoeps, *Paul*, 64 ～ 87.
81. Schoeps, *Paul*, 94 ～ 95.
82. Schoeps, *Paul*, 96.
83. Schoeps, *Paul*, 104.
84. Schoeps, *Paul*, 127. 筆者可以力言，這樣的概念可能在有關馬加比的著作中出現。
85. Schoeps, *Paul*, 231, 259.
86. Schoeps, *Paul*, 259.

87. J. Christiaan Beker, *Paul the Apostle* (Philadelphia: Fortress, 1980), 143.
88. Beker, *Paul the Apostle*, 183.
89. Beker, *Paul the Apostle*, 8.
90. Beker, *Paul the Apostle*, 152, 159, 180.
91. Beker, *Paul the Apostle*, 11.
92. Beker, *Paul the Apostle*, 38.
93. Beker, *Paul the Apostle*, 16.
94. Beker, *Paul the Apostle*, 17, 189～192, 206.
95. Beker, *Paul the Apostle*, 17～18.
96. J. Louis Martyn, *Galatians* (ABC; New York: Doubleday, 1997), 41.
97. Martyn, *Galatians*, 97.
98. Martyn, *Galatians*, 103.
99. Martyn, *Galatians*, 149.
100. Bruce W. Longenecker, *The Triumph of Abraham's God* (Edinburgh: T & T Clark, 1998), 5. Beker, *Paul the Apostle*, 351ff. 使用了「上帝的勝利」，作為保羅神學的核心。
101. Longenecker, *The Triumph of Abraham's God*, 21.
102. Longenecker, *The Triumph of Abraham's God*, 38～40, 44～58.
103. Longenecker, *The Triumph of Abraham's God*, 128～134; Beker, *Paul*, 47～52.
104. Longenecker, *The Triumph of Abraham's God*, 43.
105. Seyoon Kim, *The Origin of Paul's Gospel* (Grand Rapids: Eerdmans, 1982).
106. John Drane, *Introducing the New Testament* (Minneapolis: Fortress, 2001), 372.
107. Kim, *The Origin of Paul's Gospel*, 6～7.
108. 對佛洛伊德學派的心理分析批判，見 Peter Brooks, "The Idea of Psychoanalytical Literary Criticism," in *Discourse in Psychoanalysis and Literature*, ed. Shlomith Rimmon-Kenan (New York: Methuen, 1987), 7。
109. Kim, *The Origin of Paul's Gospel*, 62.
110. Kim, *The Origin of Paul's Gospel*, 59～61.
111. Kim, *The Origin of Paul's Gospel*, 72～73 在不同地方交替使用「天啟性」（apocalyptic）和「終末性」（eschatologically）兩個詞彙。
112. Kim, *The Origin of Paul's Gospel*, 67, 79, 143～268; Seyoon Kim, *Paul and the New Perspective* (Grand Rapids: Eerdmans, 2002), 249.

113. Kim, *The Origin of Paul's Gospel*, 296.
114. Kim, *The Origin of Paul's Gospel*, 40.
115. Kim, *The Origin of Paul's Gospel*, 332.
116. C. K. Barrett, *Paul: An Introduction to His Thought* (Philadelphia: Westminster, 1994), 64, 109 ~ 114.
117. Barrett, *Paul*, 7.
118. Barrett, *Paul*, 56ff.
119. Barrett, *Paul*, 6, 22 ~ 54.
120. Barrett, *Paul*, 111 ~ 113.
121. Barrett, *Paul*, 10, 77 ~ 78.
122. Barrett, *Paul*, 98 ~ 103.
123. Barrett, *Paul*, 175.
124. Heikki Räisänen, *Jesus, Paul and Torah*, trans. David Orton, JSNTSup, 43 (Sheffield: Sheffield Academic Press, 1992).
125. Räisänen, *Jesus, Paul and Torah*, 16.
126. Albrecht Ritschl, *Die Entstehung der altkatholischen Kirche* (Bonn: A. Marcus, 1950).
127. Hans Hübner, *Law in Paul's Thought*, trans. James C. G. Greig, ed. John Riches (Edinburgh: T & T Clark, 1984), 15 ~ 100.
128. Hübner, *Law in Paul's Thought*, 25.
129. Hübner, *Law in Paul's Thought*, 52.
130. Hübner, *Law in Paul's Thought*, 53.
131. Hübner, *Law in Paul's Thought*, 148.
132. Hübner, *Law in Paul's Thought*, 54.
133. Hübner, *Law in Paul's Thought*, 57.
134. 另一個重要的演進模式來自 Dieter Lührmann, *Das Offenbarungsverständnis bei Paulus und in den paulinischen Gemeinden* (Neurkirchen-Vluyn: Neukirchener, 1965)。
135. Jürgen Becker, *Paul: Apostle to the Gentiles*, trans. O. C. Dean Jr (Louisville: WJKP, 1993), 57 ~ 81. 對貝克爾而言，從妥拉中得自由固然是保羅其他思想的基礎。我們可以把他與金世潤歸為同一類，都是保羅的「經驗讀者」（experiential readers），即是按著保羅某些經驗而理解保羅。

136. Räisänen, *Jesus, Paul and Torah*, 16.

137. Räisänen, *Jesus, Paul and Torah*, 148. 對比 Kim, *The Origin of Paul's Gospel*, 279，金世潤認為保羅的神學延續耶穌有關國度的教導，而保羅的言論也指向和回應耶穌有關倫理的教導。

138. Räisänen, *Jesus, Paul and Torah*, 21.

139. Räisänen, *Jesus, Paul and Torah*, 36.

140. Räisänen, *Jesus, Paul and Torah*, 39.

141. Räisänen, *Jesus, Paul and Torah*, 45.

142. Räisänen, *Jesus, Paul and Torah*, 69 ~ 94.

143. Räisänen, *Jesus, Paul and Torah*, 48. Brice Martin, *Christ and the Law in Paul* (Leiden: Brill, 1989), 31 批評衛辛尼對羅馬書八章 2 節的詮釋。布賴斯．馬丁（Brice L. Martin）認為，那是表達與基督的關係能讓信徒遵守妥拉的另一種方式。布賴斯．馬丁的想法基本上是透過「先有問題，後有解決方法」的方式，處理妥拉的問題。

144. Räisänen, *Jesus, Paul and Torah*, 57.

145. I. W. Scott, *Paul's Way of Knowing* (Grand Rapids: Baker, 2006).

146. Scott, *Paul's Way of Knowing*, 51.

147. Scott, *Paul's Way of Knowing*, 66.

148. Scott, *Paul's Way of Knowing*, 57 ~ 62.

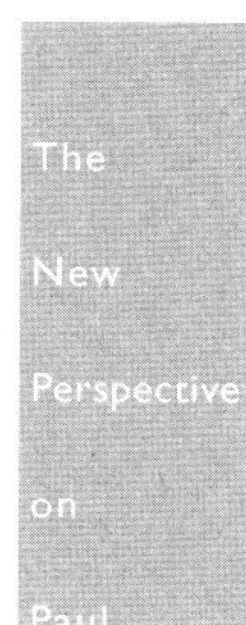

第2章
保羅新觀：把一世紀重新置於保羅神學中？

1. 第一波：史坦度、桑德斯與非信義宗的保羅

令人意外的是，二千年後，保羅仍然翻起波浪——事實上，是一波接一波。其實，爭論的緣起是甚麼？本章嘗試探討與保羅新觀相關的詮釋學課題。筆者清楚知道之前有哪些學者談論過這個課題，例如蒙蒂菲奧里（Claude G. Montefiore）、摩爾（G. F. Moore）、史懷哲（Albert Schweitzer）、威廉．戴維斯（William D. Davies）和舒奧培斯（H. J. Schoeps）。[1] 筆者也清楚知道，後來有哪些學者對這個課題作出了回應，例如：德雷恩（John Drane）、柏特（Daniel Patte）、龐卡（J. C. Beker）、迪利民（Frank Thielman）、布賴斯．馬丁（Brice L. Martin）、加斯頓（Lloyd Gaston）和湯森（Peter J. Tomson）。[2] 我們根本無法把每個「新」的回應和「新」的觀點臚列出來，因此，本章會把討論範圍局限在三個主要人物上：桑德斯（E. P. Sanders）、鄧雅各（James Dunn）和賴特（N. T. Wright），看看他們在這些運動

中甚具代表性的研究，好讓讀者能認識所涉及的課題。在處理針對保羅的觀點時，無論這些觀點是新是舊，這三個主要人物都引發了重要的詮釋學，而批評他們的人也作出回應。本章將探討一些具代表性的回應，從而了解在研究保羅方面，保羅新觀作出了甚麼貢獻。這些解釋透露了學者可以怎樣在實際的教會生活中實踐漢語神學。

形成保羅新觀運動的因素有許多。威廉・戴維斯有關猶太教和保羅的討論有重大貢獻，並促成了史坦度（Krister Stendahl）的宣言。他的作品也引述了拉比文學的材料，嚴正地質疑之前給猶太教的一些標籤。他批評一些公式的二分法，例如把巴勒斯坦猶太教和希臘化猶太教（即：巴勒斯坦地的保羅對散居的保羅），或是把法利賽派猶太教和天啟派猶太教二分等等。[3] 對於當時的兩個主要趨勢——路德的因信稱義和史懷哲的天啟派的保羅——威廉・戴維斯同樣作出抨擊。[4] 在過程中，他指出這兩種範式都有令保羅的觀念互相排斥之虞，或是令稱義與妥拉彼此對立，或是在運用啟示時排除了所有猶太元素。按照威廉・戴維斯的描述，保羅是由許多元素混合而成的，但威廉・戴維斯那個時代的人，卻認為這些元素是互相排斥的（例如：猶太人保羅與希臘化的保羅互相排斥）。威廉・戴維斯在他的表述中，似乎確定了猶太教和保羅的福音是連貫的，因為保羅描述到彌賽亞時代的境況（例如：末後的亞當）；從政治層面提及上帝子民的身分（例如：舊以色列對新以色列，民族主義對個人與耶和華的關係）；基督是上帝超越的智慧；基督之死首要是道德的典範，其次才是作為祭牲；信徒的盼望是來自基督的復活。[5] 他提出的主題，有很多都已經在猶太教和希伯來聖經中出現過，只是形式或有不同。基於威廉・戴維斯的研究，方法論的問題現在被置於詮釋學討論的最前線。

第一把顯著的反對聲音源自史坦度，他是瑞典裔的新約學者，曾在哈佛神學院（Harvard Divinity School）任教。他的文章〈使徒保羅與西方的自省良知〉（"The Apostle Paul and the Introspective Conscience of the West"）就像原子彈擊中神學界一樣。[6] 雖然在整個二十世紀有不少反對聲音出現，但史坦度的作品卻意味著保羅研究被舊有觀點壟斷的局面開始告一段落。在此，我們必須先留意史坦度撰寫這部甚具影響力的著作的年代。在上世紀六十年代，美國與世界很多地方都動盪不安。甘迺迪遭暗殺的消息震驚全球。在絕望之際，很多人質疑傳統的價值觀，流行的搖滾樂都在宣告反對社會現狀的信息。雖然自殖民地時期開始，猶太人已是美國多元文化的一部分，但是在大屠殺和二次世界大戰之後，有更多猶太人移居到美國。可是，美國反對大屠殺的聲音，在很久之後才出現。要到六十年代，主流社會才注意到對大屠殺的全面分析。因此，史坦度在撰寫他的著作之時，並沒有抽離世界的現狀，他在世人預備好以反對傳統的立場來研究保羅這適切的處境下出版他的著作。他的主要目的，似乎並非要摧毀傳統觀點為保羅建立的形象，反而在某程度上成功地證明，一世紀的保羅跟西方觀念中的保羅截然不同。今天，即使是持舊觀點的詮釋者，有許多都不得不承認史坦度的確言之有理。但是，在他剛發表論文的時候，情況卻非如此。史坦度在他的提案中，努力把保羅置於一世紀的處境中，他把因信稱義視為保羅接觸沒有律法的外邦人的途徑，過於把它視為保羅一切思想的主要神學基礎。[7]

史坦度是第一個把「羅馬書九至十一章作為全書高潮」這個觀念普及化的人。他認為保羅的意思是說，得救有兩種途徑：以色列是藉著揀選，而外邦人是藉著基督。[8] 史坦度主要針對他那個時代的反猶太情緒。有很多與他同時代的人，都把基督置於神學的核心，但同時又抹殺了以色列的位置。史坦度所警告的是現代外邦人狂妄的心態，過於古代羅馬的處境。史坦度就是藉著這個處境化的動作開啟了一扇門，指出以色列在保羅的救恩歷史觀念中是一個重要的元素，而賴特在後來的討論中也肯定了這一點。

在以史坦度的立場討論猶太教的時候，我們必不可忽略一直以猶太人/猶太觀點來閱讀保羅的努力。近年由南諾斯（Mark Nanos）所作的研究尤其重要。他以猶太教為焦點，並視保羅為猶太教的一部分。史坦度與南諾斯的背景有明顯分別：史坦度是北歐教會的人，而南諾斯則是猶太裔學者，他熱愛保羅。南諾斯關注的是猶太教與基督教的關係，與史坦度很相似。他相信可以藉著重讀保羅而改善兩者之間的關係。[9] 從對加拉太書的研究中，可見南諾斯在這方面的努力。與其將保羅的情況視為種族上的模糊不清，他把保羅的爭辯理解為「相信保羅的信仰的猶太人」與那些「不信的猶太人」之間延續的紛爭。[10] 南諾斯的研究繼續完全地以猶太教為主，甚至是以會堂為基礎。最佳的例子，莫過於他把羅馬書理解為主要針對猶太人連於羅馬會堂的問題的關注。[11]

在二十世紀的保羅研究裏，一九七七年是重要的一年，因為桑德斯撰寫了一本有關保羅的著作，影響深遠。同年，南非黑人民權解放運動領袖比科（Steve Biko）之死，以及描述奴隸之苦的電視電影《根源》（*Roots*），也再次喚起美國對種族歧視的關注。毫無疑問，保羅的猶太人身分，在宗教學術界中，再度成為持續的種族討論的一部分。若不理解和沒有留意桑德斯的著作出版時的處境，我們就無法完全欣賞到桑德斯的貢獻。雖然他在牛津大學一舉成名，但他最後在杜克大學（Duke

University）任教，以致他在北美的保羅學術研究界中影響深遠。在那一年，桑德斯以二十世紀下半葉最具影響力的保羅研究學者的姿態出現。自桑德斯之後的一切研究，彷彿都是針對桑德斯而作的回應。自尊自重的學者若要發表有關保羅的文章，都難免要跟桑德斯對話。他肯定了保羅的作品值得鄭重考究和重新闡述，這主張回復十九世紀對歷史鑑別的關注。他和史坦度兩人的聲音，剛巧切合二次世界大戰後、針對猶太人遭屠殺而發出的另一種呼聲，令這種歷史性研究得以開花結果。[12] 他早期的著作《保羅與巴勒斯坦猶太教》（*Paul and Palestinian Judaism*）是一部現代經典。這部作品旁徵博引、份量十足，不計算參考書目和索引在內，篇幅已超過五百五十六頁。[13] 桑德斯討論的起步點，到今天仍然是爭論的熱門話題。在《保羅與巴勒斯坦猶太教》中，他先與同時代的學者威廉．戴維斯的作品對話，質疑稱義是否保羅思想的核心。下文將提到，近期賴特和派博（John Piper）之間的爭論，仍然集中於稱義之上，可見桑德斯歷久不衰的影響力。跟傳統對猶太教的解讀相反，桑德斯把猶太教與保羅並列，嘗試提供一個「針對宗教模式的完整比較」。[14] 他致力解答「一世紀的猶太教是怎樣的」這一問題。自他的研究開始至今，桑德斯一直堅持把希臘化猶太教和巴勒斯坦猶太教明確地分別出來，[15] 而他則把保羅置於希臘化猶太教之中。

在他的另一個提案中，桑德斯嘗試證明傳統觀念所描繪的猶太教是千瘡百孔的，而且猶太教也不像很多人所想般，是一個律法主義的宗教。確切地說，律法是猶太人的工具，用以維持他們與上帝的立約關係，因此桑德斯創造了「恩約守法主義」（convenantal nomism）一詞。[16] 這個概念是他在閱讀了大批拉比文獻之後所得出來的。[17] 事實上，他在《保羅與巴勒斯坦猶太教》中，花了超過二百頁來討論這類文獻。[18] 因此，根據桑德斯的說法，基督教與猶太教的惟一分別，就是對耶穌的身分有不同的見解。就是這樣，桑德斯按照邏輯指出，保羅的神學是以基督的解決方案作為起點（即：以上帝為中心和以基督為中心的起點），回溯至人類的困境（即：以人為中心的終點），羅馬書六章清晰地點出這個困境，尤其是外邦人的困境。[19] 但是，在閱讀保羅的著作時，桑德斯認為保羅書信（特別是加拉太書和羅馬書）所表達的，是一個由困境到解決方案的思維，但在範圍較大的保羅思想世界內，思考的方向則是由解決方案轉至困境。[20] 假如那個解決方案的確是身為基督的耶穌，那麼，猶太教和基督教之間的差別就是：前者不承認耶穌是基督，而後者則肯定這一點。[21] 桑德斯再次以他那一代的人把基督教與猶太教二分的做法，建構他的神學。這樣，他的觀點就非嶄新的了。很多別的「對話守則」（rules of engagement）則繼續生效。即使桑德斯的公式表述看來約化了，他仍一直大力質疑猶太教的一些概念過於簡化。他進一步改變基督徒對於一世紀猶太教的簡化而扭曲的描述。他把這個建議，帶進一部屬於後期但同樣具影響力的著作中——《保羅、律法與猶太人》（*Paul, the Law and the Jewish People*）。[22] 由於桑德斯要把保羅置於一世紀的處境中，所以他沒有把保羅視為一個處於神學真空的系統化思想家，而是嘗試把保羅置於猶太教一幅較大的圖畫內。

桑德斯的《由耶穌至米示拿的猶太律法》（*Jewish Law from Jesus to the Mishnah*）是較少人涉獵的一部作品。該書繼續記錄舊約律法的理想，與第二聖殿時期的猶太教對律法的實踐之間的差別。根據桑德斯的說法，在猶太教中，律法的角色在一世紀的時候不斷演變。某些律法（例如：守安息日和飲食條例等）變得愈來愈嚴格，其他律法則不一定會嚴格遵行，這要視乎該地與耶路撒冷相距多遠而定。[23] 舉例來說，他留意到潔淨的禮儀沒有嚴格執行。[24] 桑德斯借助「律法太多，無法一一遵守」這個原因，來解釋為甚麼自耶穌時代到米示拿會立下更多規條。「死守律法」的表現只是副產品，背後那顆真誠的心在努力遵守律法的同時又需要極力調節，要過一種相對正常的生活。在這方面，桑德斯為他以後的人奠下根基，針對猶太教內的多元化而作出了重要的研究。對桑德斯來說，那幅較大的圖畫是保羅怎樣看外邦人，特別是涉及妥拉的課題。[25] 在這方面，他依據史坦度的觀點，認為外邦人的問題對保羅怎樣闡述妥拉具決定性作用。

論到妥拉，桑德斯就自然要談及救恩論。他是從「有分於」（participatory；或譯「參與」）而非法律的角度來看救恩，而這種二分法因為《保羅與巴勒斯坦猶太教》一書而普及了。[26] 在基督來到之前，人類活在罪的主權之下（即：有分於罪），按照桑德斯的說法，這是人類主要的困境。[27] 桑德斯清楚地概括道：「人的主要困境就是身處於另一個主權之下，保羅知道這一點，並不是從他的經驗或觀察所得，或是透過對人努力後所得出的結果的分析，而是因為他相信基督的到來，是要作所有人的主。」[28] 按照桑德斯對保羅的理解，雖然基督的贖罪並非不重要，但在保羅的思想中卻是次要的，「有分於」和主權才是主要。[29] 根據桑德斯對羅馬書的選篇經文（羅三 22 及以下等）所作的判斷，基督徒有分於基督的死，[30] 也有分於「在基督裏」。桑德斯的表述擊中了傳統對律法救恩論（legal soteriology；即：在律法以外稱義）的理解。基督徒有分於基督的死（例如：羅六章），一方面能解決違反上帝的律法的問題，另一方面能解決被罪奴役的問題。對桑德斯來說，保羅認為行律法與信心是南轅北轍的。他表明：「因此，保羅首要反駁的，並不是怎樣變得真正的敬虔——這一點也是猶太教所重視的——而是被猶太教視為優先且必要的：揀選、約和律法……簡言之，這是保羅認為猶太教的錯誤所在：它不是基督教。」[31]

我們可以怎樣概括保羅新觀的第一波影響？首先，在悔改方面，保羅本身在個體層面上肯定沒有遭遇困境；遇困境的是人類整體，至少這是結合桑德斯和史坦度的表述所得的論調。其次，對於保羅認為有多少種得救的途徑，桑德斯和史坦度持不同意見。史坦度似乎提出了兩種途徑：一種是給猶太人的，另一種是給外邦人的；桑德斯則看見一個共同的基礎，那是保羅在看見外邦人的困境後努力發掘出來的。在看見外邦人的困境時，保羅也看見所有人的困境。他反思外邦人的境況，結果得出一個普世的問題，需要一個普世的解決方案，也需要救恩的共同基礎。[32] 那個共同基礎就是信心。[33] 那麼，桑德斯眼中的保羅就是「有分參與的保羅」，這跟「信義宗的保羅」截然不同。

2. 第二波：鄧雅各與民族性的保羅

毫無疑問，繼桑德斯後有很多人作出回應，但筆者選取了鄧雅各（James Dunn）——他的著作甚豐，是出眾的人物，即使置身在研究保羅的巨擘中也無愧。桑德斯在美國深具影響力，而鄧雅各則風靡英國。保羅對鄧雅各的新作《新約神學》（*New Testament Theology*）影響顯著，書中的神學框架是以保羅的範式為基礎來建構的。[34] 筆者之所以揀選鄧雅各，是因為他在好幾方面都是代表人物：他著作甚豐，致力為保羅新觀辯解，對杜倫大學（University of Durham）的學術風氣影響深遠，而保羅新觀的華人代表學者盧龍光博士也是在杜倫大學畢業的。[35] 鄧雅各在一九八二年於曼徹斯特大學（University of Manchester）

舉行的曼遜紀念講座（Manson Memorial Lecture）中，率先提出了「新觀」這一稱號；盧龍光則是把保羅新觀介紹給華人學術圈子的先鋒人物。[36]

鄧雅各的貢獻有部分是就桑德斯對保羅的表述的回應。桑德斯為保羅和猶太教繪畫了一幅概括的圖畫，而鄧雅各則偏向探討特定的題目，尤其著重猶太人的界限問題和聖約。鄧雅各著作甚豐，除非另外著書闡釋，否則根本無法講述他所寫的一切。這也並非本章的目的所在，惟望下文的討論能精簡地概括他的主要構想。

要從鄧雅各的角度看保羅，那試金石必定是他在近作《從耶路撒冷起》（*Beginning from Jerusalem*）中有關加拉太書和羅馬書的討論。[37] 在這部透徹而令人擊節讚賞的作品中，鄧雅各幾乎已就初期教會的各個層面作詳盡探索。保羅新觀學者的派別甚多，而鄧雅各則透過這部作品表明了他是屬於哪一派的立場。他這部作品並非一本詳盡的釋經書，而是一幅圖畫，以粗線條勾畫出以彌賽亞起頭，最終演變為基督教的過程。在對初期基督教的敍述中，鄧雅各從加拉太書一至二章留意到，保羅是從耶路撒冷得著權柄的，因此他把保羅置於早期猶太基督教的處境中（有別於希臘化基督教）。[38] 根據加拉太書一至二章，鄧雅各肯定因信稱義並不只是基督教的教導。在加拉太書一至二章，保羅要勸勉的對象，並非碰巧也是猶太人的基督徒，他的對象的確是猶太人，但這些猶太人的基督教信仰是延伸自他們的猶太教信仰的。[39] 桑德斯的問題集中於：「猶太教是甚麼？」鄧雅各則進一步集中探討：「保羅的寫作對象是誰？」兩者的分別是可以理解的，因為桑德斯沒有寫過註釋書，而鄧雅各則經常為新約書卷撰寫註釋。因此，無論是刻意或不經意，鄧雅各都把修辭元素帶進對保羅書信的解釋之中。他明白到把一般猶太教視為保羅的敵人是有問題的。鄧雅各比桑德斯對一世紀猶太教的描述更進一步：他顧及到保羅在修辭方面的需要。

要明白鄧雅各怎樣得出他最近對初期基督教、猶太教，以及更重要的是對保羅的立場，我們就必須探討他之前在《使徒保羅的神學》(*The Theology of Paul the Apostle*)一書中對保羅神學的解釋，書中大部分論點都是建基於羅馬書和加拉太書的。[40] 他最大的貢獻是把死海古卷 4QMMT 中的「律法的行為」(works of the law；或譯「律法之工」)，跟保羅對律法的理解串連起來。[41] 在鄧雅各的筆下，保羅並非在攻擊妥拉，而是反對禮儀上的熱忱。[42] 因此，未曾得救的人錯誤地遵守兩約中的妥拉。[43] 由於鄧雅各其禮儀主義的建議是先於他的《使徒保羅的神學》，因此，在他執筆撰寫更全面的保羅研究時，他的信念早已頗為根深柢固。鄧雅各的陳述顯然與桑德斯的不同，後者認為「律法的行為」純粹是遵行律法。鄧雅各的關鍵理念是猶太人與外邦人的民族界限，這界限是源自一世紀猶太教的律法的行為，因為他清楚界定「律法的行為」是「把猶太人與外邦人區別出來」的條件，也是「證明〔猶太人〕在約中的身分」的要素。[44] 他的範式繼續在近期研究保羅新觀的學術泰斗之中發揮影響力，唐納森(Terence L. Donaldson)就是一例。唐納森講述保羅思想的演變過程：先是接受耶穌為基督，然後明白到基督也是為外邦人而來(即：外邦人事工的根源)，最後終於棄絕妥拉。[45] 保羅在羅馬書十章 3 節中提到基督以外的「自己的義」，標誌著他以前明確地依從猶太人的生活方式。[46] 因此，對鄧雅各來說，羅馬書十章 4 節提到的「律法的終止」(end of the law；直譯，《和合本》譯作「律法的總結」，《聖經新譯本》譯作「律法的終極」)是指律法劃分猶太人和外邦人的功能已經終止。[47] 聖約以往受到民族和國家意識規範，但那些規範在基督之後，就立刻遭人摒棄。[48] 換言之，根據鄧雅各的說法，保羅關注的是外邦人不會變成猶太人那樣。[49] 既然福音是給「所有人」的，而律法又不容許這樣的事發生，那麼律法就不能再生效——至少這是鄧雅各的想法。

那麼，神學含意最豐富的羅馬書，又是在怎樣的背景下寫成呢？鄧雅各認為，羅馬教會是在會堂這個背景下成立的。[50] 鄧雅各這個見解很重要，因為它毫不含糊地把保羅置於猶太教明確的社會—宗教層面上，同時又把保羅所寫的每封書信，都置於它所屬的處境之中。他自然會作這樣的詮釋：保羅受割禮是因為它是猶太人身分的指標，表明一種歸屬於上帝所眷顧之羣體的感覺。[51] 同樣道理，鄧雅各認為保羅在加拉太書提到的煽動者，就是那些提倡由始至終都接受以色列傳統的人，他們認為外邦歸正者只在救恩的中途，但要接受妥拉，才會得到全面的救恩。[52] 鄧雅各推斷，根據那些煽動者的想法，問題在於不守妥拉就等於不敬虔，這樣就不能分嘗以色列的福氣。[53]

鄧雅各的見解表明，無論從甚麼角度理解保羅，都必須先從猶太人的角度理解他。鄧雅各所陳述的跟舊觀點十分相似，他認為福音的目標是使人信靠耶穌，這觀點最終又自然與保羅新觀對上帝的信實的理解（即：羅馬書九至十一章）融合。[54] 基於保羅對哈巴谷書二章 4 節的引述，鄧雅各認為信心的定義是頗有彈性的，可以指人的信心／信實，或是上帝的信實，視乎上下文而定。[55] 雖然很多人或會誤以為鄧雅各否定了改革宗唯獨因信稱義的教義，但鄧雅各在二〇〇四年的一篇文章中，已親自極力反駁這樣的指控。[56] 在論到亞伯拉罕的時候，鄧雅各不願意在亞伯拉罕的信心和他的信心行動中二擇其一，因為在很多情況下，兩者是結合起來的，雖然也有例外。[57] 鄧雅各在別處把上帝的信實界定為上帝的義的一部分。[58] 他按傳統的意思，把稱義界定為「被算為義」。[59] 但是，他的詳細定義卻似乎融合了桑德斯的恩約守法主義，認為稱義是宣告信徒履行了約的責任。[60] 因此，鄧雅各創造了一種混合物，把改革宗的救恩論和恩約守法主義結合起來。再者，在他給稱義的定義中，又把羅馬天主教「使成為義」的觀念和「被算為義」的舊觀念也包括在內。[61]

其實，鄧雅各是怎樣看稱義的呢？稱義就是上帝為與祂立約的一方成就的事，無論那是以色列或現今的教會。[62] 跟舊觀點相似，鄧雅各強調以色列誤用了行為（即：「律法的行為」）來理解義。[63] 這類用語跟改革宗所用的十分相似，不同的是它更傾向民族—國家—集體的理念。在論到保羅新觀的神學時，學者往往爭論究竟保羅是先由解決方案開始，然後才談及困境，抑或剛好相反？鄧雅各似乎也猶疑不決。在《使徒保羅的神學》中，他像桑德斯那樣，是以上帝和解決方案開始；但在較近期的著作《從耶路撒冷起》中，則以困境為開始。[64] 他之所以感到難於取捨，也許關乎他想用的方法：究竟要嚴格地依從羅馬書的大綱，抑或偏離它？

那麼，信徒在稱義**之後**的生命是怎樣的呢？根據鄧雅各的說法，信徒採用了「在基督裏」來形容這新生命，那是表達「有分於」這神祕觀念的用語。對鄧雅各來說，意思是從本來在律法的主權之下，變為在恩典的主權之下。[65] 新生命與基督神祕地聯合，結果不是以個人身分，而是以集體身分與基督「同」活。鄧雅各的用語可回溯至史懷哲。雖然史懷哲的描述跟鄧雅各的相似，但所指的頗為不同，他在《使徒保羅的神祕主義》（*Mysticism of Paul the Apostle*）中所指的，跟神祕宗教入教者的「局內人」經驗相近。[66]

總括而言，鄧雅各的貢獻是修正了桑德斯的說法。桑德斯廣泛而徹底地運用猶太資料來支持自己的論點；鄧雅各則縮窄範圍，集中於一世紀的猶太和基督教的資料來源。不同的方法得出不同的結果。在某程度上，鄧雅各嘗試在傳統的見解和桑德斯的觀點之間取得平衡。他努力的成果證明新的不一定正確，舊的也不一定錯。說到底，鄧雅各筆下的保羅，就是富有民族色彩的保羅。

3. 第三波：賴特和政治性的保羅

把多產的賴特（N. T. Wright）歸入保羅新觀的第三波，其實並不公平，因為他和鄧雅各差不多在同時期提出其見解，但賴特的研究似乎稍為不及鄧雅各的普及。身為教會中人，賴特以主教的身分影響數以千萬的人，如今，他再次踏進學術圈，在聖安德烈大學（University of St Andrews）從事研究工作。賴特集中以敍事的取向，從歷史和神學角度研讀新約，這種手法在後現代的一代中頗為普遍。[67] 換言之，他是透過觀察不同的羣體故事怎樣與保羅的福音和保羅羣體背後的故事接觸（而且往往會產生衝突）來研讀新約的。[68] 讀鄧雅各和賴特的作品，就會發現鄧雅各的見解似乎與桑德斯的比較接近，而賴特則在多方面跟二人顯著有別。有別於桑德斯，賴特在運用拉比文獻時總是小心翼翼，因為他明白到「用來研究法利賽人的資料來源，總是問題多多，這是眾所周知的」。[69] 因此，把賴特歸入保羅新觀運動引發的第三波，能更容易理解他的概念。

桑德斯和賴特二人都喜歡重新繪畫一幅猶太教的圖畫，他們的目標相同。但是，跟桑德斯大不相同的是，賴特喜歡集中討論舊約中的先知書，特別是被擄後的文獻，以及第二聖殿時期對這些文獻的詮釋。賴特這樣做，並不是要改寫被擄者的故事，而是嘗試展現第二聖殿時期的觀點，以了解人如何看待被擄（經內及經外的）文學。在賴特之前，有關以色列的討論有時頗為支離破碎；以色列的故事是單單屬於以色列的。跟桑德斯對第二聖殿時期的描述大致相同，賴特所描述的以色列故事，也十分著重歷史資料。賴特向我們展示出一個多元的猶太教，在當中偶爾會因為民族和宗教情懷而出現政治動亂（即：反抗外邦人統治的革命運動）。[70] 這同樣也是以色列的故事。

在賴特之前，亞當基督論（Adam Christology）主要是圍繞後使徒的基督論，如伯拉糾（Palagius）的觀點、奧古斯丁（Augustine）的觀點、立約觀（federal headship view），以及預表的觀點等來制定。[71] 在賴特發表研究之後，以色列的故事就可以合適地被納入保羅神學裏，同時又能容納其他重要主題，如亞當的墮落和亞伯拉罕的稱義等。[72] 在有關保羅新觀的激烈討論中，以舊觀點出發的回應，不一定欣賞賴特的整體貢獻，但那些真正有興趣想知道他對保羅有甚麼見解的人，就要充分留意他如何講述以色列的整體故事，因為保羅畢竟是身處法利賽人中間的一個法利賽人，而這一派人既是一個著重純潔的團體，在以往的歷史中，也是一個政治壓力團體。[73] 若只執著賴特著作中的細節，而不先考量他那宏觀的論題，就會錯過了賴特的重點。因此，倘若要獲得裨益，就先要明白賴特怎樣以故事去解讀保羅，然後才去了解他撰述的故事，怎樣具體地解釋保羅某些經常令人困惑的經文，例如羅馬書九至十一章等。

在我們全面討論賴特對亞當的理解前，先留意在賴特開始構思其保羅神學之前和其間的亞當基督論在保羅研究中的角色，必能幫助我們。我在這裏的討論，將會提供一個適切的背景，幫助我們理解賴特的研究。在桑德斯那驚天動地的保羅研究出版之前，韋特利（D. E. H. Whiteley）花了很多時間研究亞當基督論。他的研究刻意以神學為主，而他所用的範疇也十分廣闊，次序如下：基督、十字架、教會和終末的事情。[74] 亞當的角色十分重要，因為韋特利在研究開始，就直接跳入創造的討論中。韋特利的詮釋框架，似乎是在羅馬書和一個系統神學大綱之間。當他游走於思想保羅是二元主義者抑或一元主義者時，他清楚地指出，保羅關注的是人類到底是與亞當抑或基督結合。透過仔細的詞彙研究，韋特利指出，保羅使用亞當是為了預表論—神學（typological-theological）的目的，而不是為了表示對首對人類——亞當和夏娃——的存在的確信。[75] 除了關注亞當和預表論之外，韋特利也關注隱喻（或他所謂的「象徵」）。[76] 象徵的真實性（例如：浸禮）容讓參與者經驗保羅的救恩論，並與基督結合。[77] 實在固然勝過象徵。但是，象徵則把保羅的神學世界與信徒的實在連結起來。在把他的讀者帶進保羅的世界時，韋特利強調保羅神學的經驗性層面，也強調超然的屬靈實在。

除了韋特利之外，另一個亞當基督論的翹楚是何蒙娜（Morna Hooker），她的小書《從亞當到基督》（*From Adam to Christ*）在保羅詮釋界中翻雲覆雨。[78] 她所用的模式是基督與人類之間的「交換／交易」：與基督的關係，是從信徒到基督，再從基督到信徒。雖然她並沒有建構出一整套保羅的贖罪神學（atonement theology），但她的「交換／交易」模式則肯定暗示了保羅的贖罪觀。因著基督成為了咒詛，信徒得以換來盼望，而這祝福則無限地大於咒詛。[79] 她對這個討論的貢獻，就是藉著警告人不要把道成肉身和十字架極端地區分，而把基督論與人類學連結起來。道成肉身把基督論與人類學連結起來，並以十字架為目標。於是，交易是源自道成肉身的基督，以人類的身體在十字架上被釘死。真正的人類，在基督裏才能活出上帝的形象（即：真正的亞當）。[80] 而基督的本性，也在信徒分擔基督的受苦時給予信徒。[81] 由於十字架的咒詛來自妥拉，贖罪也必須從妥拉的角度來看。因為，妥拉要求屬亞當的人要成為義，它才成為咒詛。基督替代它成為咒詛，而這個過程則導致稱義，生出一羣末後亞當（the last Adam）的族裔。[82] 因此，大部分保羅的倫理教導，都是針對信徒對這個嶄新的義的回應。[83]

我們可以在賴特的著作《立約的高峯》（*The Climax of the Covenant*）中，找到能夠闡明他的方案的部分。在一項有關基督論的研究中，他把亞當、亞伯拉罕、基督和以色列等主題結合起來，但不是依循後使徒時期基督論形成的方式，而是把焦點放在耶穌的彌賽亞職分上，從而把上帝和耶穌的關係（按照後來尼西亞會議中所陳述的）擱在一旁，取而代之的是討論有關耶穌、亞當與以色列之間的關係。[84] 賴特論哥林多前書十五章時寫道：「我們要謹記〔保羅〕在這裏談論的，並不是耶穌和上帝本質上的關係。」[85] 在賴特之前，研究保羅的學術圈子長久以來都只是把「基督」僅僅當作「耶穌」的同義名字看待。鄧雅各指出，基督變成了專有名詞，是由於這個稱謂在猶太人圈子中很快就不再惹來爭議，但這位基督的身分，對猶太人來說仍然懸而未決。[86] 在賴特的作品中，他從沒有順理成章地認為「基督」不過是一世紀的專有名詞，而是認為它充滿了彌賽亞所含猶太人特點的意義。根據賴特的說法，在保羅有關上帝的啟示中，基督論佔據著核心位置。[87]

在解讀亞當基督論時，賴特認為那失落的線索就是以色列，它被假定是亞伯拉罕的後裔，而亞伯拉罕又可溯源至亞當，是亞當的後裔。[88] 賴特說：「我認為〔保羅神學〕到目前為止的研究，還未深入地進入問題的核心。對亞當的推測——特別是兩約之間和拉比的文獻中的推測——都不是關乎『普遍的人類』。

那是關乎以色列，即上帝的子民。」[89] 那麼，認識第二聖殿時期的猶太教的關鍵，就是對以色列的故事作元敘事。這元敘事又是甚麼？賴特回答：「上帝對普遍人類所定的旨意，已經特別地轉移到以色列身上，也將會在以色列身上成就。以色列是，或將會成為，上帝的真人類。上帝為亞當所預備的，將會賜給亞伯拉罕的後裔。」[90] 賴特從《以諾一書》（*1 Enoch*；90.19, 30, 37 及以下）、《禧年書》（*Jubilees*；2.23; 3.30 ～ 31; 15.27; 16.26; 19.23 ～ 31; 22.11 ～ 13）、《利未遺訓》（*Testament of Levi*；18.10）和《所羅門智訓》（*Wisdom of Solomon*；2.23 ～ 24; 3.8）中取材，指出在兩約時期的猶太思想中，以色列是亞當的真正承繼人，而且在以色列中的義者將協助上帝復興創造。[91] 外邦國家有時會被喻為亞當管治的動物。[92] 當這個元敘事似乎要在以色列國眼前崩解之際，被擄這個無法逃避的危機就成了矚目的焦點。結果，賴特未有像很多保羅學者那樣，把罪視為那困境，而是認為那困境是以色列全國的希望被摧毀。[93] 針對這個困境，必須尋求一個新的解決方案，而這解決方案最終以彌賽亞的形式出現。雖然以西結書三十七章應許以色列復國，但在保羅的時代並沒有應驗，除非以色列的復國是透過耶穌的復活體現出來；這樣，耶穌的復活就成就了以色列的復興，這復興超越了種族、政治和社會的界限。[94] 耶穌自然也是亞當和亞伯拉罕的後裔的化身。於是，以色列的問題就由彌賽亞耶穌來解決了。

看過賴特為保羅描繪的神學故事後，我們也應該留意到賴特更詳盡地解釋「為甚麼」這個故事其實是當時社會的產物。在加倍仔細地檢視一世紀的歷史文獻後，賴特指出，約瑟夫（Titus Flavius Josephus）為猶太教描繪的政治圖畫，遠不是羅馬政府宣稱的那樣平靖。事實上，有些猶太人頗熱中地用盡一切手段來保存自己的種族—宗教身分。[95] 換言之，在保羅寫部分書信期間，猶太人中間出現了對政治不滿的聲音，最終導致公元七十年所發生的悲劇。賴特的發現顯示，在保羅時期的猶太教中出現的，不只是一場神學—學術對話。對賴特來說，第二聖殿時期的猶太人不只是光坐著，就天國和個人得救等理論交換意見，他們甚至在復活和來生的問題上沒有共識。反而，儘管他們受羅馬的殖民統治，他們正竭力嘗試重尋並恢復先祖的宗教最完整的表達方式。在他們當中，有些人對彌賽亞拯救猶太民族仍抱有希望，這就解釋了他們想保存「約」的原因：為這項重大的事件作準備。[96] 雖然有關時間的問題——尤其是有關但以理書九章的問題——仍未有定案，但很多人都希望彌賽亞會在他們有生之年拯救猶太民族。在最終的復興出現之前，上帝的子民仍算是在被擄的境況中。賴特建議要從這個歷史背景解讀保羅和猶太教。於是，問題就不再是「我怎樣能上天國」，取而代之的是：「上帝要怎樣安排但以理書中的七十個七這預言？祂要怎樣實現它？」賴特的追查路線主要是政治—歷史方面的。有關保羅的研究大多數都是以處理猶太教為主，而賴特最近期的貢獻卻超越這種做法，在解讀時以外邦的背景來作平衡。

賴特的元敍事包括希臘羅馬的背景，尤其是關乎保羅和政治的範疇。這樣做是回應一個學術趨勢，就是來自不同神學派別的新約學者都對耶穌和保羅的帝國背景感到興趣。[97] 筆者對羅馬書作過較詳細的研究，在很多方面，它也是對這個因賴特而變得普及化的政治趨向作出的回應。[98] 在西方，目前最透徹的回應是朱偉特（Robert Jewett）的羅馬書註釋，筆者很高興獲悉基道出版社於二〇〇九年已出版了《朱偉特論羅馬書》（*Robert Jewett on Romans*）。[99] 賴特固然緊貼學術研究趨勢的步伐，而霍思禮（Richard A. Horsley）也似乎主張這學術趨勢就是朝向帝國。[100]

由於保羅的事工是以臣服於羅馬帝國的子民為對象，賴特就提出在了解保羅的書信時，必須留意福音的政治層面，若書信中有些詞彙帶有帝國色彩，就更應加倍留意。[101] 賴特後期有關希羅背景的陳述，似乎突然改變了他早前對猶太人的興趣，但實際上那範式並沒有轉變。無論是對於舊約的預言或是羅馬的意識形態，賴特都是從政治角度去解讀，一方面關注以色列的民族／地域國度，另一方面關注羅馬的擴張與和平。

要正確理解賴特的意思，就必須認真探討他怎樣詮釋保羅在羅馬書九至十一章中講述的以色列故事——處於列國之中的以色列的故事。在賴特之前，用這麼獨特的方式集中討論羅馬書九至十一章的保羅註釋者著實不多。這一點也是賴特的重大貢獻。在解讀的時候，他提出了一個批判性的釋經問題：「為甚麼保羅要在羅馬書一至八章之後，撰寫九至十一章？」[102] 這個發人深省的問題所要處理的，不單是神學上的問題，也包括保羅的修辭手法。過去的註釋者都認為，羅馬書九至十一章與書中其餘的內容沒甚關係。有些註釋者（例如：杜德〔C. H. Dodd〕）更是凸顯了這一點，指出這三章經文與羅馬書格格不入。[103] 把保羅的著作視為不相干（或更糟的是，混淆、前後矛盾和完全不連貫），的確能輕易地迴避問題，但賴特卻摒棄了這種手法。對他來說，以色列的歷史就是關乎上帝信守祂與亞伯拉罕所立的約。[104] 賴特認為，對耶穌和保羅而言，猶太教和妥拉的問題都是次要的。[105] 確切地說，羅馬書九至十一章和任何把耶穌基督與彌賽亞相連的言論，全都是關乎信實的上帝要實現祂賜給以色列的盼望。像很多註釋家那樣把妥拉變成核心議題，就錯過了討論的真正重點：上帝的信實。若不以上帝的信實為前提，保羅的讀者又怎能肯定上帝會信實地保守向外邦人傳福音的事工？那麼，這故事跟基督的十字架又有甚麼關係？

賴特提供了答案。

賴特認為，羅馬書九章 19 至 24 節的「揀選說」，其實不是指有誰被任意選上，而是道出上帝處理世上罪惡的惟一方式：先與一組人立約，然後集中向被選上的源頭定罪，而這源頭就是耶穌基督——被揀選的民族的代表。[106] 只要使用被釘死的彌賽亞，上帝就戰勝了罪惡。可能是基於這個原因，有些讀賴特作品的人會認為，賴特輕視了傳統以挽回祭贖罪的觀點，就是基督「道德」上的義，以某種方式轉移到信徒身上。在賴特對保羅的詮釋中，他決斷地放棄稱義的「道德」層面，或與稱義相關的義，轉而側重法律地位方面的理解。[107] 那是關乎重點的問題。賴特的方案沒有使用一種把道德和法律兩方面混和的義，而是自然地配合保羅那個「在基督裏」的羣體概念。他滿有信心地高呼：「十字架上的基督就是妥拉的目標。」[108] 因此，在贖罪方面，基督既是信徒的代表，也是信徒的代替品（羅八 1～3；林後五 21）。[109] 於是，相信基督的人，就能分享基督在妥拉裏所完成的工作，同時得享上帝對亞伯拉罕之約的信實。賴特在總括他這個以約為本的解讀法時，指出若要明白立約的意義，有四個要素是不可忽略的：上帝對普世的心意、亞伯拉罕的故事、第二聖殿時期猶太教對上帝的子民以色列的元敍事，以及保羅怎樣詮釋有關救世主彌賽亞的元敍事。[110]

以色列的故事和那後裔耶穌基督，是賴特在他對保羅的研究中加強「在基督裏」這種説法的原因。「在基督裏」意指「在那後裔裏」，那後裔本來是以色列。到最後，彌賽亞的跟隨者都會單單因為基督，而成為上帝的子民，這基督代表了上帝的子民的一切身分（即：「上帝的子民」就是以色列，她作為亞伯拉罕的後裔或作為亞當的後裔）。然而，根據賴特對羅馬書二章 25 至 29 節的解讀，羅馬書十一章 26 節中的「以色列全家」，似乎是指相信耶穌的猶太人和外邦人，而不是以色列這個民族。[111] 因此，當賴特談及支持「以色列」時，是有其限制的。在賴特的表述中，他超越了保羅神學中困境在解決方案之先或之後的問題。取而代之，他似乎看見了一個循環：先是困境，然後是解決方案，接著是以色列陷入更深的困境中（即：羅馬書九至十一章）。[112] 在這個表述中，賴特依循了羅馬書的大綱。按照賴特的說法，保羅從來都沒有那麼豐富的猶太色彩。賴特也不厭其煩地嘗試把保羅書信中的每一項元素放進保羅寫作時的猶太處境中，使它們彼此配合。現在我們可以透過賴特的以色列故事，明白他對稱義的見解，因為它必須與以色列的故事結合，而不單是關於「你與我」的個人化故事。

對賴特來說，從「稱義」在保羅著作中的神學和文學功能看，稱義其實不是關乎救恩論，而是關乎教會觀。[113] 在主張舊觀點的人看來，賴特最具爭議的說話是：保羅的福音不是因信稱義，說稱義是福音的成果才對。[114] 賴特認同傳統的觀點，指稱義是來自法律的概念：法官宣布被告因為相信而「有理由」獲撤銷控罪。[115] 在基督裏，有一項錯誤經已被修正過來。成為義的意思，不是指把基督的狀態轉移到信徒身上，而是依從法庭列明的規定（即：透過亞伯拉罕之約表現出來的信心）。對於稱義，賴特看見的不是一項被孤立的教義，而是一個網絡性的教義，這個連繫是由以色列的故事作為中心，在稱義這一點上匯合，賦予它比傳統的信義宗觀點更寬闊的意義。換言之，賴特認為稱義是把上帝的子民帶進一個羣體的東西。再者，他的稱義理念也指向將來的稱義，因此把令信徒從死得生的稱義「時刻」（即：在歸正的那一刻）的傳統觀念挪去了。[116]

賴特在保羅的著作中發現四個主題匯集一起：以色列的彌賽亞耶穌的工作、亞伯拉罕之約、上帝那有利於信徒的審判，以及給全世界和給上帝的子民的終末觀。[117] 接著，賴特把約、救恩論和終末論連接起來，為以色列的基要信仰系統構成了一幅圖畫。[118] 他認同鄧雅各的說法，指律法的行為是臨界禮儀（boundary line rituals）：割禮和飲食條例。[119] 在強調聖約背景方面，他尤其與鄧雅各一致，列舉出保羅引用了創世記十五章、申命記二十七至三十章，或許還包括但以理書九章等的立約敍述。[120] 這種一致的意見指出那焦點是羅馬書和加拉太書，而這兩卷書處理的大多都是界限含糊的問題。對賴特來說，因信稱義的表述跟保羅那幅較大的圖畫相稱，保羅的稱義概念是一個法律上的比喻：由一項法律上的假設變為一則法律宣言，宣告基督徒將會變成怎麼樣。[121] 就是這樣，賴特稍微轉離一刀切而乏味的傳統做法，傳統的做法是把救恩分為兩個階段：稱義，然後是成聖。賴特指出，這種兩階段的公式大部分是源自系統神學，而它卻是一種不依賴聖經研究的學科（這種「不依賴」有商榷的餘地）。[122]

賴特表述保羅的方式，無疑有點接近羅馬天主教的救恩論立場，但事實卻非如此。賴特堅持與奧古斯丁對稱義的定義——品格的改變（即：一種醫學上的比喻）——劃清界線。[123]「使成為義」的觀念，令人聯想到一個單身的人在婚禮上被宣告身分已經改變，成為已婚人士（即：法律上的比喻）。換言之，賴特的稱義觀念保留了法律的意味，卻被置於終末性的連續體上，從「今世」延續至「來生」。[124] 得稱為義的人，將要在自己像基督那樣復活的時候得榮耀。[125] 這樣，稱義就肯定是終末性的。[126] 與此同時，賴特自覺地與一般人對終末的概念（例如：「死亡、審判、天堂和地獄」等主題）分別出來，但仍然把全世界和以色列的命運放在核心位置上。[127]

很明顯，在保羅研究中，帝國主義的社會模式是較新的焦點，也影響著現代基督徒的當代政治和信仰觀，卻較少影響那些新教的道德宣講。[128] 在這方面，還有很多需要努力的地方。人固然可以以這個詮釋方法為基礎，延伸到不同方向。部分類似克羅森（John Crossan）和列特（Jonathan Reed）的學者，就支持複雜的帝國在影響保羅的說法。在他們的理念中，即使如保羅這樣具影響力的人，也受制於帝國的處境下。[129] 他們均在個別的著作中，指出保羅的「神的兒子」與拉丁文"*dei filius*"（神的兒子）和"*divi filius*"（神的兒子）之間的衝突。雖然兩個拉丁文詞彙在某些細節上是頗為不同的，但都是以一個單一的古舊詞彙翻譯作希臘文，就是現代基督徒所說的「神的兒子」；[130] 分別是奧古斯都偏愛使用"*divi filius*"，其他人則支持使用前者。這個細微的分別可能是因為奧古斯都留意到"*divi*"指「似神的」而有別於"*dei*"指到神自己。無論如何，保羅的宣稱都是具顛覆性的。他們筆下的保羅與反帝國和政治的保羅十分脗合。下文將進一步討論這一點。

政治理解並不局限於上述以克羅森、列特與賴特為主導的學者。其他非神學家（例如：猶太教和宗教哲學專家陶伯斯〔Jacob Taubes〕）也留意到政治層面的討論，尤其是在羅馬書中。很自然地，陶伯斯其政治進路的研讀是很不同的，因為他的進路是以當代哲學理解為主，在下文將會再作討論。但有趣的是，在世俗的思想家當中，由於保羅的政治思想，他再次成為較前衛的研究對象。

賴特跟很多參與這場對話的學者大不相同，他刻意把自己的保羅神學套用在當代基督教中。他在《稱義》（*Justification*）一書中寫道：「從我們的角度來看，似乎『我和我的救恩』就是基督教的全部。可悲的是，很多人——其中大部分都是敬虔的基督徒！——都是傳講這種觀念，或是以這樣的觀念來過活。」[131] 在這方面，賴特的表述與桑德斯是一致的：保羅的福音更多是關乎上帝的普世工作，這些工作「影響到『萬物』；但對個人則有不同的影響，視乎他們相信與否」。[132] 正是基於這個原因，賴特致力描繪一幅圖畫，展現救恩在個體以外對羣體和普世的影響力。戴維斯認為，悔改前的保羅把焦點放在一個作為政治整體的以色列上，悔改後的保羅則集中於個別以色列人與上帝的關係上。但是，賴特跟威廉．戴維斯不同，他堅持自己從政治和集體角度解讀的保羅，無論悔改前或悔改後都是一致的。[133] 威廉．戴維斯提出了政治方面的議題，賴特則跟進議題，帶出最後的結論。批評個人稱義的理論根本「不需要教會」的坎貝爾（Douglas A. Campbell），[134] 或會認同賴特的見解。即使救恩對於人類來說是多麼重要，它只不過是上帝「更大的計劃的一部分」。[135] 賴特的表述說明，現代的詮釋者不應擔心保羅神學的觀點會太闊，反倒要擔心觀點過於狹隘，以致不足以容納保羅著作中的寬度。跟其他形象相比，賴特的保羅是一個教會—政治性的保羅。

賴特的構想反映了在二十一世紀中的學術趨勢，值得在此討論。論到新約時，歷史學家傾向從衍生宗教事實（例如：猶太教對外邦基督教等）的民族因素來看一世紀的信仰真貌。當然，我們不能忽略種族因素，但近年的趨勢迫使學者跨越種族因素，進入其他社會因素之中，例如：地理、政治、語言學等。這個符合後現代理念普及化的趨勢，主張多重處境，而不是單一處境。無論是神學或歷史，都無法再主導著整個討論。相反，政治和其他因素將會成為研究保羅的族種—宗教背景。這些不同的進路需要在方法論上互補不足，而不是互相排斥。這個趨勢導致《初期基督教期刊》（*Early Christianity Journal*）的創辦，並助長了這個研究文本的多元學科進路的發展。[136] 這個新趨勢如今早已式微了。它固然是後現代多元主義的副產品，但也為我們提供了更多研究保羅的方式。

4. 對保羅新觀的多方面回應：新傳統主義者和其他觀點

4.1 其他「非傳統」回應：從神學到敘事

伴隨著上述的觀點而來的，是不同的非傳統回應，並以保羅新觀的不同方面為焦點。有些較多與桑德斯對話，有些則把焦點放在鄧雅各和賴特之上。在華人學界當中，研究保羅的詮釋者必不可忽略盧龍光的研究。他的保羅新觀研究是華人聖經學術研究中的翹楚。然而，他的研究卻未有得到當得的重視。他在其保羅新觀研究的序言中，提到要在歷史保羅和現代保羅之間保持平衡的重要性，但與此同時，他也留意到以我們自身的形象建構保羅這一處境化的危險。[137] 盧氏首先拒絕以保羅直接指出為何他想到羅馬的言論，而由此建構出一個結合所有保羅書信來詮釋羅馬書或其他書信的做法。[138] 盧氏進一步認為，那些歸回的彌賽亞式的猶太人（從較早前被革老丟所驅逐），於妥拉的潔淨問題方面在羅馬教會中引來衝突，因此導致保羅執筆調停問題。[139]

盧氏藉著容讓由恩約守法主義（尤其是律法的行為）而顯露出的臨界議題，以幫助他研讀羅馬書，並提出他對羅馬會眾當中的種族情況的看法。[140] 對盧氏的保羅而言，新的後彌賽亞界限並非種族上的，而是人如何接收福音。[141] 當這樣研讀保羅時，盧氏發現路德與保羅對稱義的分別：前者攻擊透過行為稱義，而後者則攻擊以種族為中心的救恩論。[142] 藉著以恩約守法主義為基礎，盧氏認為保羅是以因信稱義來中和因妥拉而來、在猶太人和外邦人之間的種族區分，因此以稱義把兩者合而為一。[143] 盧氏的構想表明了他是如何理解羅馬當時的歷史處境。他並非是以神學來構想，而是以歷史為主的。

由於保羅新觀把多個世紀以來一直捆綁著教會的枷鎖打破，於是便為不受傳統範疇局限的敘事進路開啟了一道新的大門。希斯（Richard Hays）是保羅新觀的回應者之一，他全力闖進敘事的世界內，並對有關因信稱義的教義有重大影響力。[144] 希斯主張我們應該把「信」（faith）理解為基督的信實（faithfulness），而非信徒的信心，這與傳統主義者和桑德斯倡議的保羅新觀的理念十分脗合：揀選（以色列或教會）完全是上帝的工作，而不是靠人的努力。朗格內克（Bruce W. Longenecker）的重要著作就是在這個影響之下誕生的。[145] 而康斯坦丁內亞努（Corneiliu Constantineanu）最近的著作也是以敘事進路研究羅馬書，他透過宇宙復和的主題來解讀保羅。[146] 事實上，在我們所活在的「後九一一」和環保意識強烈的世代中，這個範式深受歡迎。[147] 他的重點是透過基督的新創造（即：從舊約——尤其是從以賽亞書——而來的創造故事）。[148] 希斯的觀察一直受到沒有參與保羅新觀的學者關注，但它也影響著現時的討論，尤其是有關保羅的救恩論。[149] 希斯與賴特的共通之處是，二人都採用了某種敘事進路。在以某種方式使用希斯的觀察時，就會導致改革宗的因信稱義教義立在搖搖欲墜的平台上，就如很多人認為希斯真的這樣做了。然而，我猜想希斯並非為了激怒那些持守傳統改革宗教義的人而刻意這樣做的，但他最後卻這樣做了。與此同時，賴特認為希斯的主張是有幫助的，並以此去支持他在《稱義》一書中的論證。哥曼（Michael J. Gorman）的十字架敘事進路（cruciform narrative approach；即：以十字架的敘事為基礎的進路）似乎與賴特的同出一轍，他選擇以「靈性」而非「神學」作為其範式的指引，而哥曼的構想也看見了保羅的敍事世界與他身處的環境的接觸點，並在賴特對約的詮釋以外，找到同樣忠實的解讀，這大大幫助了他建構保羅在羅馬書三章 21 節的思想，就是在妥拉之外，上帝的信實（無論是上帝的或是基督的）成為稱義的方法。[150] 希斯所主張的上帝的信實，與賴特對上帝如何再次在歷史中工作的構思，十分脗合。因此，假如他跟隨希斯有關上帝的信實的主張，那末因信稱義的教義在整體教義中相對佔著較次要的位置也是正常的，因為那神學問題就變成基督信實的工作，而不是基督徒的信仰了。

唐納森是桑德斯的恩約守法主義的支持者。他在回應中針對一個傳統的問題：保羅如何從他之前的信念轉變為倡議「非妥拉」的教導和宣教？[151] 無論詮釋者是反對抑或支持保羅新觀，都必須回答這個問題。他的答案延續了桑德斯和鄧雅各的議題，並更全面地發展出以恩約守法主義來理解保羅的進路。唐納森稱他的進路為以認信為中心的進路（conviction-centered approach）。他的進路容讓保羅書信中看似矛盾的張力存在，而不會刻意協調那些不一致之處。[152] 某程度上，唐納森與衞辛尼（Heikki Räisänen）很相似，後者花了很多篇幅討論保羅那些不一致之處。[153] 換言之，保羅以一套核心認信為基礎，構思他所有的著作。在看似不一致的保羅當中致力尋找一致性的神學家，必須決定這個核心到底是甚麼。對唐納森而言，成為基督徒之前的保羅向歸正的外邦人「宣講割禮的信息」（加五 11），並認為以被釘十字架的彌賽亞為界限是令人困擾的。[154] 換言之，保羅在歸正之前，他一直把外邦人包括在妥拉之下。[155] 因此，根據唐納森的構思，保羅較熱中於自由的（希臘化色彩？）猶太教，試圖令外邦人歸正，而不是一般人眼中以民族主義為主的猶太教。在唐納森的描繪之下，新的彌賽亞信仰並不如冒犯了猶太教的基本元素般，冒犯了歸正前的保羅其排斥外邦人的情感。唐納森的「界限標記」(boundary marker)好比鄧雅各繼續發展桑德斯的恩約守法主義。[156] 在大馬士革路上的經歷告訴他，在保羅的信念中，有些東西出了很大問題。[157] 唐納森的起始點與金世潤(Seyoon Kim)的(我們將在下文討論)十分相似，但相似之處在這裏結束，因為唐納森並不認為妥拉(或稱義)是起始點，而是認為上帝和基督論是起始點，而妥拉是保羅其認信的終點。[158] 唐納森明確地把保羅的神學分為三層：讀者/書信的處境、保羅的神學模式，以及保羅的基本信念或語義學世界，[159] 而第三層是最核心的，也是他最常提及的。

在看唐納森的描述時，要在書信中理解何處反映了成為基督徒之前的保羅的信念，並不容易。唐納森主張，一神論是保羅在歸正之前和之後的信念的基礎。[160] 要反對這個說法實在很困難，因為所有的猶太教徒和基督徒都是一神論者，但是，保羅並沒有時常提及一神論，以致可以證明這個說法。因此，讀者或會同意，這個有關保羅的信念的假設是正確的；但與此同時，也難以單憑書信證明這一點。保羅固然有這個神學假設，但他並沒有清楚展示這一點在他的書信中是很重要的。保羅提到的小部分聲明不過是斷言，並沒有進一步闡述。

唐納森的研究留下了一些難以解答的問題。保羅怎樣從理解普世的上帝和耶穌是基督，變為理解耶穌也是外邦人的救主和「沒有妥拉」(no-Torah)？據推測，普世的上帝信念是源自較開明的猶太教，但更重要的問題是，這樣的猶太教是否真的存在？第二聖殿時期的猶太教是否為一個歸正的宗教？假如妥拉仍然是爭論的一部分，那認識耶穌是外邦人的救主，又怎樣改變這一點？唐納森主張，在保羅書信中，基督與妥拉是對立的。[161] 假如這個對立在保羅書信中真的存在，那保羅又是如何得出這個結論？唐納森聲稱，藉著上帝所愛的被釘死的彌賽亞（即：被妥拉釘死的那一位），基督教的信息就拒絕了任何表示「妥拉的對象包括外邦人」的聲稱。[162] 當保羅想到妥拉和基督在歸正前無法並存時，他的信念並沒有改變，但是他的定位和優先次序就改變了。[163] 唐納森最大的假設必定是源自他認為歷史保羅與被妥拉（即：猶太人）釘死的歷史耶穌十分相似。換言之，保羅是透過以基督論來詮釋歷史，從而得出「沒有妥拉」的結論。[164] 然而，對於歷史耶穌是在妥拉、羅馬政權或兩者的手中受害，不同的學者各有不同見解。

較為罕有的歐陸回應乃來自衛辛尼，他一方面認同鄧雅各的主張，即強調約的重要性，但另一方面卻對於這個約在哪裏發生持不同說法。當鄧雅各強調延續性的時候，衛辛尼指出有很多斷代性。鄧雅各那解決所有保羅正面及反面理解妥拉（即：猶太教）之間的張力的方法，受到衛辛尼那「容讓張力存在」的進路不斷挑戰。舉例來說，衛辛尼質疑鄧雅各指保羅訴諸猶太人不過是為了延續猶太教信仰的說法。衛辛尼反對這個說法，認為這種錯誤的表達方法混淆了保羅對信心的語義學理解：這並不是一般的信心，而是在耶穌基督裏獨特的信心。[165] 這樣的信心與猶太教的恩約守法主義對立，因為除了耶路撒冷的教會和其他跟隨基督的猶太人之外，保羅同時代的猶太同胞，並不接納耶穌是基督。[166]

除了對保羅新觀的眾多神學回應外，最自然而然的回應，就是來自那些研究保羅如何引用舊約的人。[167] 有關保羅如何引用舊約的討論，最初與保羅新觀並沒有關係。事實上，希斯的《保羅書信中的聖經回聲》（*Echoes of Scripture in the Letters of Paul*）曾經在八十年代興起過一番討論，卻沒有直接與保羅新觀扯上關係。[168] 畢竟，假如稍微留意保羅的猶太背景，就一定會發現保羅從他的猶太背景承傳下來的解經傳統是很有趣的。隨著賴特等學者不斷強調敘事的重要性，近年漸漸出現了一個研究趨勢，就是從保羅的敘事世界來研讀他的書信。這羣以敘事為主導的學者也彼此影響著對方，[169] 而這樣的敘事世界，也包括了把保羅當作說故事的人。[170] 保羅穿梭於某些舊約經文，似乎是要講述和重塑一個熟悉的猶太故事，而費士克（Bruce Fisk）則認為，保羅尤其是要講述「揀選的故事」。[171] 當代有不同的猶太人都在重述這些故事，但保羅的故事是指向基督和祂對以色列的影響。這類研究的困難是，保羅到底有沒有尊重他所引用的舊約經文處境呢？莫爾斯（Stephen Moyise）在一份文章中指出，「尊重」原來的處境是現代人的概念。[172] 再者，保羅所採用的文本，也有可能與我們今天所有的現代文本不同。

近年較為贊同賴特所主張的，是布特（Michael Bird）的回應。布特是年青、多產的新約歷史作者。他以下一番甚具代表性的聲明，為他對保羅和凱撒的看法作出總結：「基督和凱撒在歷史的競技場中碰面，而基督輕而易舉地獲勝了。」[173] 藉著這個聲稱，布特表明他是屬於賴特一派的，把基督和帝國文化二分。[174] 而布特的方法也與賴特的很相似，也是採取了敘事進路，描繪出保羅書信背後的世界。保羅擁有一個宏大敘事，而這敘事也繼而展示了他的世界觀。[175] 從不同方面來說，這故事包括了亞當和基督、亞伯拉罕的約、以色列不同的故事（從國家性到跨國的）、耶穌和教會。[176] 與此同時，他容讓保羅依然故我，充滿張力地表達其教牧的關注，而不是一個很有系統的基督宗教老師。[177] 在某程度上，他好像衞辛尼。就猶太教而言，布特的構思比較接近舊有的思想方式，認為「律法的行為」就是那六百一十三條誡命。[178] 然而，他的研究是歷史性的，與傳統的想法頗為不同。他主張強調律法的行為的原因，是因為猶太人脫離了古人的禮儀，而轉向較為希臘化的導向，因此保留了充滿種族色彩的層面。鄧雅各尤其提到這一點，並訴諸 4QMMT。[179] 布特認為相信基督是稱義的主要元素，而他把這一點理解為與上帝建立正確的關係，並脫離個人的罪和亞當的罪的咒詛。[180] 再者，他責難以命題式的進路研究福音書和保羅，反而支持以敘事進路研究福音書，這敘事要求人對耶穌身為被釘死的基督——對信徒帶來審判性的結果——作出一種回應。[181] 布特認為，這個審判乃是終末性的未來在當下為信徒所實現的。審判早已過去了。[182] 我們不可忘記保羅那充滿種族色彩的層面，這正是為何他時常在涉及猶太人和外邦人的書信中提到稱義的問題，並以信徒與基督同死同活為重點。[183] 當他這樣做的時候，稱義或公義就有更豐富的意思，不再單是審判，而是包括了基督的信實、與基督聯合，以及基督這第二亞當的工作了。[184] 或許我們最好把布特歸類為後保羅新觀（post-New Perspective）的學者，因為他把傳統的理解與新的觀點結合，融入他對猶太教和保羅的思想體系裏。

較早前，我們討論過克羅森和列特所建構的歷史保羅，尤其是以保羅和凱撒為焦點。有關保羅的討論，似乎永遠無法脫離應該以希臘化背景或猶太教背景來加以研讀的問題。克羅森和列特親自承認，他們很早已跟隨戴斯曼（Adolph Deismann）的進路，從外邦人的世界看保羅。[185] 他們的研究以既普及且引人入勝的方式（甚至在某些部分改用第二人稱的稱呼）撰寫，也頗有敘事色彩，把保羅編織進希羅世界裏，就如他們在第一章的標題「猶太信仰與異教社會」（Jewish Faith and Pagan Society）可見一斑。[186] 兩位作者都承認，保羅的猶太信仰是重要的。他們也提供了很多展示帝國意識形態的證據，足以妨礙基督教的宣教工作。這些例子包括把朱利亞 · 革老丢王（Julio Claudian emperor）

理想化的圖像，即把異族敵人擊敗和準備向敵方婦女施暴的圖像。[187] 其他例子則來自「羅馬和平」(*Pax Romana*)，並有一個「和平祭壇」(Altar of Peace；拉丁文是"*Ara Pacis Augustae*")宣傳以軍事力量取得的和平和那君王的家族。[188] 因此，問題是信仰如何進入社會。衝突不僅僅局限於保羅和凱撒之間，猶太教(即：保羅所理解的猶太教)和異教之間也產生衝突，尤其是具侵略性的殖民地帝王崇拜政策(例如：異教的戰神與「神」的兒子奧古斯都〔Augustus〕的伙伴關係)。[189] 總括來說，他們的詮釋較為支持保羅書信，過於支持路加的著作。這好比由杜平根學派的歷史鑑別學者開始的二分詮釋，卻以帝國的詮釋重新包裝。[190] 與此同時，他們也以對羅馬社會的社會學建構疊加在他們的詮釋，結果得出一個政治的保羅。在他們所描繪的保羅中，他們既關注保羅，也同樣關注外邦人的反應。[191]

採取這個政治進路的，還有聖經文學學會(Society of Biblical Literature)中的「保羅和政治」小組("Paul and Politics" group)。它的目標似乎是在保羅的元敍事之中提供更多資料。霍思禮直率並坦誠地承認，這些理念在新約中並沒有出現，因為歷史都是由帝國的精英所撰寫的，一切都似乎運作良好；[192] 而最後得出的圖畫，必然會傾向後殖民和解放的種類。保羅的聽眾被視為一羣未安頓下來、在異地居住的羣眾。問題並不是保羅寫作時有沒有以帝國為背景，而是那個背景對每封書信的影響有多大。霍思禮把焦點放在帝國文化一些主要的元素上，例如：奴隸制度、恩庇制度(patronage)、帝王崇拜和修辭技巧。[193] 當然，有些人會認為霍思禮提出的範疇並不配合帝國的處境。但是，它們是「可以」配合帝國的處境的，而這正是霍思禮要提出的可能性。

說帝國的範式大大改變了保羅詮釋，實在是比較溫和的說法。有些學者甚至把這樣的理解讀進傳統的神學著作中，例如：加拉太書和羅馬書。艾略特（Neill Elliot）留意到保羅從加拉太書到給哥林多的信函中，他以帝國詞彙形容自己背後的目的，發現保羅在宣教旅程中視自己為反帝國者。[194] 朱偉特在撰寫他那甚具影響力的羅馬書註釋之前，早已從帝國擴張勢力所造成的環境破壞的角度，為羅馬書八章 18 至 23 節提出新的政治詮釋。[195] 他的文章也提供了足夠的證據，顯示羅馬書事實上從世上擷取了很多帝國的意識形態。這一點很有趣，尤其是當其他人都是傾向神學—終末式的範式，朱偉特卻獨排眾議，傾向帝國—生態式的範式（imperial-ecological paradigm）。而以帝國進路研讀保羅，也有其他重要和令人驚訝的發展。舉例來說，卡蓮（Brigitte Kahl）重構了「加拉太人」一詞在一世紀實際上所指的一幅意識形態的圖畫（即：敍事），並以那個框架研讀加拉太書。[196] 她的框架追溯羅馬人對「加拉太人」的想法，藉此理解保羅為甚麼要以某種特定方式處理加拉太書。她親自承認，那些不同的意識形態鑑別學（例如：女性主義、後殖民主義等）和朱偉特的《羅馬書》（*Romans*）對她影響深遠，而無論哪些意識形態主導著她的想法，她的重構仍然是以歷史為主的。[197]

從這些回應和新的範式中，我們可以清楚看見，詮釋在很多時候乃是不同時期的意識形態的產物。假如要追溯上述的回應，尤其是研讀保羅的政治回應，我們就會發現，發展出這類思想的時期，大約是在上世紀八十年代後期至二十一世紀之後。這是一段急劇轉變的時期。當我們在一九八五年發現臭氧層的空洞後，就開始關注環境，而在一九八九年，埃克森范爾迪斯號（Exxon Valdez）在阿拉斯加的漏油事故，更進一步加強了這方面的關注。更重要的是，柏林圍牆在同一年被拆毀，不足兩年之後，蘇聯解體，這標誌著冷戰的結束。然而，在一個敵人消失後，西方看似取得勝利之際，「九一一」的悲劇就發生了。在冷戰期間，意識形態的衝突明顯是屬於政治層面的，但與恐怖份子的新戰事，卻漸漸演變為不同的宗教詮釋。人不能再簡單地以「政治與宗教較量」的視野來審度現況，相反，有些人開始發現，政治往往包含了宗教，而宗教也必定涉及政治的向度。政治不再隱藏在歷史的背後。歐洲聯盟（European Union；簡稱歐盟）等新的體制再次出現，它嘗試將意識形態相近者和相關資源給合起來。到了一九九九年，歐羅成為象徵著這種統一性的貨幣。然而，到了二○一○年，隨著希臘、意大利和西班牙等國家面對龐大的失業率、甚至陷入破產危機，歐羅也陷於極大的困境。很多這類混雜了政治和社會問題的獨特情況，都成為保羅書信的詮釋特質。這段期間，在知識層面上，現代主義在學院的啜泣聲中悄悄死去。那個多元社會，就是後現代主義舒適地身處的社會，並非是知識理論的產物。到了九十年代中葉，互聯網的出現促使更多資訊（和錯誤的資料）以更快的速度傳遍全球。全球化令世界變得更一致，但也更分裂。除了這裏所提及的原因，還有更多因素加快現代主義的死亡。

在回應很多新的詮釋趨勢的最後分析中，費蘭札（Elizabeth Schüssler Fiorenza）提供了甚有洞見的觀察。奴隸制度和不同的歧視都屬於那個已經成為過去的現代主義世代。[198] 難怪包括巴迪歐（Alain Badiou）在內的很多後現代主義者，都能發現保羅的信息所帶有的親和力，因為保羅似乎揭露了現代主義虛偽的一面。因此，無論詮釋者有否留意到或願意承認與否，詮釋總是帶著政治色彩的。在後殖民和全球化的世界中，政治成為一個真正的關注。因著「帝國」的擴張，生態學也帶來了全球性的影響和關注。這些意識形態的影響力，不下於上一代其現代主義式的智性沉思，而後者促使人以嚴厲的歷史鑑別立場去理解保羅的著作。當很多讀到這種通過帝國而得出新的歷史詮釋的人，或會指控其支持者太過依賴背景而忽略了文本時，提倡者卻可以輕易指出，在過去的世代，古典歷史鑑別學也可以輕易地採取同樣的做法。再者，支持這樣理解保羅的人，會說背景就是「在」文本裏。因此，問題並不是那種詮釋有否太過依賴背景，而是哪一個背景才是最脗合的。這個爭論仍會繼續下去。我們也必須承認，雖然詮釋是由每個世代所關注的事情所主導著，但這並不會令結果失卻合法性。當意識到這種顧慮時，只會提醒我們不要墮入自我滿足的無知之中。

4.2 現代的「舊觀念」回應

傳統的保羅研究學者作出了很多回應。在保羅和猶太教的研究中，把保羅看作猶太人而不是基督徒，似乎是最基本的一點，而這也在艾森鮑姆（Pemela Eisenbaum）的近作《保羅不是基督徒》（*Paul Was Not a Christian*）中得見。[199] 雖然艾森鮑姆並不是傳統的回應者，但她的著作指出了問題的核心：保羅到底是哪一種猶太人？蓋瑟科爾（Simon Gathercole）在鄧雅各的督導下完成他的博士論文，他的回應與傳統的保羅詮釋同出一脈。蓋瑟科爾在他的研究中肯定了舊有的觀點，重新強調因為順服而誇口，並為猶太教強調行為而辯護。[200] 與此同時，他卻離開了簡化地描繪猶太教律法主義的做法，這就是傳統詮釋失足之處。他從他的老師鄧雅各那裏得著第一手的保羅新觀理念。與其僵硬地把猶太教描繪為一幅律法主義的圖畫，他發現猶太人誇口的問題與上帝恩典的揀選有關：他們相信上帝會為以色列行事。[201] 某程度上，這與鄧雅各認為律法的行為是儀式主義的看法稍有不同。他和鄧雅各都指出和認為猶太人的驕傲是一大問題。他最嚴厲的批評，就是反對一些保羅新觀的支持者，致力嘗試把保羅描繪為類似他當代的人。藉著指向保羅嚴厲地指控以色列是不屬上帝的人的義的典型例子，蓋瑟科爾指出保羅與其他人截然不同之處。[202] 根據蓋瑟科爾，無論保羅是否正在攻擊猶太教，保羅那些反對以色列國和很多同時代的人的言論，似乎都顯得十分負面。[203] 與其容讓亞伯拉罕的信心成為籠統的舊約信心，蓋瑟科爾似乎在力言，從亞伯拉罕的信心而得到數之不盡的後裔，某程度上是「在基督裏的信心」(faith in Christ)或指向基督的信心。[204] 這繼而超越了「到底猶太教和保羅的信念是否融貫一致或至少相似」的討論，並朝向桑德斯指出猶太教和保羅之間在本質上的分別(前者並沒有基督)的討論發展。蓋瑟科爾在他的評論中，帶出了信心的「對象」(“object”of faith)這一重要的議題。

韋斯特霍姆(Stephen Westerholm)是信義宗的主要回應者。他是一位多產作家，對以色列的律法尤其感興趣，他的研究對象不局限於保羅，也包括福音書中的以色列律法。在有關律法的討論中，他把「義」定義為人應該做的事，並從實踐(praxis)的角度定義猶太教，這影響了詮釋者如何定義保羅書信中的律法的行為。[205] 他的巨著《以色列的律法和教會的信心》(*Israel's Law and the Church's Faith*)及《保羅新觀和舊觀》(*Perspectives Old and New on Paul*)，是信義宗時至今天最有力、最易讀到的抗辯。[206]《保羅新觀和舊觀》更是有力的代表作，韋斯特霍姆在引言一開始就表明，保羅(基督教)福音的核心是因信稱義。[207]

韋斯特霍姆熱情地以奧古斯丁和奧古斯丁的傳統開始他的討論，而路德本來就是奧古斯丁傳統的修士，從奧古斯丁學習並發展他的神學。他繼而討論路德、加爾文，並以衛斯理(John

Wesley）作結束。韋斯特霍姆留意到奧古斯丁理解妥拉為有一種雙重本質，雖然與救恩無關，但相信基督的基督徒卻要按著它的道德規範生活（例如：除了安息日之外，十誡中的九條都包含了道德規範）。[208] 基督的到來成全了禮儀上的律法，這是不信基督的猶太人察覺不到的。[209] 在評論路德的釋經時，韋斯特霍姆亦把路德置於一個處境中，指出在路德的時代，教會的謬誤就是嘗試以其他取悅上帝的方式取代信心（最後導致人不再相信上帝）。[210] 韋斯特霍姆也觀察到，對路德來說，妥拉首先是為了公民（即：抑制民間動亂），其次才是為了個人（即：提醒罪人是何等墮落），卻從來不是為了稱義。[211] 罪人是靠著那陌生的「上帝的義」而被救贖的，並不是透過公義責備人，而是透過恩典救贖。[212] 韋斯特霍姆在研讀路德的著作時觀察到，對信徒而言，妥拉對指出罪來，仍然甚有果效。[213] 在研讀加爾文的著作時，韋斯特霍姆以神聖護佑（divine providence）的教義開始。根據韋斯特霍姆的理解，加爾文把重點放在人類的墮落上。[214] 與此同時，加爾文發現以色列與教會之間的延續性比斷代性更多，首先是作為上帝的子民，其次是大家同樣都活於亞伯拉罕的約之下。妥拉是要展示基督的影子，並表明正確的德性，尤其以十誡為重點。[215] 韋斯特霍姆繼而討論衛斯理，其神學明顯與之前三位神學家不同，其中一項是他認為人類有能力過聖潔的生活。[216] 雖然衛斯理反對改革宗的教導，但他也沿著這些範疇研究，例如：羅馬書中的稱義和成聖。韋斯特霍姆觀察到，對衛斯理而言，成聖可以是透過基督徒各種的好行為，完全順服而得的。[217] 在觀察奧古斯丁、路德、加爾文和衛斯理後，韋斯特霍姆指出，所有有關保羅的詮釋重點是：在保羅的救贖論中，妥拉有延續的層面，也有斷代的層面。在他檢視的每個人物中，或多或少都會討論到妥拉的這些層面。除了妥拉之外，還有人類順服上帝吩咐的意志的討論。

經過學術上的仔細探究後，韋斯特霍姆論到爭論中的三個重要觀念：義、妥拉與稱義。論到義，這是人類在最後審判時被審的準則。[218] 這個準則以妥拉為基礎。[219] 韋斯特霍姆認真地把義的倫理和道德層面理解為上帝對行善的要求。[220] 從這個角度來看，韋斯特霍姆也認真地把奧古斯丁一派對上帝的義連於上帝的審判，就是初期的路德所拒絕的看法。上帝必須「維護正確的事」。[221] 對韋斯特霍姆來說，保羅與他的猶太同胞之間的分歧是這樣的：保羅 —— 而非猶太教 —— 把義的詞彙連於那圈外人成為上帝子民的進程。[222] 因此，他同意桑德斯的看法，認為保羅的猶太同胞早已認為他們是「圈內人」，卻不同意桑德斯指保羅並不相信同樣的事情的看法。

韋斯特霍姆繼續討論妥拉時，他並不單單滿足於概括地理解律法，而是認為保羅所說的律法，往往是與上帝與以色列人在西乃山上的約有關的。[223] 因此，韋斯特霍姆看見恩典／律法的二分，而律法則要求人作善工。[224] 因此，「律法的行為」成為律法要求的善工，而不是鄧雅各所說的，只是拘泥於禮節而已。[225] 因此，對韋斯特霍姆來說，律法與律法主義有密切關係。[226] 根據韋斯特霍姆，加拉太歸正者的處境混合了律法主義和信心，而這正是保羅堅持他們必須跟隨信心或律法的行為，而非兩者皆從的原因。[227] 韋斯特霍姆認為保羅的目標並不是概括的妥拉；保羅關注的也不是如桑德斯主張的「猶太教不是基督教」，而是關注百姓跟隨了西乃形式的條例。[228] 韋斯特霍姆認為桑德斯最根本的問題是，猶太教容許恩典與律法的行為攜手工作。[229] 韋斯特霍姆堅稱，出於好意地行善工，並同時存有一點兒信心，是對猶太教的歪曲觀念。[230] 他對桑德斯的猶太教觀念最大的指控是，桑德斯的觀念欠缺了拉比文獻中類似保羅的恩典概念的論證。[231]

西弗列德（Mark A. Seifrid）對保羅新觀的批評也甚具力度，他尤其以桑德斯為攻擊目標。在研究保羅如何使用義的研究中，西弗列德道出了桑德斯其約—義概念中的一個弱點。西弗列德明白到桑德斯所作的宣稱，即在約中，所有人都被賦予義的身分。[232] 根據西弗列德，猶太教的義與亞伯拉罕等昔日的模範有密切關係，另外也有極少數是與「公義教師」（Teacher of Righteousness）有關的。[233] 賦予所有立約成員義的身分，桑德斯基本上有違保羅其狹義的宣稱。西弗列德留意到，假如保羅並沒有拒絕妥拉之工，恩約守法主義事實上是配合保羅的。[234] 從西弗列德的讓步顯示，他相信保羅是從約的角度來看事情；他反對的是桑德斯對約的寬厚的看法。西弗列德似乎主要是與桑德斯對話，而在他對桑德斯的批評中，則展示出羅馬書先列明困境的輪廓，才提出解決方法；而在福音書中，困境與解決方法，則是一幅更大的圖畫的一部分。[235] 西弗列德力言，保羅對恩典的看法明顯地與他同時代的人不同。[236]

西拉（Moises Silva）是其中一位甚具聲望的改革宗回應者，自九十年代初期起，他已經很留意桑德斯和鄧雅各的研究。論到桑德斯時，西拉認為他的研究並不如很多人所說般具革命性，主要是因為猶太教那多元的表達，事實上足以容納桑德斯的構思（即：非律法性的詮釋）。[237] 西拉似乎對桑德斯選擇性地使用某些律法主義文本感到困惑。他也指出，某些路德之前的天主教教義和猶太教的平行教導，很有可能會導致平信徒遵行某種律法主義。[238] 保羅的對象就是平信徒。而在批評鄧雅各時，西拉似乎針對一些類似的問題，就是與桑德斯一樣的問題。西拉以鄧雅各未充分描述的律法的行為的例子，就是吃飯禮儀（例如：加二 11 ～ 12）以外的例子為焦點，[239] 並聲稱鄧雅各的論點「值得商榷」。總括來說，西拉的研究還是贊同鄧雅各的，即使他認為鄧雅各在某些地方稍有欠缺。[240] 西拉似乎較重視從儀式的角度來理解律法的行為，雖然他肯定不會以為儀式是支配一切的範式。藉著把焦點轉移到保羅強調「平信徒」的實踐之上，而不是宗教領袖對猶太教的應用，西拉指出還有很多經文都會導致保羅書信中的行為與恩典之間有著強烈的對比（羅四 4～5，十一 6 等）。[241] 在加拉太書的研究中，西拉也指出以下幾個組合之間的強烈對比：律法—行為（law-works）與基督—信心（Christ-faith）、信心—聆聽（faith-hearing），以及聖靈—應許（Spirit-promise）相對。[242]

金世潤是其中一個嚴詞批評保羅新觀——尤其是鄧雅各——的學者，他在《保羅與新觀》（*Paul and the New Perspective*）一書中，花了很長篇幅為鄧雅各對他的批評辯護，並繼而反過來批評鄧雅各。然而，他並沒有花太多筆墨在桑德斯和賴特身上。金世潤原初的論文《保羅福音的起源》（*The Origin of Paul's Gospel*）是以使徒行傳記載保羅蒙召的詮釋為基礎的。基於上述的討論，我們完全能夠理解金世潤為何會對保羅新觀有如此強烈的反應。由於金世潤的論文是以保羅的蒙召為重點，他對鄧雅各的理論的批評，也是以保羅的蒙召為主。金世潤的辯護指向保羅的蒙召、基督論與救恩論之間的關聯性，並引用改革宗的稱義詞彙「唯獨信心」（*sola fide*）和「唯獨恩典」（*sola gratia*）。[243] 金世潤的基督論是源自他把保羅神學和上帝在那往大馬士革路上顯現的事件串連起來的。[244] 金世潤認為，保羅把很多充滿神學色彩的經文連於那事件。[245] 他批評鄧雅各以下的宣稱：被釘死的彌賽亞式基督教信息是充滿敵意的，這並非因為它與外邦人有關，而是因為堅持要猶太人接受這樣的宣稱。再者，他批評鄧雅各對保羅的妥拉觀採納過分正面的態度，最終導致舊觀（以及部分保羅新觀）否定這個立場。[246] 與很多接納舊觀的批評者一樣，金世潤花了很長的篇幅討論鄧雅各的研究裏的律法的行為。[247] 在這樣的批評裏，基督與以色列的關聯性這一問題，將會再次浮現出來。[248]

金世潤與鄧雅各之間的分歧，可能就簡單如他們對使徒行傳的不同看法：金世潤認為路加的記載較為可信。[249] 論到賴特的時候，金世潤也對他和史葛（J. M. Scott）提出延續被擄（continuous exile）的理論有些意見。金世潤最初認為賴特的元敍事是很吸引的，而不像卡森（D. A. Carson）一樣拒絕元敍事的進路，但接著他卻批評賴特無法展示出這個延續被擄的理論，如何在每一點上闡明保羅。[250] 在批評賴特的時候，金世潤以加拉太書為例子，指出被擄的範式如何無法有助於詮釋。[251] 可是，金世潤並沒有留意到，從延續被擄而來的第二次出埃及，將如何有益於保羅的論點，同時又能擊敗他的指控者。畢竟指控者可以力言，正正是因為上帝的子民沒有遵從妥拉，以致他們落得被擄的下場。[252] 論到賴特從亞當基督論來討論以色列時，金世潤再次重申他與鄧雅各和賴特的分別。金世潤重申亞當基督論是源於基督在那往大馬士革路上的顯現。[253] 因此，透過批評別人，金世潤成為「人子—位格化的智慧」（son of man-personified Wisdom）的傳統的代表，而其他人則代表著亞當基督論的「以色列」傳統。

另一個回應者是迪利民（Frank Thielman），他關注保羅的倫理，尤其是保羅有關倫理的規勸：上帝既然稱不義的為義，那麼還需要善行嗎？[254] 當然，賴特有關將來的稱義的討論，或能解答到迪利民的問題，但是，迪利民卻另闢蹊徑。迪利民贊同桑德斯和鄧雅各的理論，但認為討論不應局限於猶太教的框架之內，而是超越這個框架，因為在保羅的時代，他並沒有活躍地與猶太教展開對話。[255] 與此同時，迪利民認為猶太教是橫跨恩典與律法主義的譜系，視乎人如何詮釋某個特定的派別。[256] 他的研究屬於新傳統（neo-traditional）保羅研究的一派。迪利民把「基督的律法」當作「另一個律法」（another law）和解決方法——藉著緊隨聖靈的腳蹤（林前九 21；加六 2；另參林前四 17）。[257] 保羅關注的律法，涉及區分猶太人與非猶太人的部分。那正是保羅反對的部分。他的構想與鄧雅各的十分相似。雖然迪利民以救恩論的詞彙建構他的討論，但最終卻無法就舊約提到把律法寫在心上的預言（耶三十一 33～34）訴諸終末論。[258]

除了衞辛尼之外，大部分歐陸學者並沒有直接回應保羅新觀。其中一個例外的是巴克曼（Michael Bachmann），他的著作早已被翻譯成英文。鄧雅各認為，巴克曼的研究既精彩亦甚有助益。事實上，鄧雅各為巴克曼的著作撰寫了封底的推介文。巴克曼在其極不尋常的加拉太書研究中，假設了「律法的行為」是律法「所作」的事。[259] 換言之，根據巴克曼，「行為」（work）一詞，一直在英語和德語的翻譯中被曲解，而他就選擇把它理解為「律法的指示和條例」。[260] 這樣做的時候，巴克曼就把律法位格化。換言之，律法規範著其他事物。事實上，這個詞彙並沒有在《七十士譯本》（Septuagint, LXX）中出現，這也成為任何意欲從舊約中找著理據的人的一大難題。基於巴克曼發現 4QMMT 有如他所說的同樣意思，因而避開了鄧雅各因固守儀式的研究進路而無法配合保羅一些用法的困難。[261] 所以，他既不視行為為救恩的概括工作，也不視之為某種儀式上的界限。他的理解以律法的規範功用為焦點。在加拉太書六章 6 節的研究中，巴克曼反對一個普遍的看法，即把「上帝的以色列民」（Israel of God）理解為真猶太人（real Jews），因而使保羅成為猶太教的朋友，而不是敵人。[262] 他的主要資料首先來自加拉太書的修辭語境（保羅向耶路撒冷表達友好和團結一致），其次則來自羅馬書九至十一章（那裏的「以色列」較自然地是指以色列國）。[263] 透過這樣來建構他的討論，巴克曼對保羅明顯涉及猶太問題的修辭意圖的各種問題，提供了足夠的支援。

加斐爾（Richard Gaffin）是另一個持傳統觀點的重要人物。在評論賴特的研究時，他指出賴特在有關保羅正在教導一套信仰體系方面，有某些以偏蓋全之處。[264] 他還進一步責難賴特的研究，認為他把保羅限定在某一段歷史中，因而給人一個錯誤的印象，以為保羅並不關注永恆的真理。[265] 身為系統神學家，加斐爾固然關注賴特的理論的實用性。與此同時，他也對於賴特糾正了一些改革宗詮釋者對救恩次序過度著迷的問題而表示贊賞。[266] 然而，他對賴特的研究的主要問題，仍在於賴特偏愛教會—終末性的範式（ecclesiastical-eschatological paradigm）過於救贖論。

傾向改革宗的多產學者舒納拿（Thomas Schreiner），是研究保羅的神學詮釋者和釋經家，他一直對保羅新觀有頗多批評。在評論穆爾（Douglas Moo）原初的羅馬書研究時，舒納拿完全認同律法的行為的意思是指順服妥拉，有別於鄧雅各其禮儀式的理解。[267] 他也不認為與律法有關的詞彙會促成「律法主義」。[268] 與此同時，他認為保羅的工作是分開道德和禮儀律法的，[269] 而聖靈會幫助信徒成全對律法的要求。[270] 在綜合了各種對羅馬書九至十一章的研究後，舒納拿也維護個人揀選的說法，很多加爾文學派的人，都聲稱不但在羅馬書九章（例如：羅九 15）找到舊約的例子，而且也在羅馬書十一章 1 節找到保羅的個人例子。[271] 他斷言保羅採用了個人例子（例如：法老），因此應該包括個人層面的詮釋，而不是羣體層面的詮釋。[272]

在評論保羅的神學時，坎貝爾尤其以鄧雅各的研究為焦點。[273] 坎貝爾檢視了那一致性的觀念（idea of consistency），聲稱鄧雅各未有認真考慮保羅本身的想法。[274] 在他的評論中，坎貝爾列舉了一系列的例子，指出鄧雅各明說保羅沒有清楚說明他對某些核心神學討論的看法（例如：基督論、保羅的蒙召、律法等）。令坎貝爾感到不悅的，並不是鄧雅各那不一致的地方，而是他對保羅的含糊看法。坎貝爾認為，當某些神學上的核心問題變得與保羅不再一致時，就會出現一種危險 —— 在保羅的所有意義中終極地失去一切確定性。假如保羅可以同時說甲和乙，而不是確切地說甲，那文本又是否有意義呢？[275] 在坎貝爾的評論中，他似乎主張以一個比較間接的進路（circumstantial approach）研究保羅的思想，類似很多北美學者的做法，即使用神學以外的工具去研究保羅。[276] 這會得出另一套截然不同的構想，例如「在甚麼情況下會導致保羅討論律法而不是終末論？」等。從另一個角度來說，坎貝爾是在鄧雅各的構想中，尋找更多對保羅的修辭處境的肯定，而不是把保羅的思想系統化。這並不是說鄧雅各沒有這樣做，只是坎貝爾察覺到他做的不夠多。換言之，鄧雅各在定義「律法的行為」時，他所討論的保羅書信經文實在太少，卻又太多討論第二聖殿時期的猶太教的整體圖畫。[277] 坎貝爾除了對鄧雅各的方法感到疑慮，亦尤其對鄧雅各把猶太教當成種族的宣稱抱有懷疑。坎貝爾聲稱任何出於保羅福音的非種族創造（non-ethnic creation），都是新的創造，因為所有人都是種族。[278] 坎貝爾並非完全負面地看待鄧雅各的詮釋，我們也必須留意他也支持鄧雅各對羅馬書一章 17 節有關上帝的信實的研究。[279] 坎貝爾聲稱有很多「天啟」經文，足以證明鄧雅各對「上帝的信實是不變的」的理解，更精確的說是對「基督在十字架上的信實」的理解。

在最近（也頗為重要）的研究中，坎貝爾進一步發展他以天啟進路理解稱義的議題。[280]這個研究的部分內容，是他較早期的著作《探索保羅福音》（*The Quest for Paul's Gospel*）的再版，然後再加上一些似乎是回應最近對稱義的爭論的資料。[281]這部巨著（共有一千一百七十七頁，再加上多頁的經文和註解）討論了保羅新觀與舊觀，並嚴詞批評亞米紐派（Arminians）和加爾文派，這研究絕不比桑德斯、鄧雅各或賴特所做的遜色，並指出了所有詮釋所持守的神學立場和偏見。在坊間再找不到像坎貝爾的研究那樣有力、並認真地討論這個課題的著作。坎貝爾在這本重要的著作中，指出所有改革宗的共通點：因信稱義把所有保羅的救恩論捆綁在一起。[282]這正是為甚麼有些認同保羅新觀的人，會稱傳統的研究不是指改革宗就是指信義宗。他也注意到桑德斯的聲稱，認同保羅新觀的立場，即稱義的理論本身是有問題的。[283]透過研讀羅馬書，並以羅馬書三章 8 節和十六章 17 至 20 節為一場爭辯，一方面反對反宣教（counter-missionary）活動，另方面以整卷羅馬書去提醒甚麼是讀者早已知道的事情，坎貝爾試圖跨越舊與新的觀點。[284]在很多方面，他對羅馬書的理解與普遍研讀加拉太書的方法是類似的。為要處理稱義的問題，坎貝爾必須在釋經之外，同時處理一些系統神學的問題，而他也的確這樣做了。坎貝爾先以救恩的稱義理論為框架，透過使用不同的詞彙，把這個框架設定成類似保羅新觀的困境—解決方法模式（plight-solution model；即：坎貝爾的人類學—神學模式〔anthropology-theology model〕）。這種陳列在在顯示出一點：保羅新觀與舊觀所關注的都是很類似的問題，比很多人所想的更有關係。他也指出，恩約守法主義與稱義之間的類同點，就是兩者都依賴某些以人類作中介者的契約好處：恩約守法主義以西乃之約開始，而稱義則是以審判之日的約展望將來。[285]坎貝爾期望他的研究可藉著展示稱義是一強而有力但卻是「壞鬼神學」（bad theology），拆除契約式的框架。[286] 當他這樣做的時候，就是在反對以稱義為基礎的改革宗陣營。

坎貝爾的稱義理論基礎，是它並不需要時間、地點，甚至是聖經去使之變得有意義。[287] 它的普世性形成了張力和限制了解決的方法。根據坎貝爾，由於沒有太多保羅書信的經文配合這個有系統的構想，對於那些相信這個理論的人而言，必然十分苦惱。[288] 從負面來說，他提出在保羅書信中，保羅的歸正是主要的例子，因為歸正的記載並沒有提到稱義。[289] 從正面來說，坎貝爾從羅馬書一章中發現，保羅的救恩論是以自然啟示的認識論開始的。[290] 他進一步以羅馬書五至八章為論點，強調聖靈的角色，並責難一些傳統詮釋未有提及聖靈。[291] 坎貝爾以「對上帝忠貞」或「對上帝忠心」，又或他所說的「基督徒應在基督事件的亮光下接受的神學議事錄」[292] 來定義保羅的「信心」，並藉此繼續他的評論。假如坎貝爾主張任何「信實」的詮釋，那他在這一點上就是肯定地接納保羅新觀的參與理論（participation theory）。[293] 這一點是最惹人爭議的，因為因信稱義的教義即使成立，也與舊觀點的因信稱義觀不同。然而，雖然坎貝爾欣賞新觀的觀點，但他的觀點也與保羅新觀頗為不同。

柯魯斯（Colin G. Kruse）也在其評論中為加拉太書、哥林多前後書和羅馬書提供了釋經的背景，用作反對保羅新觀的部分宣稱。在反對史坦度的宣稱時，柯魯斯認為腓立比書三章6節提到的保羅守全律法，被賦予了過多的神學色彩。[294] 無論這樣的宣稱是否成立，保羅在回憶過去時，只看見他自己在歸正前的驕傲。柯魯斯聲稱，在現實中，保羅不可能完全地守全律法。[295] 柯魯斯的釋經似乎是說，歸正前的保羅相信恩約守法主義，但自從他歸正後，就為了外邦的信徒而拒絕這樣的生活方式；猶太信徒若因為習慣了那樣生活，而想繼續下去，是可以的。[296] 因此，從柯魯斯處理這兩個詞彙的方式來看，恪守宗教律法（nomism）似乎有別於律法主義（legalism），恪守宗教律法是指守律法的生活方式，而律法主義是指嘗試藉著守律法而賺取救恩。[297] 柯魯斯意識到保羅在處理外邦人的道德問題上遇到的困難，因此主張需要看哥林多前書。哥林多前書並沒有為從妥拉中得自由辯護，因此，柯魯斯認為所有歸正者早已理解這一點。[298] 然而，妥拉有示範的功用（林後六 14～七 1）；由於它是十誡的一部分，因此它的功用或許只是有限的。[299] 柯魯斯與舊觀的看法頗為一致，他認為在羅馬書中，律法主要是負面的，功用也甚為有限。[300] 因此，柯魯斯雖然贊同保羅新觀，卻也把新觀的一些發現與舊有的改革宗稱義觀結合起來。他認為妥拉的目的是教導，也符合改革宗對律法的理解。

在華人學者當中，馮蔭坤可說是最有份量的回應者。他的羅馬書和加拉太書研究仍然是年輕一代的學者必讀之作。雖然他的回應並不太正面，但他在處理這個課題時卻不偏不倚，十分透徹。[301] 他首個批評，就是反對採用第二聖殿時期的典外文獻，因為沒有人能肯定保羅讀了哪些作品，而一世紀的文獻也沒有足夠的背景和「處境」以供參考。[302] 他進一步批評賴特在現代應用上不夠清晰。[303] 馮氏認為，這種不清晰會削弱因信稱義的穩固基礎，因為稱義有兩個而不是一個基礎：基督所成就的和聖靈要做的工作。[304]

巴尼特（Paul Barnett）撰寫了好些有關保羅的重要著作，他也對保羅新觀，尤其是桑德斯有頗多批評。[305] 巴尼特的反對之聲，主要是源自對哥林多後書三章的理解，他強調要極端地區分猶太教與保羅的福音。巴尼特得出這個結論的主要前設，就是視哥林多後書三章為對猶太教的批評。對巴尼特而言，保羅所說的剛硬的心思意念，就是指猶太教。巴尼特並不認為，這樣的猶太教就好像桑德斯所說的，即恩典的猶太教與保羅之間是具有延續性的。[306] 他的邏輯如下：假如上帝廢除了摩西的約，那麼摩西的約（它使帕子依然遮蓋著猶太人的臉）就不是以恩典為基礎的約。因此，根據巴尼特所理解的羅馬書和哥林多後書，妥拉只會向猶太人揭示他們的軟弱（參羅五 13）。[307] 那麼，保羅是如何變得完全不同的呢？巴尼特認為是在往大馬士革途中的呼召改變了一切。[308] 這個批評指出兩點：首先，巴尼特與金世潤的推論較為接近，而並非較接近哈伯拿（Hans Hübner）和衞辛尼那演進式的保羅。其次，巴尼特有可能在暗示桑德斯藉著高舉一世紀的猶太教，並以此為主要的詮釋框架，而低估了保羅的蒙召。總括而言，與很多批評保羅新觀的人一樣，巴尼特假設保羅反對律法的爭論是等同於對猶太教的一種攻擊。

近年對新觀批評得最多的是派博，他是伯利恆浸信會（Bethlehem Baptist Church）的牧師。他花了整本書批評新觀的不同立場。雖然有很多人更嚴厲地批評新觀，但並沒有人像派博一樣，如此熱中於此道。在其著作中的致謝部分，最能得見派博對新觀所持的立場。他在那裏視那些支持新觀的人為「那些漸漸抓不住這個偉大的福音的人」。[309] 當然，他是在回應賴特，這從他的副標題「回應賴特」可見一斑。賴特有失落了福音嗎？根據派博，賴特「誤導」並「混淆」了他的跟隨者。[310] 事實上，這是一個嚴重的指控，就如保羅自己也以「福音」一詞去形容大部分他當作真理宣講的東西。這樣的指控會令賴特與眾異端並列，這或許是為甚麼派博後來的語氣會變得稍為溫和。[311] 那麼，根據柯魯斯，保羅認為順服是怎樣的呢？柯魯斯認為並沒有太多證據支持妥拉是主要的順服產物。反而，它表示順服「基督的律法」，很有可能是前符類福音的傳統（例如：林前九 14）。[312]

首先，派博質疑賴特宣稱保羅的福音並非主要與「我如何得救」有關。[313] 派博以哥林多前書十五章 1 至 2 節駁斥賴特。[314] 派博認為這是一個問題，因為在同一個句子中，保羅用了「福音」與「救恩」這兩個詞彙（林前十五 1～2）。派博的第二個問題是關乎賴特宣稱，稱義與如何成為基督徒無關，而是關於某人是基督徒這個事實。[315] 派博引述羅馬書五章 1 節駁斥賴特，表示因信稱義改變人與上帝的關係。[316] 派博質疑賴特的宣稱，因為他相信稱義才是那基礎，而不是立約的一員的宣告。[317] 派博第三個不認同賴特之處，就是賴特宣稱，稱義並非保羅所說的「福音」的主要意思。[318] 派博引述路加的文本——使徒行傳十三章 38 至 39 節——駁斥賴特的宣稱。第四，派博也質疑賴特宣稱我們並非因著相信稱義而稱義，而是因著相信耶穌而稱義。[319] 派博認同部分的說法，但是也指出教義的重要性。第五，派博反對賴特宣稱上帝要對祂自己的義負責，與在法庭中法官稱被告為義不遑多讓。派博在他著作中整個第八章駁斥這一點，力言基督的道德和法律上的義（即：基督順服上帝）才是所有稱為義的人的關鍵，因為他們是在基督裏面的（或按賴特的說法，即是「立約的一員」）。[320] 第六，派博反對賴特把善行理解為將來稱義的基礎。[321] 賴特的構想延續了桑德斯的看法，後者也基於羅馬書二章 12 至 16 節，宣稱稱義是靠行為，雖然救恩是靠信心。[322] 派博在書中整個第七章討論這個主題，駁斥賴特的宣稱，並指出賴特論證中的主要弱點：行律法的人是靠著聖靈而活，因此他們在末後會有較為有利的審判。[323] 第七，派博反對賴特宣稱一世紀的猶太教，並不是律法主義式的行為稱義宗教，但是保羅最大的問題就是面對族我主義的宗教。[324] 派博花了整個第九和第十章，藉著研究 4QMMT 和把「律法的行為」解為順服妥拉來駁斥賴特。[325] 第八，派博質疑賴特宣稱上帝立約的信實與神聖的義是一樣的，尤其是賴特對哥林多後書五章 21 節的釋經。[326] 派博以第三和第十一章駁斥賴特的宣稱。

4.3「不置可否」的回應：嘗試衝破僵局

對保羅新觀的回應，漸漸變得愈來愈複雜。傳統的回應不再像之前所假設般那樣傳統；非傳統的回應也包含了很多傳統的元素。在眾多聲音中，沃森（Francis Watson）也加入討論，並嘗試把討論帶到新的領域裏，超越傳統和新觀的框框——至少這是他的意圖。他企圖讓他的保羅被一種猶太聖經的閱讀所引導，也視保羅為舊約的猶太讀者，以及當代的非基督教猶太保羅詮釋者。[327] 沃森把討論重新從神學的議程帶回到詮釋學的議程，雖然他與傳統和保羅新觀的陣營一樣，都是以羅馬書為基礎。重點並非保羅到底是信義宗或加爾文派，也不在乎保羅與今天有甚麼關係（但當然，從激烈的爭論可見他的確與今天有關係）。反而，重點要追溯回問題的根本：保羅到底是哪一類舊約詮釋者？

沃森的方法是與上述三個組別作多方面對話。他花了很多工夫比較保羅與他同時代的人。[328] 然而，他所關注的，也正是保羅新觀最初的支持者所關注的：並沒有一**個**第二聖殿猶太教。[329] 沃森的保羅乃因此按著他同時代的人對聖經的理解，並有時候有別於他們，且不只是從已有的基督論概念來理解經文，從而建構他的基督論。[330] 當他要面對「基督的信心」的爭論時，沃森固然忠於他以舊約傳統為焦點的立場，並發現太少（或沒有）證據表明彌賽亞為某種例子，支持把這片語解作「基督的信實」。[331] 沃森也盼望把這個範式伸延至初期基督教，那就可以追溯至包爾（Ferdinand C. Baur）和施特勞斯（David Strauss）。沃森較早期的著作固然為保羅研究奠下根基，但他的近著更詳細地解釋他更成熟的保羅研究。他的研究並沒有偏離神學層面的研究，也藉著堅持羅馬書一章 16 至 17 節並沒有概論保羅的福音，從而抵制那趨勢。[332]

沃森的近著依然對鄧雅各的研究有頗多批評。鄧雅各的研究有部分建基於他對猶太律法的社會—種族觀，而沃森認為鄧雅各是在保羅中創造出一種律法的相對化觀念。[333] 一方面，沃森認為改教家把保羅對律法的描述普世化；另一方面，他又認為保羅新觀的支持者是在把律法社會化（因此使之相對化）。沃森主張的保羅是一個不圓滑的、對立的（antithetical）角色，會把問題黑白分明地作對比。[334] 根據沃森，保羅與猶太教之間的分別，並非兩者代表著不同的觀念，而是兩者之間有道巨大的鴻溝。[335] 藉著這樣理解問題，沃森斥責鄧雅各等把保羅置於猶太教之中，以致在嘗試協調保羅和他同時代的猶太人時，失落了這道鴻溝。與此同時，沃森容讓保羅使用完美的猶太教論點支持他的說法。[336] 在沃森的思想中，我們應該從保羅的成書處境去理解保羅的思想內容。[337] 換言之，沃森想藉著重視保羅的文本過於猶太資料的背景，而把自己從保羅新觀的支持者中區分出來。他甚至在反對路加的資料時這樣做。[338] 事實上，沃森視保羅為活躍地以基督教和非基督教模式，指揮著反對猶太教的運動。[339] 他宣稱在羅馬書二章找到保羅刻意把自己與會堂區分的證據。[340] 毫無疑問，沃森會質疑賴特把羅馬書二章理解為靠行為稱義的說法，因為他道：「詮釋者一般很關注要在這段經文中找到保羅支持藉著守律法稱義的證據，以致他們忽略了羅馬書二章有關外邦人的順服的主題。」[341] 事實上，沃森認為羅馬書二章的外邦人就是基督徒，這也配合賴特的理解。[342] 沃森的保羅是「反對猶太教」的，而不是保羅新觀「在猶太教中」的保羅。表面上，沃森似乎是在建構信義宗的保羅，但是，他堅持他的釋經方法並不屬於信義宗，雖然他的理解較接近信義宗，而不是保羅新觀。沃森反而主張一種社會—歷史的進路。[343]

其他從聖經詮釋以外的角度研究保羅，並加上保羅新觀洞見的學者，還包括了哈列克（Douglas Harink），他在研究保羅的福音時，以大量保羅新觀的假設為前設。[344] 因著社會的暗流，保羅研究已超越了以認信為基礎的範式。事實上，學術界已超越了新教—羅馬天主教的分界，以及聖經與非聖經範疇的分界。再者，有傾向更進一步超越以信心為基礎的詮釋，來看保羅有沒有討論信仰/宗教以外的其他範疇，例如：哲學，這就是哈列克在他的著作《後自由派中的保羅》（*Paul among the Postliberals*）稱為「後自由派」的東西。確實，我們也可以說，自由與保守的對立，乃是以認信的進路去研究聖經或保羅的結果。哈列克的研究主要是保羅新觀的副產品，把「稱義」和「在耶穌基督裏的信心」從保羅思想中抽出來，並以終末性的教導（包括基督的信實）和政治概念取代。與此同時，他與尤達（John Howard Yoder）和侯活士（Stanley Hauerwas）展開對話。這個獨特的倫理研究，在這個宣稱中清楚指出它的目的：「保羅的文本尤其受到個人化、內在化和屬靈化的詮釋影響，以致一種社會政治式的閱讀是幾乎不可能的。」[345]

哈列克的研究是脫離傳統立場，並以保羅新觀處理倫理的議題。他針對「那又如何？」這故意的宗教問題。這樣做的時候，他並非嘗試為研讀保羅提供詳細的神學—釋經企劃；相反，他關注的是推動一種對保羅的重洗派式的閱讀（Anabaptist reading），與現代的關注密切相關。留意到尤達對猶太人和外邦基督徒之間的合一社羣的貢獻，哈列克聲稱保羅事實真的關注這個合一，而這個合一正是保羅福音的一部分。[346] 這個合一的社羣藉著耶穌的不順從，甚至反對祂自己的社會，而仿效基督而活（即：「在基督裏」）。[347] 因此，教會成為新的社羣和新的創造，反對這個世界舊有的社羣和舊有的創造。[348] 對保羅而言，稱義就不單停留在個人層面上，而是繼續進入社羣裏。這樣，妥拉就不是一個問題了，除非它把猶太人和外邦人社羣分開。[349] 侯活士也影響了哈列克的思想，尤其是指出源自宗教改革的信心—行為二分法，把教義和倫理錯誤地二分。[350] 侯活士的基督教政治性詮釋，反而開了哈列克的眼界，並影響了他的思想。對哈列克來說，侯活士對政治和天啟之間的關係的理解，似乎在加拉太書也可見到。宇宙的星宿（elemental spirits；以天使和類似的形式出現）與人類爭戰。[351] 而耶穌成為上帝真正的啟示（即：天啟），為要解決在人類制度和架構裏的宇宙勢力問題。[352] 基督成為上帝的大能，其道成肉身、被釘十字架和復活，在與邪惡的宇宙勢力爭戰，但與此同時，也啟示有關上帝和人類的事情。[353] 這樣，保羅那自由的福音，其實是關於從這勢力中得釋放，而這些勢力在保羅的著作中以妥拉出現，但並不是律法主義或猶太教。[354] 在哈列克的構想中，保羅認為基督的來到才是上帝和祂的工作的真正啟示，而不是最終的宇宙性原則：妥拉（就如加拉太的煽動者呈現的）。[355]

雖然哈列克欣賞某些指出傳統研讀保羅的問題的保羅新觀洞見，但他也譴責賴特有關以色列的構思。哈列克聲稱，假如像賴特所想，基督來到是要結束以色列人被擄，那上帝的信實就仍然有問題。[356] 朗格內克認同哈列克與賴特有關以色列敘事的議題。[357] 朗格內克選取的經文來自羅馬書和加拉太書，同一個敘事在某些地方是相同，在另些地方卻出現分歧。[358] 有了這麼多對保羅新觀釋出善意的學者，支持一個普遍的「以色列敘事」和敘事進路，哈列克離開賴特的做法，就帶來了一個更嚴肅的問題。假如以色列真的被外邦人的救恩取代，那上帝又是如何忠信於以色列呢？這個批評擊中了賴特構想中最弱的部分，因為賴特把「全以色列」單單解作相信的猶太人，而不是指在終末之後的日子相信的以色列國。哈列克認為耶穌是終末性地介入歷史，捲入這些議題之中，而不是延續敘事，以以色列開始，並以基督作結束。[359] 這樣，就如哈列克看到以色列的問題，在賴特的理解中，猶太人在保羅的救恩論中已成為個體，有如傳統福音派的救恩論一樣。[360] 哈列克的討論，把保羅推向某種帶有公共神學觀的教會式閱讀。

在討論神學的時候，也應該看看是「哪一種」神學議程在運作。討論至此，便從以色列轉為較闊的東西——聖經正典。把從正典角度研讀聖經普及化的查特斯（Brevard S. Childs），從形成正典的神學傳統之中理解詮釋的任務。在較早期的研究中，他從舊約正典的角度研讀保羅。[361] 保羅本身就是在詮釋聖經，但亦有時候是極端地脫離它。[362] 在他較後期的研究中，他解讀羅馬書的時候，並沒有無知地與加拉太書結合，卻發現同樣的主旨（例如：亞伯拉罕）在兩卷書中有不同的用法。與此同時，他嘗試把羅馬書詮釋為包含所有主要教義的著作，而其他保羅著作都跟隨它。[363] 他視正典的形狀為教會對保羅著作的接納。他說：「聖經文學學會有關重新發掘保羅神學的保羅研討會，其失敗的原因是它假設了人可以離開教會對保羅的接納，而發掘保羅的神學。」[364] 查特斯察覺到保羅著作裏的張力和書信裏的保羅和歷史保羅之間的分別，於是他找出保羅書信中間的共通點，以致可用某種延續性來閱讀保羅。這些主題在保羅書信的不同部分出現：保羅的使徒權柄、亞伯拉罕的信心、聖靈裏的生活、軟弱的問題等。[365] 研讀保羅書信的每個部分時，查特斯也問了更闊的問題：它怎樣配合其他保羅書信，又怎樣配合其他聖經書卷？他對羅馬書九至十一章的解讀是很好的例子，因為他見到保羅如何使用以色列，來展示猶太教聖經是某種神學的敘事。[366] 因此，雖然查特斯的正典性方法在研究舊約是頗具革命性的，但在新約研究中，他並沒有從其他同樣視保羅為聖經詮釋者的非正典性方法中取得太大突破。

在這個對話中，也有其他帶著較少神學議程或恪守改革宗或信義宗教義而來的。其中一個這樣的保羅新觀批評者是馬提洛克（R. Barry Matlock），他是我在雪菲大學（University of Sheffield）修讀博士課程時的指導老師。雖然馬提洛克的研究大都以期刊文章而非書本的形式出版，但他的討論是獨特的，因為他並沒有預先支持任何神學立場。他在其研究中與鄧雅各展開大量對話，既以詮釋學為焦點，也注重神學或背景研究。馬提洛克不單批評鄧雅各的神學，也以批評他在其保羅神學的研究中排除修辭和社會學研究作為評論的起始點。[367]

馬提洛克質疑鄧雅各指出猶太人誤解律法作為表示他們是以色列這論點。對馬提洛克來說，猶太人根據妥拉的內容，而完全明白他們事實是真以色列。[368] 換言之，直至彌賽亞來到之前，舊有的方式（即：基於接收和順服妥拉，猶太人是真以色列）真的是正確之道。馬提洛克進一步質疑鄧雅各堅持兩個似乎矛盾的「律法的行為」的定義：律法的需要和律法的曲解。[369] 馬提洛克指出，雖然鄧雅各堅持律法的行為是不可能的，但保羅似乎現實地或假設地接受守律法是可能的。[370] 馬提洛克相對嚴厲地批評鄧雅各的立場，但他也認同鄧雅各指外邦人的問題對保羅來說是重要的，[371] 雖然馬提洛克寧可更仔細地探討外邦人的問題，而不是重新建構一種與同時存在的猶太教相反的猶太教。馬提洛克指出爭論雙方都沒有人太多處理的明顯一點：爭論是由「對改革宗所表示的擔憂而行使的一種心智範疇」所促成的。[372] 馬提洛克譏諷說：「假如以反律法主義的立場解讀保羅就是扭曲了一切，那麼，反對反律法主義的解讀也同樣如此」。[373] 藉著反對和回應一個傳統，我們的方法依舊會受到它的限制。

馬提洛克以另一個不同的途徑，從更基本的層面批評保羅新觀運動。在一篇處理敘事進路的論文中，馬提洛克最後展示他為甚麼在與希斯和賴特對話時，會對保羅新觀感到這樣困擾。在一篇近期的文章中，他透過保羅裏的律法—信心思想的對立語言學結構，以及把「信心」連於相關的動詞「相信」來辯證。[374] 這樣的進路也得到波特（Stanley Porter）就著間接受格（dative）「藉基督而信」（belief IN Christ）與所有格（genitive）「基督的信心」（faith OF Christ）的語言學討論的支持。[375] 馬提洛克所關注的，並不是保羅新觀引出的神學問題；相反，他關注的是有關敘事進路的方法論。[376] 他的問題並不是敘事世界或敘事是否存在於保羅文本裏，而是類似希斯和較近期的賴特的敘事「進路」是否足以理解保羅。就如他半開玩笑地指出，危險的是敘事進路成為「當保羅文本並沒有說你需要它說的事情時（即：你按著文本背後的敘事洞見來讀它時），你會怎樣做？」[377] 馬提洛克反對的敘事進路包括朗格內克，雖然他在其著作《亞伯拉罕的上帝的勝利》之中以「基督的信實」為主題（即：基督的信實的敘事），並把它擴充為一種「參與論者」的保羅詮釋（或他稱之為「與基督聯合」），朗格內克聲稱：「我沒有留意到對敘事互動的關注的提升，會引發出一些重要、嶄新的釋經洞見，並以從未見過的方式描繪出某些經文特色」。[378] 或如馬歇爾（I. Howard Marshall）更尖銳地論到加拉太書一至二章：「但是，說它是個『故事』，會否真的帶我們到新的進路？」[379] 因此，對馬提洛克和其他批評敘事進路的人來說，要問保羅新觀甚至是非保羅新觀敘事構想的最重要問題是：無論提出的是甚麼敘事，它真的在文本中存在嗎？而假如真的如此，它是作出重要還是微小的貢獻？

再者，馬提洛克質疑所有這樣的倡導者的宏大敍事進路。[380] 假如在保羅的書信中，真的沒有宏大敍事，那又會怎樣呢？

5. 跨越聖經研究：教義與哲學的影響

無可避免地，很多學科會直接或間接地受到保羅神學的討論的影響。很多系統神學家都喜歡保羅。最終，我不認為任何人可以避免這個神學問題。這些問題是回應教會內外的社會力量的方法。在過去兩個世紀，兩個主要的力量影響了系統神學家如何研究保羅（或有時候「使用」保羅）：從二次世界大戰開始到六十年代的民權運動的動盪社會，以及持續不斷的普世性討論。

關於教會以外的動盪社會，我相信最好的（和一個晦澀的）描述來自著名的德國盼望神學家莫特曼（Jürgen Moltmann），他在其研究中承認聖經學術界（例如：巴特和布特曼）的力量和重要性。[381] 根據包衡（Richard Bauckham）在一個有關莫特曼的研究的序言中指出，近年系統神學家開始認真地看詮釋聖經的學科，以此補足他們本身學科的不足。[382] 在布洛克（Ernst Bloch；六十年代盼望哲學的宣傳者）的重要哲學影響下，莫特曼開創先河。從在納粹黨的管治下和在血流成河的戰場上生活，到最後成為英國的戰俘，莫特曼因而把自己認同於那些反對任何類型欺壓（首先是納粹黨的管治）的人。藉著問「上帝在哪裏？」，莫特曼形成了他以基督為中心的盼望神學。那個神學在社會問題日增的六十年代，在動盪的灰燼中漸漸抬頭。[383] 他尤其關注保羅著作中，聖父在差遣聖子一事上的角色。[384] 他首先問，上帝為甚麼把基督遺棄在十字架上。在問這個問題時，他透過保羅的著作（羅八 32；加二 20）和在十字架上贖罪之工

（羅四25，八31），以及透過基督的復活而得以過著復活的生命，把上帝的愛看為聖父與聖子之間的協議的一部分。[385] 這樣的邏輯好比十七世紀加爾文派理論所說的，即關於上帝在永恆的過去的救贖次序，倡護者包括比撒（Theodore Beza）和詹求思（Jerome Zanchius），以及多特會議（Synod of Dordt）。事實上，日光之下並無新事。基督的受苦成為上帝的受苦。必須承認，在保羅書信裏，贖罪的元素並不是最主要或肯定的，而莫特曼卻以此為主。因此，他的詮釋框架會較偏向保羅著作某些部分。

透過研讀保羅和理解一世紀的猶太教，莫特曼看見基督的復活成為上帝的勝利。[386] 莫特曼研讀保羅的起源或許來自加拉太書三章。在他的研究裏，他認為上帝給亞伯拉罕的應許有別於妥拉，並把福音與應許聯繫起來。[387] 保羅和他的攪擾者是詮釋亞伯拉罕故事的對手。[388] 因此，那爭論便關乎哪一方的舊約歷史詮釋才是正確的。藉著聲稱來自舊約的應許，莫特曼看見盼望之窗給新約的信徒開啟了。於是，他從基督與受苦者之間休戚相關的基督論建構出他的盼望神學，因此使盼望成為認同於那「兄長」基督的結果。[389] 受到一些像史懷哲等對基督和人類的神祕詮釋的影響，莫特曼的建構從保羅的著作中帶出了終末論、基督論、神祕主義和存在主義等方面的神學議題。[390] 他親自承認，彌賽亞與舊約的聯繫是在基督論與終末論之間，以及一些特別的天啟例子中平均分配的（例如：保羅看見復活的基督的異象）。[391]

當今天很多新約學者以政治範式來詮釋新約，莫特曼提供了新約研究和他本身的盼望神學之間一個很真實的聯繫。在他的解放性詮釋中，他指出一世紀是充滿政治色彩的時期，而耶穌就如一位反抗者，帶領著一羣人，展示出一個與別不同的國度。[392] 從屬世的角度來看，耶穌的十字架是基於祂反抗者的角色，這是被誤解的；從屬天的角度來看，耶穌的十字架展示著被上帝遺棄的角色。對莫特曼來說，復活是最重要的，因為復活的基督，可以藉著一種對歷史過去隱藏的方式向保羅顯現。[393] 莫特曼藉著把十字架連於三一上帝，尤其是聖父和聖子，進一步發展他的構想。最近，就連很多強調稱義的改革宗神學家也指出，在基督教的基本教義中，三一上帝比稱義更重要。[394] 聖父因交出祂的聖子而受苦。[395] 在羅馬書一章 18 節，上帝交給審判的那些人，就是藉著由祂交出的聖子而得拯救的。[396]

雖然莫特曼採用了有別於歐陸聖經研究同僚的途徑，他卻與很多同僚一樣，得出一幅類似的保羅思想圖像。在他最後的分析中，他從終末式盼望（雖然在這時還未完成）的創造和人類受苦中，創造出一套解放神學（theology of liberation），相對於現代無神論的經驗（就是沒有盼望），或更糟的是歷史鑑別學或形式鑑別學。[397] 沒有神學是沒有一位被釘十字架的上帝的神學，祂藉著為審判而交出自己的聖子，釋放那些原本要交給審判的人。[398] 藉著容讓保羅的終末式用語的引導，莫特曼避免那過度的實現式終末論，就如很多系統神學家在把「解放」置於他們的神學公式時所做的。透過保羅和部分新約，莫特曼透過基督的透鏡——往往反對歷史中其他世界觀——建構了某個歷史神學觀。到最後，他的終末論讓他形成一個出埃及羣體的倫理，信徒在當中擁抱那為了世界而被釘死的上帝，以致與這世界裏受苦的人認同。有這樣的盼望羣體，難怪馬提斯（Mark C. Mattes）視莫特曼把福音建基於倫理。[399]

其他系統神學家發現別的範疇對建構他們對基督教理解的一部分甚有幫助。羅馬天主教和新教之間持續進行的討論，雙方也強烈要求對方一同研讀保羅。絕非巧合，詹森（Robert W. Jenson）的研究與《論稱義的聯合聲明》（*Joint Declaration on*

Justification）同年出版（1999 年），那是梵蒂岡和世界信義會聯會（Lutheran World Federation）之間稱為奧斯堡協議（Augsburg Accord）的聲明。[400] 事實上，在宗教多元主義活躍的美國裏，雙方的對話早於一九九九年十月三十一日宗教改革日的聯合聲明出版前的三十年前已經開始。這個運動是為了解決羅馬天主教和信義宗之間的紛爭，這紛爭曾導致羅馬天主教發出逐出教會公告超過四個多世紀（從十六世紀到二十世紀末）。這樣的聲明叫羅馬天主教和新教更有意欲一同研讀保羅。結果，為了回應這把聲音，有更多著作因而出版，至少像回應保羅新觀一樣的熱烈，而保羅新觀本身也影響著這個對話。

詹森討論教會時，花了很多篇幅論到基督的身體。[401] 他以教會作為基督的新婦開始，但進一步討論教會就是基督的身體。作為基督的新婦，就表示是屬於基督的；但是把教會視為身體，就表示教會在這個世界中，以某種擬人化的方式體現基督。馬提斯視詹森為一個從公共實踐（communal practices）來看知識的倡導者，他的看法或許是正確的。[402] 這應該是來自基督論與教會論之間的關聯。以這樣的方法讀哥林多前書，詹森展示出保羅其隱喻的力量，他給予基督教羣體一個身分。這樣研讀保羅，詹森主張除非知識是獨特地連於一個獨特的羣體，否則沒有知識是可以學會的。換言之，詹森的研究反映著某種反對元敍事的普遍性的偏見，那與現今的神學風氣（即：後現代的神學？）有點相似。保羅對詹森的構想頗為有用。詹森在保羅中發現對基督教羣體的現代應用的一道普世對話橋梁。詹森就是這樣預備討論保羅的稱義教義。[403] 他在保羅那裏發現主要的焦點是上帝使人成義的工作，[404] 並在路德那裏發現基督論是稱義的動力，[405] 在奧古斯丁那裏發現稱義的結果是聖靈完善的工作。[406] 藉著緊緊跟隨三一上帝的歷史教義，他視保羅作為有關稱義的一種持續對話的開始，而不是某種僵硬的末了的話。[407] 最終，稱義令人類與上帝得著某種合一，基督在信徒的生命中憑藉信心而呈現其中。[408] 他的構想對羅馬天主教和新教之間的普世性對話十分重要。

一位重要的系統神學家雲格爾（Eberhard Jüngel）也正面地回應了一九九九年的聲明（聲明發表前一年則預先反對它）。雖然他有很多著作還未翻譯成英文或中文，但他有關稱義的研究對這份聲明卻有深遠的影響，足以叫它被譯成英文。為甚麼會這樣呢？雖然並不是所有新約學者都認為稱義是保羅思想的核心（就如上文的保羅新觀討論），系統神學卻家無法避免要視之為某些重要的東西來討論，因為稱義一直被視為新教與羅馬天主教之間的重要分歧。事實上，兩個近代的改革宗回應者在羅馬天主教和信義宗之間游走，視稱義為進入系統神學其他部分的正確方式，[409] 在一定程度上，自從十六世紀開始，雙方都視稱義為主要的教義。身為這個對話的活躍參與者，雲格爾對保羅的稱義教義有很多話要說，就如他鼓勵這個運動中很多人去再思從宗教改革而來的構想。[410] 這本簡單易明的著作的寫作對象是教牧和宗教老師，而不必需要是專業的系統神學家，這令它平易近人，尤其是英語讀者。

在他那輕易找到的著作中，雲格爾並不單是抽象地討論保羅的稱義概念，而是立即以稱義的對象——不屬上帝的人——為焦點。[411] 與很多受過信義宗教義訓練的人一樣，他把羅馬書當作教義來研讀，就如他梳理保羅的稱義意思和相關的詞彙。雖然他並沒有為初學者引述保羅的話，雲格爾以保羅的用語來把稱義描述為生與死（即：與上帝同活或離開上帝而死）和有分於基督的故事。[412] 然而，他的進路是正典性的，是透過主題式的研讀，而不是傳統的語彙式進路。因此，也包括了類似他稱為稱義——基於一個很闊的定義而不是狹窄的保羅式定義——的故事，卻沒有忽略保羅（或路德）的十字架神學。一個表示雲格爾並沒有局限在保羅的定義中的例子，就是他對法庭處境的理解。他把稱義指向上帝與人類之間的紛爭，有關信仰的真理和怎樣論到上帝。[413] 結果，他藉著討論相關的概念——上帝的義——而開始討論稱義的主題。它好比教義的過濾器，透過它去檢視和討論別的元素。[414]

即使是在普世合一的環境裏，雲格爾也保持以信義宗的信念為討論基礎。他並沒有詳加引述路德，而是依靠路德對羅馬書較前的部分對上帝的義所作的詮釋。然而，當他以「使……成義」（即：暗示注入的義／成聖？）描述稱義與「宣布」為義（即：暗示算為義？）時，他並沒有像路德般仔細。[415] 在有關上帝的審判在上帝的義中作為恩典之舉的說法，他也似乎與路德不同。[416] 因此，他的用語開啟了與羅馬天主教展開真正對話之門。他對「上帝的義」（即：屬於上帝的義或由上帝給予的義）到底是主詞所有格（subjective genitive）或受詞所有格（objective genitive）顯得猶豫不決。雲格爾以真正的普世精神，把這個觀念重新連於羅馬天主教和信義宗都認同的概念上：基督的事件和三一上帝。[417]

雲格爾的重點是耶穌的人性和道成肉身的上帝的合一（即：把上帝更緊密地連於十字架上的犧牲），他的言論類似莫特曼其被釘的上帝的贖罪模式。與其嚴謹地跟從法律的討論，雲格爾把稱義對象的困境視為罪，即與這位三一上帝的關係破裂，以及違反真理的謊言。[418] 雖然他的構想有部分是來自約翰一書五章 10 節，他的討論也很配合羅馬書一章。換言之，稱義並不單處理法律的問題，也處理關係性的問題，似乎也配合羅馬書五章 1 至 11 節。在普世的環境中處理所有這些概念時，雲格爾展示出今天羅馬天主教教會對諸改教家的「唯獨基督，唯獨上帝的話與唯獨恩典」教義存有一些基本的問題。[419] 大部分人都同意，雙方之間仍然有很多細微但重要的分別。[420]

單單根據以上所介紹的新近討論，系統神學事實上至今影響甚遠。這個運動孕育了普世的保羅。這個保羅對不同的人來說，意味著不同的意思，但他亦從一些共通的理解，把這些人聚集起來。自普世教會在一九九九年的努力下，雙方學者展開了激烈的對話，並出版了由歐尼（David E. Aune）編輯的著作《一同再讀保羅》（*Rereading Paul Together*）。[421] 這個對話值得稍作討論。系統神學可否影響聖經學者？最明顯的分別可見於羅馬天主教神父費茲米亞（Joseph A. Fitzmyer）和信義宗學者羅伊曼（John Reuman）。費茲米亞明顯十分關注這個問題，正為如此，他大部分有關保羅的著作——除了少數之外——都沒有理會保羅新觀。費茲米亞的詮釋方向是很合邏輯的，因為保羅新觀大都把因信稱義抽離了保羅研究的中心。因此，假如費茲米亞想把稱義當作主要的教義來處理，他必定不可以太過著重保羅新觀。相反，他以最貼近他教會的問題為焦點，也就是是這個普世性的討論。

費茲米亞以舊約開始他的辯證，不單透過法律處境，也透過義的關係性動態，並進一步討論基督的事件如何影響這樣的互動。[422] 稱義是這個基督事件的其中一個結果，事實上佔有一重要席位。[423] 研讀費茲米亞對稱義的詮釋時，他似乎包含了最闊的意思（包括從十六世紀中的天特會議〔Council of Trent〕的理解），並嘗試按著處境為每個情況下定義。稱義對費茲米亞而言十分重要，他視稱義的主要意思為「宣布為義」（declare righteous）。[424] 這樣，他就與新教的理解很一致了。他進一步認為稱義在某些地方（例如：羅五 19）有次要的意思：「使……成義」，賦予這個詞彙以義充滿信徒的意味。[425] 在某些地方，他也會視義為上帝的屬性（參羅一17）和上帝的恩賜（參林後五21）。[426] 在對話中代表信義宗一方的是羅伊曼，他代表著新一代的泛基督教主義者（ecumenist）。雖然他並沒有否定稱義的法庭式（forensic）層面，但卻差不多視稱義為重生和再生的同義詞。[427] 整個對話發掘了很多共通點。最後，所有參與者的分歧都是很細微的，使更弄清楚保羅所確信的，但對於他所信的其他東西則不是那麼清楚。[428]

在討論的尾聲，我們必定留意到那令人分歧的保羅已變成令人合一的保羅。雙方都察覺到對方並不是敵人，而是在福音裏的不同伙伴，以及有時甚至是一個保羅也會倡議的合一教會的教會異象。

除了系統神學對保羅所持有的發言權外，在那些不必要地以信徒身分研讀保羅的哲學家當中，還有另一個運動。較為極端的是近年嘗試把詮釋的範式完全抽離宗教議題的運動，當中最明顯和最易接觸到的研究有一部名為《哲學家中的聖保羅》（*St. Paul among the Philosophers*）的編著。[429] 這部編著表面上是以瑪哈比（Abraham Malherbe）的《保羅和大眾的哲學家》（*Paul and the Popular Philosophers*）的詮釋為框架，事實卻不是這樣。[430] 在傳統的教會處境中，詮釋者會嘗試找出保羅對教會羣體的真正信息。這部著作以法國哲學家、數學家、表面上的無神論者、前毛澤東主義支持者巴迪歐（Alain Badiou）和斯洛文尼亞裔哲學家齊澤克（Slavoj Žižek）的研究為基礎，完全拿掉了宗教元素，視生命和死亡為當代處境的類比，藉此把保羅廣泛地普世化。[431] 因此，保羅不單只是宣教士和教會中人，也成為一位哲學家，他所做的工作已為挪去世上身分差異的普世自由原則奠下基礎。[432] 與其把保羅變成研讀的對象，他成為研讀實在的透鏡和主角。當這樣研讀，並把保羅置回他的社羣時，保羅似乎在期待新一天的來臨——不是終末性的（雖然基督的死與復活作為神祕主義的核心很能配合），而是倫理上的（即：愛與恩典而不是律法）。[433] 身為世俗論者，巴迪歐致力嘗試避免使用宗教用語。吉尼亞克（Alain Gignac）與巴迪歐其哲學用語的批判性互動，導致他有這個觀察：「當巴迪歐提到基督復活的**寓言**（fable）時，很明顯是為了避免讓自己被人批評已成為基督徒」。[434] 他的「寓言」與布特曼的「神話」很相似。他的構想雖然沒有神學議題，卻有其自身一套存在主義的用語，與布特曼的存在主義詞彙相似得教人驚訝。

偏向左翼的巴迪歐和那些找尋一個世俗的保羅的人有個困難：保羅的工作基本上是涉及宗教的。基於他刻意地採取世俗式的研讀，吉尼亞克正確地指出，巴迪歐較陶伯斯更少跟隨保羅的文本，後者至少會從現代猶太教和政治哲學角度來看保羅。[435] 雖然巴迪歐的用語比較世俗化，即使他稱上帝為「他者」（the Others）和稱基督第一次來臨為「基督事件」（the Christ-event），但他卻無法擺脱保羅的宗教用語。[436] 根據巴克利（J. M. G. Barclay），巴迪歐理解的基督事件，在保羅的生平和神學中佔主導地位，這反映著他一方面要認真看待保羅，另一方面卻要避免宗教元素的掙扎。[437] 保羅信息的根本性並沒有在巴迪歐身上失去，他認為在保羅的核心價值觀中，最重要的並不是單單為了避免過一個有罪和屬肉體的生命而「死去」，因而去愛「他者」（即：上帝），更重要的是被上帝所愛和認識。[438] 桑德斯在近期的專訪中，對這個新的保羅表示極度的不安，這個保羅被刻意地挪去他原來的一世紀處境，並且把他放進二十一世紀裹。[439] 在建構保羅這幅圖像時，使徒和耶穌基督之間並沒有太多個人關係，因為這關係往往是在較為宗教性導向的論述中建構出來的。巴迪歐的理解與費蘭札等人的理解大為不同，後者有很強的新約世界背景幫助她重構原始的基督教。任何從歷史進路研讀保羅和其書信的人，或許會有同樣的感覺。更重要的是，弗勒迪克遜（Paula Fredriksen）強烈批評巴迪歐的觀察，指出這樣的保羅被人奪去了他的終末性。[440] 與此同時，巴迪歐似乎想挽回相對性的保羅理解為某種絕對的倫理，並同時抗衡後現代主義的相對主義宣稱。這樣，保羅就成為一個去處境化、跨越時空的怪人，又或吉尼亞克友善地標籤為「時代錯置」的人物。[441] 換言之，所有普世性的保羅詮釋，都無法避免歷史時代錯置的問題。

除了巴迪歐，齊澤克也對近年保羅的哲學性解說有所貢獻。齊澤克採取一種辯證式的進路，那其實是某種「中庸之路」，與黑格爾辯證法很相似。[442] 在充滿極端政治的世界中，這是很好的做法。他視十字架為最終極的「上帝之死」，導致有關上帝透過基督的存在那最偉大宣稱。[443] 雖然他較少使用宗教用語，但他透過保羅去理解查斯特頓（G. K. Chesterton），並獲得上帝之死和上帝透過基督存在的辯證結果。基督的道成肉身成為上帝最終極地棄絕自己，從超越的上帝進入人類當中的不歸路。[444] 而這個生與死之間的張力，可以在這樣的理解中存在。傑出的保羅學者戴爾．馬丁（Dale B. Martin）也參與討論，他稱巴迪歐和齊澤克的研究是沒有內容的普世性理解。[445] 巴克利的批評似乎更加嚴厲，他視巴迪歐的理解為有復活而沒有十字架。[446] 簡單地說，戴爾．馬丁指出了顯然易見的東西；兩位哲學家提到的保羅，好像是某種跨種族的普世主義者，而沒有欣賞過保羅成為普世主義者的過程——即通過上帝對以色列的終極、將來的拯救。[447] 也許戴爾．馬丁的批評源於他是一位新約學者，研究保羅多年，並時常理解新約背景和保羅其處境的細節。令人困擾的保羅可被簡化為某個普世性原則嗎？那些普世性原則又是甚麼？有很多可能性存在，卻沒有一個是確定的。這個實驗展示了不同的方法論會帶來甚麼結果，尤其是當人把保羅移離他的宗教背景。

曾在英國擔任宗教科教授的米班克（John Milbank）也參與了從政治進路研讀保羅的討論。他的焦點是生活化政治（即：政府或法律在公民生活中的角色），似乎是回應著現代政府（即：政治）如何真實地影響著人民的生活。他留意到政府和現代法律不單束縛著那些活在這些法律之下的人，但也束縛著那些訂下這些法律的人。[448] 在米班克對保羅的理解中，自由似乎不單是在基督復活之後才出現，也是在那次復活事件所導致的羣體復活之後才出現。[449] 要透過相信和生命，才能勝過法律和死亡。新秩序是由信心和公義掌管的。[450] 在這個秩序中的成員，以信心作為屬上帝的標記，導致對其他人類忠誠。[451]

陶伯斯是另一位從非宗教進路研讀保羅的人，他較在意當代政治而不是希羅政治。在他那死後出版的英文著作（原稿為德文）《保羅的政治神學》（*The Political Theology of Paul*）中，陶伯斯在政治保羅的研究中顯出其獨創性。[452] 雖然很多人把陶伯斯與很多類似巴迪歐和齊澤克等較世俗和哲學性的保羅詮釋者比較，陶伯斯卻藉著處理古代（例如：馬吉安）和現代（例如：哈納克〔Adolf von Harnack〕）的保羅詮釋者，認真地視保羅為一個宗教家。[453] 身為猶太學者，他藉著提及摩西而開始研讀保羅，並視兩人都是上帝新子民的領袖。[454] 最佳的例子是他對羅馬書十三章的理解。他視保羅為政治環境下的產物，不單從猶太人的角度而言，也從保羅身為一個非官方認可教派的領袖的意義上說，他不用引人注目而面對逼迫，這樣的保羅是充滿政治色彩和講求務實的。基督教並不是一個受法律保護的官方宗教，因此不招惹政府注目是很重要的。[455] 陶伯斯只有在討論保羅和現代性時，提到現代主義哲學家尼采、馬克思與韋伯（Max Weber）等人在論到烏托邦等類似的政治議題時的處理方式，並把他們與保羅作比較。雖然在陶伯斯的研究中，保羅與其他哲學家之間的互動十分有趣，但是對於任何以歷史和社會進路進行研究，並忠於古代社會背景的聖經學者來說，他的時代錯置依然是很奇怪的。

無論是來自系統神學或哲學背景的詮釋者，到頭來他們的詮釋結果都大為不同。這些差異將討論重新帶回最完整地（而不是部分）描述保羅神學的模式的起點。由於保羅研究是聖經研究的一部分，於是出現了源自聖經研究模式的討論，這來自那些專研保羅神學的人。描繪保羅詮釋者所遇到的問題的最佳方式，來自聖經文學學會保羅神學小組（Pauline Theology Group）。自九十年代初開始，這個小組已有作品結集推出。這個學術討論會，包括了來自不同宗派和機構的學者，直到今天仍有聚會。研討會的立場是真誠地關注不加渲染地研究保羅。交流往往是出於善意的，並且不可以作任何人身攻擊。這個小組遇到的一個問題，就是其多樣化的方法論。下文將闡述這個問題的不同層面。

首先，在是否需要或如何定義「神學」方面，這已是一個問題。究竟應該以表面還是深層的結構作為研讀保羅的界線？[456] 採取表面結構時，詮釋者傾向視保羅為思想家，而不一定會進入神學的範圍；處理深層結構時，詮釋者就要同一時間處理多過一封書信。其次，對那些視保羅為一個會作回應的神學家的人來說，就必須留意保羅回應時的環境的深層結構，並需要重構原初的處境。先留意修辭學而後留意神學的森普利（J. P. Sampley）認為，保羅並不是神學家，只是保羅的思想世界中包含了神學。[457] 任何時候當修辭學伴隨著作者的方法和意圖成為討論的一部分，森普利等詮釋者就會從表面進入深層結構裏。

因此，問題就會變為：我們要有多深入地處理導致紛爭的元素？我們可以對作者的意圖有多深入的理解？森普利甚至說，保羅有時候會為了把人從他們的失敗中扶起來，而誇大了他的資料。[458] 別的詮釋者可能想建構一個敍事世界。毫無疑問，保羅的思想中是有敍事元素的。然而，假如我們建構了那個世界，我們的資料會否較像保羅的自傳而不是保羅的神學？到底有沒有自傳式—修辭式—神學的空間？

由聖經文學學會保羅神學小組提出的模式是「活動」（activity）。這個模式是這樣的：保羅以一套取自猶太教、初期教會傳統和透過他的經驗傳遞的宣講的原始資料開始，重新應用在聽眾羣體上。[459] 這個進路有兩方面的危險。一方面，保羅的教義或許不是來自他的諸種經驗，而是可能源自往大馬士革的單一經歷。應用活動模式時，我們必須留意，那原始資料是一套來自保羅最初經歷主的啟示。假如把這些資料應用在聽眾羣體上，就有可能太過仔細地應用，而無法找到為不同羣體的共通應用。最極端的情況是，詮釋者很快就會陷入僵局。

在這個小組裏，嘉凡他（Beverly R. Gaventa）主張另一個徹底地透過神學來研讀保羅的模式。她主張採用以基督為中心／福音的模式，這似乎充滿了辯證式的對立。舉例來說，基督和新的創造可以與世界和律法等對立，[460] 十字架可以與割禮對立。嘉凡他的長處源自她理解福音為加拉太書的焦點；保羅的一生就是對這個福音的回應。接著，她把十字架轉成一種倫理的模式，反映基督捨己的大愛，是信徒應該效法的。

6. 保羅新觀總結

上述的圖畫十分複雜，有需要透過總結簡單歸納。以上的觀點引起各種傳統的回應，針對保羅新觀不同方面和不同的倡議者。有些跟桑德斯交流較多，有些則把注意力集中在鄧雅各和賴特身上。下文列出一些具代表性的回應。

持舊觀點的回應者對保羅新觀有不同程度的反應，由極力支持到幾近完全摒棄都有。保羅新觀所帶來的挑戰，把一世紀猶太教的問題推到最當眼的位置，即使舊觀點的支持者也不能逃避。他們的確沒有逃避，反而採取不同行動去評論保羅新觀。首先，他們可以肯定桑德斯最初的陳述或許帶點道理，卻認為猶太教遠不止一個單一的表達方式。[461] 換言之，他們認同保羅新觀對猶太教的元敍事，並堅決否定它就是保羅攻擊的對象。也有人認為保羅新觀有些部分是可取的，但卻沒有放棄舊觀點的基本原則。[462] 第二，其餘的人以另一個元敍事來支持舊觀點。有些人或會宣稱，其實有一共通的思路貫串猶太教，不過，它不是以教義而是以慣性做法來表達。[463] 第三種評論最苛刻，就是全盤否定保羅新觀，而傾向對保羅的思想作個人化的詮釋。有些人訴諸改革宗的分類，贊成保羅的意思是明顯、清晰的，卻不接受保羅新觀的倡導者為保羅描繪的背景。[464] 他們把律法分為禮儀律法和道德律法。[465] 聖靈會引導個人去遵行和滿足道德律法。有些人則指出保羅新觀的很多倡導者在對保羅和猶太教的陳述上普遍含糊不清。[466] 還有些人直率地指保羅新觀不僅反改革宗傳統，簡直是危害整個福音，因為它提倡以一個趨向集體的角度來解讀保羅的救恩觀和終末觀。[467] 上述所有評論的價值在於提出一個基本的方法論問題：詮釋者當怎樣運用源自第二聖殿時期的猶太教證據？首兩類評論所帶出的，是長久以來令保羅新觀的倡導者費煞思量的議題。保羅攻擊的是猶太教，抑或某種形式的猶太教？抑或他所攻擊的其實是某種形式的基督教？在提出這樣的問題時，首兩類評論刻意完全避開（特別是賴特的方案和後來坎貝爾的方案中的）終末論不談。[468] 那神學討論反而退回到救恩論之上。[469]

很多學者都對保羅新觀表示支持。首先，有些學者認為保羅新觀論猶太教的部分甚具價值。[470] 有些學者以舊觀點為出發點，然後主要是以保羅新觀中，桑德斯和鄧雅各的恩約守法主義去詮釋。[471] 其次，也有學者明白到須考慮外邦受眾的背景。[472] 有些學者甚至放棄神學角度，轉而以一種趨向自然主義的論調去解釋這個稱為保羅式的基督教的現象。[473] 但大多數學者都嘗試在保羅的思想中，為猶太和外邦兩方面尋找平衡。[474] 然而，要為保羅每一封書信的背景找到恰當的平衡，將會是持續不斷的挑戰。這種在詮釋方面所作的嘗試，可追溯至十九世紀末至二十世紀初有關保羅的背景的爭議，但當中許多人所用的方法都是在聖經研究或神學範疇以外的。

除了持舊觀點的學者對保羅新觀作出評論外，還有些學者要求把保羅新觀的爭論帶到一個截然不同的領域。[475] 根據馬特洛克的說法，雙方的辯論似乎都過分專注於改革宗和信義宗的關注點上。[476] 即使爭論仍然以保羅攻擊哪種形式的宗教為核心，所用術語的定義卻不斷轉變。首先，有學者提出其實死海古卷中的 4QMMT 給「律法的行為」下了一個好定義，但那行為也許是指律法所作的，而不是信徒所作的。[477] 以這種方式來表達有關保羅的議題，結果再次引發各種各樣的問題，是關於保羅談論表面的猶太人議題時背後的修辭意圖。[478] 神學不過是整幅圖畫的一部分。在這場爭論中，修辭處於最前線的核心位置。其次，也有學者想深入探究問題的根源。他們並不是要找出保羅是猶太教中的哪一類支持者，而是提出另一個問題：「保羅是哪一類舊約詮釋者？」[479] 第三，還有其他學者同時由新舊兩種觀點出發，以其他類型的問題去思考這個題目。[480]

7. 附記：評論派博對賴特的批評

我們要怎樣掌握保羅新觀？最好的方法，就是看看其中一個最近對以賴特為首的運動的評論。讓我們看看派博的批評，就能看見當中的問題。

假如我們仔細看看派博——以書本式所作的最詳盡評論——的《稱義的未來》(*The Future of Justification*)，主要因為派博差勁的釋經，似乎證明賴特在很多地方都是正確的。派博就福音確實是關乎人怎樣得救(針對賴特所寫的)的討論中，他對哥林多前書十五章1至2節的詮釋並沒有考慮兩點：第一，哥林多前書十五章1至2節並不是主要關於福音的一段陳述；第二，哥林多前書十五章1至2節所說的救恩，乃是討論福音的**結果**，而不是**內容**。保羅事實上並沒有在哥林多前書十五章1至2節指出福音的內容是甚麼。哥林多前書的讀者當然知道福音是甚麼，但保羅並沒有進一步説明，他只提到這樣的福音的救贖結果。派博反對賴特把稱義主要理解為上帝宣告信徒是「基督徒」或義人(保羅的用語)，以及不是指怎樣成為基督徒，並引用了羅馬書五章1節去討論基督徒與上帝建立新的關係，卻完全沒有提及賴特説了甚麼。賴特從沒否認稱義帶來關係的改變，他只是認為稱義屬很小的部分，而稱義是上帝在法庭的處境中宣告罪人為義。當派博反對賴特認為福音的定義並不是「有關我上天堂的事」的時候，派博並不理解賴特拒絕的理由。賴特是在説保羅使用「福音」一詞的方法，而不是**我們**定義福音的方法。賴特的意思是，這些在聖經之內的詞彙，不應該按著我們的方式來定義。或許對賴特來説，上天堂只是福音的副產品(也是很好的副產品！)，但是福音超越了我們對福音的基要式和個人式的定義，而派博尤其在他那「在基督裏」的討論中以這樣的定義為焦點。[481] 事實上，賴特在這一點上聽來很像改革宗。

派博並不滿意賴特對福音的看法，他以使徒行傳十三章 38 至 39 節來反駁稱義並不是福音的主要內容，這也再次表示在方法論上，錯誤的是派博而不是賴特。假如我們讀一讀使徒行傳十三章 38 至 39 節的上下文，就會發現「福音」一詞在十三章 32 節早已出現，就是賴特論到有關福音的東西真正出現的地方。路加所記載的保羅宣稱包括上帝信實地透過耶穌實現祂給列祖的應許，而大衛作王的預言也在耶穌裏應驗了（徒十三 32～37）。在使徒行傳十三章 38 至 39 節中，透過因信稱義而赦罪是福音的**結果**，是在福音的宣告**之後**，卻非**之前**發生的。我們可以把是否應該以路加的記載去看保羅神學，或是應否讓路加成為路加、讓保羅成為保羅的討論暫擱一旁。雖然派博引述的使徒行傳十三章完全不適合，並諷刺地證明賴特是對的，但是派博繼續在與賴特的爭辯中引用不同的非保羅資料。

在某些地方，派博或許是正確的，例如他對約作為稱義的首要概念的評論。他認為賴特定義他的用詞的方式十分含糊。[482] 這是對任何嘗試重新為傳統範疇作定義的人一個常見的批評，賴特也沒有例外。根據派博，不是所有「義」或「稱義」的用語也能配合約的。[483] 他注意到羅馬書三章 4 節就是一例。[484] 派博也花了一些空間討論賴特以 4QMMT 為「律法的行為」下定義，但是派博並沒有好好利用它。[485] 派博的批評應該較著重那種以元敘事理解保羅的方法，而不是以約的概念本身。另外，派博反對把約和律法用語混合使用。[486] 然而，假如我們誠實地閱讀舊約，尤其是申命記，就會發現約和律法處境事實上是混雜在一起的。由於保羅大量引述申命記三十至三十二章，他必定十分熟悉約和律法處境的關係。派博在論到稱義並不是「將」要發生的事，而是「已經」發生的事時，似乎也提得很好。[487] 賴特說因行為稱義也會在將來發生，這確實不是羅馬書二章惟一的解釋。派博這裏的理解，在保羅的經文中有很強的文法理據，但他接著卻推論得太遠，把稱義從終末論抽離，這是賴特原初所作的聯繫。[488] 保羅的稱義觀以終末論為基礎，它是一個已經實現的終末論（即：將來的審判是對信徒有利的）。派博指出這一點，卻沒有以終末論為焦點來清楚說明。「已經」發生的事情——無論上帝的義有沒有轉移，又或是上帝宣稱人成為義——仍然是一個尚未解決的問題。

我在這裏對派博有何評論？派博的方法論與賴特的截然不同。派博的方法論採取了前設式的聖經護教進路，即使他對保羅的理解有時候可能是細微的誤讀。[489] 事實上，為了嘗試證明他自己的論點，派博的引文有時候與聖經頗為不同。賴特採取了宏觀的釋經，考慮到整體的信息。研讀派博反對賴特的論點，就會發現派博似乎也犯了他指控賴特的錯誤：重新以個人的關注定義保羅的用詞。在派博貶低賴特把上帝的公義等同於立約的信實時，派博自己把上帝的公義等同於上帝的榮耀的論點，在保羅的經文中甚至更少出現。[490] 有些時候，派博的直覺可能是對的，但這大部分與他的釋經方法無關，而或許是基於他很強的神學委身（這有正面和負面的影響）。在聖經釋義和委身於一個歷史傳統之間，存在著一股張力。

對於以歷史傳統為詮釋經文的重點所帶來的危險，沒有比朱偉特論羅馬書的巨著有更好的評論：「一直以來的傾向，都是把某些教會和羣體的神學，絕對肯定地強加在這封信的每個字與每句話上」。[491] 我不禁想到他是在指類似派博的評論者。

8. 保羅新觀對話所引起的議題

在簡略檢視過有關保羅新觀的學術研究之後，一些重要的課題隨之浮現出來。在討論這些課題之前，必須聲明一點：信義宗和加爾文派兩者對保羅的救恩論的詮釋都與稱義有關連，而這種關連是牽涉教義的。「信義宗」或「改革宗」對於舊觀點的描述或許有欠公允，這一點在負面用法中尤其明顯。「舊觀點」這個標籤，似乎能較貼切地形容這個關乎救恩觀的討論。現在，我們可以繼續有關教義的討論。首先，幾乎所有詮釋者都使用加拉太書和羅馬書這兩卷重要書信作試金石，把保羅放在猶太教之內，尤其是保羅對亞伯拉罕的信心／忠信的理解。[492] 雖然難以評估休伯納有關演進的保羅的說法是否正確，但這兩卷書的問題必須分別處理。這兩卷書有所分別，不一定是因為保羅對妥拉或其他事情（例如：亞伯拉罕）的想法有了改變，而是因為保羅在寫作時處於截然不同的處境中。所有保羅新觀的支持者和與他們對話的人，都要處理羅馬書四章的釋經。鄧雅各在這方面的詮釋直覺是正確的，就如最近一篇有關羅馬書四章的論文所指出的，保羅使用亞伯拉罕的方式，對理解整個保羅神學十分重要。[493] 詮釋者怎樣理解兩卷書背後的寫作目的，將會影響釋經的結果。稱義在羅馬書中出現的次數寥寥可數，在加拉太書中的分佈又不太平均，既是這樣，改革宗的宣稱——稱義是保羅救恩論的根基——還能站得住腳嗎？[494] 無論是舊觀新觀，保羅深受猶太教影響這一點是毋庸置疑的。[495] 究竟亞伯拉罕是一個個人稱義的範型，抑或他只是關於約的敍事的一部分？然而，有一點似乎頗為明顯：現代方法在新觀和舊觀中都有成效，效果取決於詮釋者怎樣處理某些經文。可討論的議題包括保羅怎樣運用舊約和某些關鍵性的經文。某些經文或會傾向一種觀點（例如：包含與「律法的行為」相關之詞彙的經文），某些則似乎跟另一種觀點更加配合（例如：清楚地關乎人之「信念」而不是人或上帝之「信實」的經文）。此外，有些經文的背景含糊，放在任何一個觀點上都可以。於是，詮釋者在使用材料時就要小心分辨。至少，舊觀和新觀必須察覺到由不同的修辭處境衍生出來的分別。除此之外，又有誰能說明早期的保羅與後期的保羅其腦海裏在想著甚麼呢？

第二，在保羅新觀中，後來的陳述大部分都是對桑德斯早期陳述的回應，有時甚至是修正。然而，桑德斯的構想是回應他歐陸的前人，他們的釋經偏離了歷史和神學，轉向黑格爾和存在主義哲學家（例如：布特曼）的懷抱。雖然有很多聲音反對他，但桑德斯至少建構了一個全面的歷史企劃來重讀保羅，同時緊緊持守神學議題。桑德斯的基督論「解決方法」正是德國人類學進路所缺乏的。很多採納人類學進路的人，早已陷入人類困境的深淵，以為單單透過人類學就能解決問題，因而錯過了保羅很多重點。雖然桑德斯的理解非常透徹，但他的作品卻因「過分完美」而受累，尤其是他把各種各樣的猶太資料來源都用作證據，當中甚至包括一世紀的範圍以外和公元前一世紀的資料。他只有一個疏忽，就是忽略了一世紀以後的證據有可能主要是一種回響，針對的是基督教和公元七十年後猶太教的社會轉型。[496] 換言之，他似乎是本末倒置了。稍後我會論到桑德斯的難題。即使我們能把範圍局限於第二聖殿時期之初的猶太教，重複以 4QMMT 為理據又是否足以界定保羅提到「律法的行為」的意思？保羅自己給「律法的行為」的定義，是否正如坎貝爾看來所暗示的，既包含如 4QMMT 等材料蘊含的意思，又超越了 4QMMT？[497] 假如鄧雅各按著加拉太書，單單把 4QMMT視為妥拉的工作，他有可能是對的；但對於羅馬書來說又怎樣呢？割禮並沒有影響這裏的情況。正如沃森指出，耶柔米（Jerome）早已嘗試把保羅的著作分類為禮儀，這無疑在某些方面與鄧雅各的陳述相似。[498] 然而，假如保羅只是以「律法」形容禮儀主義，他就在修辭上減弱了他對加拉太的問題的論據。假如加拉太人決定不行割禮，也不跟隨食物的條例，卻決定獻綿羊和山羊為祭，又會怎樣？那保羅會寫「第二封」加拉太書嗎？保羅或許不會這樣想，因為他較為平和的羅馬書也以同一部妥拉應用於不同的聽眾羣身上。這樣，保羅新觀就不是甚麼全新的東西。4QMMT 的倡導者面對羅馬書二章 6 至 15 節的難題沒有休止。或許 4QMMT 的用處是有限度的，但在保羅心目中，行為所包含的意義卻更廣。保羅是否運用了猶太教中常用的措詞，再另行給它下定義，而不是遵從它平常的用法？又或為了那個問題而特別使用 4QMMT？在這個情況下，4QMMT 再把那個老問題帶回來：保羅究竟是基督教的始創人，抑或是猶太教的改革者，甚或是依附者？在保羅論到義的措詞中，那主要的語境（或比喻）是法庭或約？假如主要的語境是法庭（正如改革宗和信義宗的回應者隨同賴特的宣稱），那麼，究竟是著重「行」律法多一點（按照舊觀點的支持者所言），抑或著重法律地位和赦罪多一點（依照賴特的宣稱）？

第三，保羅新觀讓我們重新去問猶太教的救恩觀究竟是怎樣的。基督教的「悔改並得救」似乎對猶太教並不適用，至少對已經以為他們是在上帝國度「裏」的猶太人並不適用。當然，耶穌和施洗約翰嘗試叫人悔改和得救，但我們可以把它應用於所有猶太人身上，還是它是特別給耶穌和施洗約翰針對（或斥責）的人呢？桑德斯的構想強烈地暗示這一點。雖然桑德斯的構想往往受到嚴厲批評，但他也正確地理解很多猶太教的觀點。在使徒行傳內，悔改是宣講的重點，但在每個情況裏都是指要從嚴重的罪行中回轉，而不是一般基督徒所想的從抽象的「罪」中回轉。新約有很多救恩的信息，似乎指向將要來的上帝的審判。因此，我們的基督教構想，似乎非常配合包括外邦人的猶太信仰。這樣理解猶太教公平嗎？根據桑德斯和很多猶太教學者，假如我們暫時以基督教用語來說，似乎一世紀的猶太人是生來就「得救」的。換言之，每個猶太人——無論他有沒有遵守妥拉所有的禮儀——生來就在約之內。這樣的猶太人，並不需要靠著律法主義而「得救」。妥拉只是表達這個立約關係的工具。假如一世紀的猶太人接受保羅有關基督的宣講，就會改寫「在約之內」的意思的規條。假如一世紀的猶太人生來就在約之內，就不需要靠著妥拉或信心稱義。從猶太教的觀點來看，只有外邦人需要這樣做。而一世紀的猶太教，也似乎不太可能成為保羅責備的對象，因為猶太教主要地不是一個宣教運動，尤其不會在外邦人的家庭教會宣教。我並不是說保羅並沒有以某種方式革新他的猶太信念；他有改變，但他到底是否在攻擊猶太教？假如保羅是在攻擊猶太教，他必定使用「耶穌是彌賽亞」這論點，而不是以「因信稱義」為論點。這個猶太教的議題，很自然地引起下一個議題。

那保羅是否在攻擊一個抵觸的猶太化宣教，就如詹姆斯·馬丁（James Louis Martyn）所宣稱的？[499] 南諾斯認為是其他原因：保羅參與了猶太教內的對話，類似使徒行傳記載他在會堂裏的對話。[500] 同樣地，余德林對「歸正」一詞存疑，因為保羅並沒有「換神變神」。[501] 雖然會堂對外展並不活躍，但保羅毫無疑問正在與他們進行辯論。然而，他們有沒有如南諾斯所說的，因為猶太羣體的尊榮和好處，而嘗試影響和介入家庭教會？[502] 又或引起爭論的人是否基督教歸正者？「基督教歸正者」是否形容這羣引起爭論的人（或保羅）的合適名稱？當保羅攻擊「猶太派」（Judaizer）時，他到底是在攻擊誰？

第四，保羅新觀由一元發展到多元，顯示有關保羅的「敵對者」（或正如一位同僚打趣地說，是「顧問」）[503] 的身分，要提出的問題還有許多。假如像沃森在其近作《保羅、猶太教與外邦人》（*Paul, Judaism and the Gentiles*）中宣稱的那樣，後來演變成為外邦人宣教士的保羅其實是猶太教的改革者，那麼歷史上的保羅又是否與路加所描繪的不符？假如猶太教基本上不是一個以悔改為焦點的宗教，那麼，詮釋者聲稱保羅的敵對者是來自猶太教，又是否忠於歷史呢？把猶太教理解為沒有基督的東西，是否太過簡單呢？桑德斯說：「通常被認為是猶太人用來代替保羅福音的，保羅的同胞根本無法辨認出那是猶太教的一種表達方式。」[504] 更根本的問題是：「有沒有一個稱為『猶太教』的劃一體制？還是有許多種形式的猶太教？」[505] 雖然桑德斯遭到嚴厲批評，指他濫用了後期的拉比材料，但他努力的成果卻表明，要由前基督教時期的猶太傳奇故事、智慧文學、訓誨式敍事，以及不一定能反映出原始猶太教的少量昆蘭殘片，來建構一幅猶太教的救恩論圖畫，是多麼困難。巴克利（John M. G. Barclay）已經從散居地猶太教的角度處理過這個問題，而保羅在宣教時遇上的，很可能就是這一類猶太教。巴克利的答案是：猶太教種類繁多，它們之間的表達方式可以截然不同。[506] 更加根本的問題是：「保羅所回應的，究竟是傳統觀念上的猶太教，抑或是基督教會內經過基督教觀念詮釋的猶太教？」即使保羅是源於桑德斯口中的猶太教「恩約守法主義」，那麼他是在反駁它，抑或是依循恩約守法主義的規範、不過傾向彌賽亞觀？假如答案是後者，那麼，猶太教是一個以律法主義或以恩典為本的宗教，就變得不大相干了。假如桑德斯是對的（但我不是說他是對的），那又怎樣？桑德斯對保羅或猶太教的看法是否正確？這是兩件不同的事情。假如他對猶太教的理解是正確的，那他並不一定同時對保羅有正確的理解，尤其是假如保羅並不是在攻擊猶太教。加拉太書和羅馬書是否就如很多傳統詮釋者所聲稱般，是理解猶太教的最好資料呢？畢竟，保羅使用了猶太教的範疇來建構他的思想。另一個仍然舉足輕重的因素是，「基督的信」有時被理解為基督的信實。如果改革宗的理解沒錯，保羅心中所想的其實是信徒的信心而不是耶穌的信實，那麼，保羅新觀強調上帝的信實豈不是多此一舉？認識第二聖殿時期的猶太教無疑重要，但那爭拗點難道不應該從猶太教轉移到另一些可能性上嗎？保羅是以傳統的看法，還是以包括外邦人的新彌賽亞羣體來回應猶太教？即使保羅是源於桑德斯的猶太教「恩約守法主義」，他是反對它還是單單跟隨帶有彌賽亞意味的恩約守法主義規條，又或他是在反對一些截然不同的東西？只要看看保羅在羅馬書二章直接反對猶太教的宣稱，就能清楚看見這一點。即使他在羅馬書二章有部分是直接攻擊猶太教，這也是個**傳統的主題**（*topos*），並不是為了攻擊猶太教而使用的。假如他攻擊猶太教是別有目的，那嚴格來說，我們就不能說保羅在他的寫作裏攻擊猶太教。假如答案是後者（即：保羅攻擊猶太教是別有目的），那無論猶太教是律法主義或以恩典為基礎的宗教，就變得無足輕重。事實上，猶太教並不需要根據這些而建構自己，因為它並不需要透過基督事件來看妥拉。保羅可以以同樣的神學範疇，為了外邦人的緣故而重新排列，而不用考慮他的同胞可否認出他的宗教。[507] 假如除了猶太教外，保羅的世界還牽涉更多因素，那麼在保羅書信的立論中，律法又起著甚麼作用？

第五，保羅新觀的神學大業或是它的反對者，大多集中於一個老問題上：比較保羅的神學與詮釋者對歷史保羅的觀點。保羅真的是個基督徒，抑或是猶太教中一個以彌賽亞耶穌為焦點的改革者？這個問題的答案，取決於以甚麼角度來詮釋保羅。[508] 把猶太教理解為恩約守法主義有價值嗎？答案若是肯定的，價值在哪裏？悔改之前的保羅是個恩約守法主義者嗎？[509]悔改之後的保羅是個恩約守法主義者嗎？保羅是由一個恩約守法主義者轉變成為一個反恩約守法主義者嗎？保羅是否正如桑德斯和唐納森似乎暗示的，除了有關彌賽亞的想法外，沒有改變過他的恩約守法觀念？[510]在悔改後的保羅所寫的書信中反映出來的，有幾分是悔改前的保羅？事實上，歷史保羅是一個歷史鑑別的課題，需要更多討論。儘管有些研究保羅的學者試圖迴避問題，但我們同樣需要認真處理使徒行傳的資料，這正是沃森在近期的作品中的信息。[511]此外，我們也要重新開始辯論，探討有甚麼方法最能為上述問題發掘答案。

第六，方法論的問題根本不可能迴避。辯論雙方都搜集了保羅書信作為某種資料庫。即使是對敘事研究感興趣的學者——促成了上文提及過由朗格內克編輯的文集《保羅的敘事力量》(*Narrative Dynamics in Paul*)——也傾向把保羅尖銳的要點削平為廣闊、暢順的敘事圖畫。毫無疑問，希斯說書信之內有敘事(例如：加拉太書和羅馬書中亞伯拉罕的故事)是正確的，但並不是書信所有部分都被這些故事影響著。難怪何蒙娜斥責朗格內克把以色列的故事讀進加拉太書裏，而加拉太書三至四章所關注的重點則與以色列完全無關。[512]當賴特在保羅書信中遇到一些難以解釋的經文，他就會重新轉用敘事進路。錯誤的敘事選擇會為詮釋者帶來很大的麻煩。以敘事進路研究保羅書信(那是「書信」，不是「敘事」)的概念「實在是太好了」，是源自後現代的需要(我並不否認有這樣的需要)，以故事的形式建構實在。但事實上，無論古今，書信都是修辭作品，而詮釋也是一樣。

雖然我認為路德可能未有完全理解保羅，但我有時會懷疑，我們對路德的詮釋，是否與他爭辯的意圖，以及他一些著作的口傳處境一致。[513]他在授課的處境下寫加拉太書註釋，並在他自身的教會處境中應用保羅。路德自己說：「我難以相信當我教授聖保羅的加拉太書時，我是如此囉嗦……這個磐石〔因信稱義〕被樂園中的撒但搖動了，他說服我們的祖先，說他們可以藉著自己的智慧和能力而成為像上帝一樣……」[514]路德在評論加拉太書二章時再說：「假如教宗會告訴我們，惟有上帝藉著祂透過基督的恩典才能使罪人稱義，那我們就不單會以雙手高舉他，也會親吻他的腳了。」[515]爭辯的語氣十分清楚，因為教會往往與撒但作對比。路德的著作是個文學上的革命，而中庸並不是革命的標誌！假如我們攻擊路德，那我們是在攻擊早期還是後期的路德？是憤怒還是平靜的路德？同樣的問題也應該針對任何對受到改革宗啟迪的詮釋作回應的人。換言之，針對路德和他的文本的歷史鑑別學，需要與任何針對保羅的歷史鑑別學同樣有力。詮釋者要揣摩的，不光是信中的內容，更是作者的表達方式。而我們對任何改教家的理解也是一樣。我發覺若要替歷史保羅繪畫一幅更整全的圖畫，就須對保羅的修辭做更多研究，並以宗教改革運動的修辭研究作為平衡。了解他的修辭或有助我們領悟他所攻擊的是甚麼。宣稱「這個或那個」更合乎聖經或保羅教導，依然是一種主觀的做法，而且往往離不開激昂卻空洞的修辭手法。研究保羅的神學家若想迴避修辭方面的研究，就注定失敗。這些改教家只是在使用他們的時代中最好的工具，為了他們自身的目的詮釋保羅，與我們今天的做法並沒有不同。他們的研究是原初的「新觀」，而後來則成為「傳統」。在我們的學術討論中，他們的詮釋（在關鍵之處也各有差異）根本沒有甚麼值得攻擊或辯護的。「傳統的」或「傳統」的標籤是用詞不當。這樣的標籤早應該在學術對話中除去。

這個簡單的觀察，促使一羣來自不同背景的學者去研究第二聖殿猶太教到底是怎麼樣的。從上文的討論可見，妥拉的問題反覆出現，令人疲憊不堪，認為保羅完全支持或反對妥拉的觀點都有。對妥拉的理解與另一個更闊的問題有關：第二聖殿猶太教是怎樣的？對這個問題的探索結果，有卡森、奧拜恩（P. T. O'Brien）和西弗列德所編的《稱義與多樣化的律法主義》（*Justification and Variegated Nomism*）一書。[516] 保羅新觀運動——尤其是賴特——以元敍事為焦點，把猶太教所有的不同都連起來，而這本文集則嘗試指出猶太教的多樣性。雖然有些資料是取自較後期的坦乃（Tanna；妥拉的後期詮釋）和他爾根（Targum；希伯來聖經的亞蘭文譯本）文獻，但這本著作乃是根據桑德斯的規例——他在其著作中常引用較後期的資料。[517] 這本文集的大部分學者都認同猶太教中存在恩約守法主義，重點在於有多廣泛和以甚麼形式出現。在討論保羅新觀的時候，問題其實不是在於保羅，而是在於猶太教。「舊」觀點某些版本的弊端，就是搞錯了時代，把發展成熟的基督教（即：宗教改革運動）讀進一個處於萌芽階段的運動中，而這個運動又是牢牢地以猶太人的彌賽亞為出發點。在時代錯置這個問題上，具強烈猶太傾向的學者比保羅新觀許多反對者，往往能更清楚地指出盲點所在。[518] 再者，之前提到的文集指出，對資料的任何理解很大部分都是詮釋性的。舉例來說，約瑟夫怎樣建構猶太教自有他的目的。西斯布利（Paul Silsbury）在他的研究中指出，約瑟夫在《猶太戰記》（*The Jewish War*）是要為整個猶太民族辯護，並避免提及那些發動猶太戰爭以對抗羅馬人的土匪。他在《猶太古史》（*Antiquities of the Jews*）的目的是在希臘化的歷史中，繼續為猶太人豐富的文化歷史辯護。而他在《斥阿皮昂》（*Against Apion*）的目的是反對謠傳，為猶太教辯護。[519] 然而，無論它們有多精彩和正確，這些也是西斯布利的詮釋。毫無疑問，即使是從一個不至無知的方式，按著約瑟夫的目的去讀他的著作，我們或可以描繪出約瑟夫的「神學」；但是，我們要在「我們的」構想與約瑟夫的真正目的之間如何劃清界線呢？這是另一種時代錯置嗎？在猶太教的問題上，桑德斯旨在深入猶太教的根源，這方向已頗為正確。鄧雅各的研究多年來逐步由保羅轉向耶穌，這也是正確的，因為保羅和耶穌都具有相同的猶太背景。賴特把討論由耶穌轉向保羅，同樣是正確的，雖然賴特曾指出他打算把耶穌和保羅並列來寫。[520]

包衡把學術界分為兩條不同路線，恰當地為一世紀/第二聖殿時期的一神論研究作出總結。有些學者從耶和華與以色列的關係來研究猶太教，另一些則以耶和華跟宇宙間的事物（例如：天使、魔鬼、位格化的智慧等等）的關係來研究。[521]這些課題對研究第二聖殿時期的猶太教肯定十分重要，而且更深深影響到研究猶太教和保羅的方式。簡單地說，問題仍然是：「根據第二聖殿時期猶太教的彌賽亞觀，耶穌在耶和華的救恩計劃中擔當甚麼角色？」試從以賽亞書作參考，它的四十至五十五章又被稱為「第二以賽亞」，這十數章經文包含有關「第二次出埃及」的主題，這類經文仍然有助猶太教信徒明白耶和華、受苦的僕人與上帝的子民之間的關係。據稱保羅在往大馬士革的路上看見那位受苦僕人被提到天上的寶座，這經歷到底帶來甚麼結果？

另一方面，在西方，後現代的思潮要求福音派在他們的認知和視野上都要趨向普世性。針對保羅和猶太教所作的新研究，開始質疑福音派對保羅神學所持的一些狹隘觀念，當中有些甚至令新教和羅馬天主教產生嚴重分歧。不論結果如何，保羅新觀的副產品或許能夠營造空間，讓新教和羅馬天主教的信徒有更多對話。[522]從這方面看，保羅新觀就與改革宗的觀點沒有甚麼不同，兩個運動都是嘗試把保羅置於社會的思潮下研究。

我們可以怎樣總結保羅新觀和學者的回應？攻擊（有時是猛烈的）保羅新觀的人，傾向從一個契約座標來解讀保羅。他們在解讀保羅的時候已經有一種神學承擔（就是他們與所屬羣體所立的約）。他們激烈的反應主要是源自他們的神學基礎。那些同情、支持或至少包容保羅新觀的，在選用方法時則較容易接受修辭學上的研究，或許他們在方法論上的承擔比他們在教義上的承擔更多樣化。[523] 他們似乎明白到，即使兩派意見相反的詮釋者，在面對同一組文法—句法資料時，也可以得出不同的結論。他們的方法不單是由保羅所說的話決定，更是取決於保羅怎樣和為甚麼傳達他的信息，若然對「怎樣」和「為甚麼」有不同理解，就會使結果出現無窮的變數。

9. 對漢語神學論述的含義

上文提及的一切有甚麼含義？根據學術界的粗略概覽，保羅新觀的構想主要是英語世界中的現象。除了如衞辛尼[524]等少數以外，歐洲大陸的釋經學者並沒有作出任何顯著的回應。或許是因為歐洲大陸有固定的學術正典，又稱為學術定理，所以，來自世界某些地區的學者不一定要討論同一組的保羅問題。在整個研究保羅的學術圈子中，更加普遍的是有關猶太教的討論，這是各處的學者都有興趣的課題。上述的討論應足以顯示，在研究保羅的學者之中有一股普遍的趨勢，就是把焦點由保羅身上轉向猶太教的各方面，以及早期基督教的希羅背景，而彌賽亞教派則成為基督教的先鋒。然而，有關保羅新觀的整場哄動很大程度上與個人私心有關。保羅新觀引發的憤慨不止是一場本來不偏不頗的爭論。相反，它原本的目的是要保護傳統主義。吳慧儀有一篇在其他方面來看頗為有用的文章；若我們看看文章中的說法，就會馬上明白在漢語學術圈子中，對於許多人來說，真正陷入危機的其實是「傳統」。[525] 在她的論述中有許多盲點，而這是嚴重的一個。這個「傳統」豈非一直都是個傳統嗎？我相信反對加爾文或路德的人會聲稱，他們的信仰才是「傳統」信仰，改革宗的卻不是。與其用「傳統信仰」這說法，為甚麼不乾脆使用中立的術語如「十六世紀的新教改革者觀點」？單是這樣就足以把詮釋保羅著作的歷史放置在適當的歷史位置上。跟「客觀」一詞相同，「傳統」是個不幸的詞彙，許多人都把它隨意使用，卻無人能準確地界定它。這類用語被到處亂拋，起牽動情緒的作用，卻沒甚實質價值。它們不過是個幻象，隨著時間過去和人的智慧增長而逐漸消失。吳慧儀聲稱桑德斯對保羅的詮釋可能有誤。其實對於整個有關保羅的學術研究，無論是保羅新觀或是其他觀點，這種說法豈不正是一種錯誤的表達？[526] 有些處於極端陣營的人，甚至極力主張新教的救恩論正陷於險境。對於害怕任何東西都會失去的人來說，教會歷史能教導他們寶貴的功課。我們必須明白，當路德和加爾文提出教會有許多地方必須改革，方能符合聖經準則時，他們引發的怒潮遠較現在對保羅新觀的批評來得猛烈。跟十五世紀的宇宙大爆炸理論相比，目前的哄動看來更像一場上流社會舉辦的花園派對。要繼續進行正常的學術對話，就必須停止一切危言聳聽的話語。漢語神學家要加入這場討論，就要先撇棄西方對話中那些感情用事的言詞。

在北美，以福音派持舊觀點的學者為主的討論所產生的喧鬧，正是對一般福音派學術界的控訴。在這一點上我得小心謹慎，但我相信歷史會證明我是對的。繼朗格內克和史坦度之後，桑德斯的首部作品在上世紀七十年代出版。超過二十年後，福音派才稍為了解情況，作出有理據的回應。目前，保羅新觀的運動差不多進展到成熟的階段（以賴特的立場為代表），開始涉及保羅事工中的猶太人和外邦人兩方面。隨著近期沃森和坎貝爾等呼籲學術界作出後保羅新觀的行動，福音派學者現在開始留意到它的影響不只局限於學術圈子，更波及教會。除了少數可喜的例子外，福音派至今仍反應緩慢。那是一個警號，提醒福音派由桑德斯的研究至今，他們的學術水平是多麼落後。傳統那礙事的包袱拖累福音派，令他們比同道慢幾拍子。福音派學術界彷彿出現了超過二十年的真空期。保羅新觀的詮釋歷史理當成為福音派的警告：若不好好磨練腦筋，就可能會在聖經研究上再次淪為與時代脱節的反動分子，而不是創新的先驅。歷史當可作為我們的一大良師。

誠然，對猶太教或任何有現代宗教相對應之事物作出的歷史研究，都無可避免地會遇到障礙。保羅新觀無疑是對猶太人遭大屠殺後的反應所形成的產物。即使是系統神學家莫特曼其把基督徒與猶太人耶穌聯繫起來的基督論，也是這樣的產物。把猶太人描繪成殺害基督的兇手和十字架的敵人，無論我們喜歡與否，對於現代人怎樣對待猶太人，都肯定會構成道德方面的影響。保羅新觀就是針對這類歪曲猶太人、令人反感的手法所提出的警告。保羅新觀也是現代人作出的回應，透過元敘事來攻擊「稱義的元敘事」。雙方都可以堅持他們教義上首要的範式，即持守坎貝爾所謂的「過度決定」方式。[527] 有些人提倡要超脱保羅新觀和傳統觀點，他們的主張也符合後現代主義的思潮，就是重視多元的觀點過於單一的元敘事。後現代主義的溫牀提供了可以超越這兩方面的環境。因此，我認為無論是傳統派、保羅新觀的極端派，甚至是把兩者混合或否定兩者某些觀點的，都有偏頗。正如坎貝爾指出，跟桑德斯的研究剛好同時期出現的，是西方開始關注到包括猶太人在內的被壓迫的少數族裔。[528] 不然，像朗格內克的《保羅——自由之使徒》(*Paul, Apostle of Liberty*)等同樣質疑稱義框架的作品，為甚麼會乏人問津？惟一的分別只是它們是在上世紀七十年代之前發表。[529] 歷史保羅其實是歷史學者筆下的保羅。每個時代都有它的缺陷。因此，我們根本無須害怕保羅新觀的出現，會令我們發現傳統可能出錯。學者本應超脱身處的政治環境，但他們卻無法做到。

從舊觀點的一些言詞中，會發現帶點「我們已對保羅作出定論」的意味，有時更無禮地亂扣帽子和中傷別人。[530] 當我看到這個爭論，我難免看見某種在不理解宗教改革的發展下，卻又偏好改革宗神學的心態。即使是在受過教育的學者當中，這也十分普遍，以致我很想花一點篇幅譴責這樣的愚昧。普遍認為宗教改革是源自神學改革，事實並不是這樣。其實，它是一個社會—政治—經濟運動。就如歷史社會學家斯達克(Rodney Stark)正確地指出，很多改革宗的教義在多個世紀之前早已萌芽。[531] 費克(David C. Fink)進一步指明一點：改革宗的教義並不是完全統一的。[532] 相反，教義有很多不同版本，簡單如稱義的教義也不是一致的。即使是很多傳統人士緊抓著的法庭式稱義觀，也要到墨蘭頓(Philip Melanchthon)那時才被確定下來。[533] 正因多個世紀之後教義的教條化，因而導致這個錯誤、無知的觀念，甚至也影響著很多受過教育、曾研讀教會歷史，並理應知得很清楚的聖經學者。路德和加爾文其精細的神學無法就近沒有讀寫能力的平信徒，而他們的牧師亦因為腐敗而時常不作教導。即使是很多保護這些改教家的親王貴族在與他們成為一伙之前，也不完全明白這些教義，因此需要撰寫類似《基督教要義》(*Institutes of Christian Religion*)的著作。很多人支持改教家，事實很簡單，因為他們厭倦了當地軟弱的天主教要員。很多親王貴族發現，支持新教會給予他們更多好處，得到更多自主權。當眾親王貴族開始成為新教徒時，其他人發現支持新教主義可以在經濟上獲利。改教家只是宗教改革傳統龐大力量中的一部分。我指出這些事實，只為說明一點：從社會—政治力量而出的教義，不應被當作是上帝的話語來看；它們並不是上帝的話語。事實上，按著它們之所是，它們值得我們審視與尊重。這些教義告訴我們，在某段歷史時期形成的某些獨特之處，形成了今天的新教教義。因此，基督教教會並沒有在整個歷史裏持守它們。我並不是說，所有改革宗的教義都值得商榷，但它們仍然有很多商議的空間。即使如此，這有甚麼問題呢？爭論還未結束。

在檢視傳統學術界時，我贊同艾森鮑姆對傳統主義者金世潤的批評：「人或會問，第二聖殿猶太教的定義怎可能導致二十一世紀的基督教倒塌下來。我惟一的答案是：金世潤假設了一個基督教的本質主義定義（essentialist definition）。今天的基督教與一世紀的彌賽亞式猶太教派別是一樣的。」[534] 這個傳統立場在漢語學界更是確定不移。或許是這個傳統立場，導致漢語學界沒有對例如保羅新觀的新趨勢作出很多認真的回應，只有少數例外（例如：馮蔭坤、盧龍光、郭漢成等）；又或徹底拒絕任何類近異端的新運動。除了把停滯歸咎於華人教會羣體中的傳統主義之外，實在難以想像類似保羅新觀的新學術趨勢，會遭到大部分研究保羅的華人聖經學者拒絕了超過四分一世紀之久。這類評論者，特別是帶保守傾向的，說話的語氣就好像舊觀點（特別是以稱義為本的那一類）一旦受到挑戰，整個基督教王國就像要瀕臨瓦解那樣。這些人必須留意，即使桑德斯（或任何一個人）或會出錯，也不順理成章地證明舊觀點是絕對無誤。這樣的邏輯判斷是錯的。經過桑德斯之後，再也沒有回頭路。保羅新觀至少攪動了許多傳統派人士的安定心態。事實上，從以上十分粗略的討論可知，保羅的傳統立場與保羅新觀之間其實有很多共通點。賴特指出了加爾文和桑德斯一個不常被提及的共通點：二人都從律法的功用中找到某程度的恩約守法觀念，只不過加爾文用了不同的詞彙來表達。在加爾文的神學概念中，律法是上帝賜給信徒羣體的。換言之，那些被拯救脫離埃及的人在獲救後，就必須遵行律法，以此為生活的方式。[535] 日光之下無新事，即使是桑德斯也被扣上一頂「新觀」的帽子。換言之，就是以對賴特近期的研究批評得最激烈的派博作為代表的改革宗陣營，並不如他們聲稱那樣維護加爾文的立場，而只是替路德對律法和基督的二分法辯護。即使拆散了教義拼圖中的這一小部分再重新拼湊，基督教王國也絕不會像有些人宣稱那樣，瀕臨崩潰邊緣。恐懼不會幫助而只會妨礙人尋找真理，惟獨對無知的人來說，它才是一種動力。

我也傾向同意馮蔭坤所引述盧龍光的說法，保羅新觀的主要貢獻不在於損害傳統的稱義教義，或是傳統派所領悟到的甚麼教義，而是激發詮釋者從一世紀的背景去發掘我們的詮釋之間有多大距離。[536] 沒有一個評論是關乎釋經者對整體聖經的觀點（即：究竟聖經是絕對無誤或錯漏百出），因為兩個陣營都包括了不同神學理念的學者，包括保守派和自由派（即使我討厭那些標籤）。保羅新觀既不是一場反改革宗的運動，也不是一場反教義的運動。保羅新觀本身是一種創新或革新運動，因為有關保羅的研究尚未蓋棺定論。真理仍在「外面」，有待發掘。絕對確定性是所有追求真理者都竭力追尋，卻無法達到的至終的理想。猛烈抨擊保羅新觀的人須明白，無論怎樣偽裝客觀，都沒有一種詮釋是真正中立的。

為了維護個人對宗教——尤其是基督教——的表達方式，

華人聖經研究界中有許多人會繼續攻擊一切從集體或「有分於」的角度來論保羅的觀點。[537] 雖然威廉．戴維斯也把焦點放在對保羅的個體化詮釋上（事實上有幾處，他的語氣活像個徹頭徹尾的福音派學者），但是我猜測華人詮釋者的目的是保護教會，而非作歷史鑑別。[538] 可是，像威廉．戴維斯的表述和很多華人詮釋者之間卻有一種關連：兩者都是源自西方對基督教的個體化詮釋，因為華人詮釋者承繼了西方宣教士的觀念。這或許也是我們這些華人神學家或聖經學者須探討的。假如保羅主要關心的其實是「有分於」的觀念和教會觀這兩方面，那又怎樣？假如「有分於」的觀念才是保羅主要關心的，而每項個人層面的應用都不過是言外之意，那又怎樣？這個「新」觀點又會否破壞教會最基本的救恩論傳統？[539] 我傾向認同吳慧儀的看法：問題不在於究竟是「新」觀點或「舊」觀點，而在於這是個詮釋學問題。[540] 她進一步指出，尊重聖經的「福音派人士」當寬容地接納在聖經中找到的各種看法，無論那是源自新觀點或舊觀點。[541] 若是這樣的話，既然很多人都以嚴謹的標準來對待「新」觀點，那麼，豈不要以同樣嚴謹的標準來對待「舊」觀點嗎？莫非只有「新」觀點才需要有提供證據的責任？目前在很多圈子中，這種對「舊」觀點的批判態度，仍是福音派的政治立場所不容的。那麼，教會政治應支配詮釋的工作嗎？若我們對保羅的認識完全是基於他因應不同情況而寫的書信，那麼，保羅的神學究竟有沒有一個「核心」?

保羅新觀最大的貢獻是它所發出的警告。很多華人聖經學者（當然不是全部）常常以傳統的系統神學（即：教會教義的立場）研究保羅。保羅新觀警告我們，不可以創建保羅並沒有時常使用的範疇。當然，身為神學家，我們慣於以保羅以外的術詞和範疇來形容保羅。即使是支持保羅新觀的桑德斯，他也用了保羅詞彙以外的恩約守法主義來形容猶太教。這個重新檢視神學（而事實上也是釋經）詞彙的過程必須持續下去，而不是停滯不前。當雙方都冷靜下來時，每個詮釋者都要重新檢視研究保羅書信的神學、文化、社會、政治和宗教範疇。研究保羅——宣教士、猶太人、「基督教王國」最偉大的思想家（當然是時代錯置的）——幾乎是個無底深淵的工程，需要所有受人尊敬的宗教學者——基督徒與否——的內省與謹慎地研究才可。

在釋經時，我可以把上述所有方法歸納為三個世界：文本背後的世界（歷史鑑別學）、文本以內的世界（以文本為主的方法），以及文本前面的世界（現代詮釋學方法）。這三個世界都是合法的，而它們不單存在於理論幻想世界當中，也實際地存在於我們的教會實踐當中。我們的詮釋過程並不欠缺這三個世界，雖然很多人並沒有留意到文本前面的世界。然而，曾慶豹最近指出，很多華人詮釋者正正欠缺了這樣的觀察。[542] 這個致命的問題帶來嚴重的後果，因為它導致人在沒有先去明白詮釋者本身的前設之先，而過度反對或支持新概念。它也導致人自負地宣稱他的詮釋是「更」正統的。若不察覺文本前面的世界，就無法發展漢語神學。

除了文本的三個世界之外，也有一個倫理問題是華人神學家甚少處理的，而西方——尤其是美國和法國——早已詳細地處理過。在學術界裏，我們常說保羅是個有別於他過去在猶太教時的基督徒。可是，並沒有太多華人著作富創意地討論保羅身為猶太人是怎樣的。我說的「猶太人」，是指保羅在猶太教之中踐行他的信仰，儘管是以外邦人的打扮宣講它。太多研讀保羅的華人讀者沒有留意到，我們錯誤地把保羅和猶太教二分化，而事實上並沒有二分之說。這對很多保羅新觀的支持者也是一樣。幾乎沒有人探討過這方面的問題，除非他是研讀保羅的猶太讀者。使徒行傳和書信中的保羅是一個身體力行的猶太人。他只是改變了他的飲食習慣（參加二 11 ～ 21），因為它們會影響到被接納成為上帝子民的外邦人。保羅也許認為，他的猶太教版本是上帝最新成就的，即使他同時代的猶太人無法察覺當中一些元素。更重要的是，保羅並沒有留下太多證據說明相信基督的猶太人應該怎樣理解基督的再來。他們要棄絕妥拉嗎？在任何人大聲說「是」之前，我們要問，保羅是在哪裏清楚告訴相信耶穌的猶太信徒，要在任何情況下棄絕妥拉。說「是」實在是誇大其詞了。他只有在與外邦人相處時（加二章），斥責耶路撒冷的反對者，或是彼得又或是巴拿巴。這有別於說保羅積極地倡議猶太人完全推翻妥拉。保羅並沒有論到類似的事，因為他的書信主要是針對向外邦人宣教，需要無條件地接納外邦人進入彌賽亞式的猶太教。我們不可以因為他沒有說過，就自行定奪。對保羅來說，他乃是使用類似「猶太人和外邦人」或「妥拉和聖靈」等範疇，而不是「猶太教對基督教」。我們所建構的「基督教」，並不是保羅的詞彙或範式。我們需要重構我們的詮釋框架，把我們的神學對準保羅，而不是倒轉過來要保羅遷就我們。

上述有關猶太教的討論，幾乎在每個層面上都影響著對保羅的理解，甚至是對一些保羅新觀的理解的非難，因為人假設了妥拉完全違反保羅所信的，又或猶太教是反對「基督教」（當然這是說保羅是「基督教」的支持者）的。當我們以哥林多前書為例時，就會看見對保羅和妥拉的普遍理解究竟距離保羅有多遠。因此，保羅新觀並非「新」事，因為它依然是在猶太教與保羅的新彌賽亞信仰（又稱為「基督教」）對立的範式之內運作的。只是，事情並非這樣簡單，倫理的涵義既明顯又嚴肅。假如建基於妥拉的猶太教真的被一致冠以負面價值，而成為「基督徒」（我質疑這個標籤）的保羅又被冠以正面價值，那就有很大機會帶來反猶太主義。當然，保羅也會認為，缺乏向猶太人宣講耶穌基督，同樣是反猶太人的，但這也無法叫我們有藉口說保羅放棄猶太教。事實上，他是在猶太教(雖然有別於他的同胞的理解)之內工作的。否定這個事實，將會得出反猶太人的後果。可悲的是，教會在改變其用語上十分緩慢。主張保羅支持猶太教的加斯頓指出，西方近年已大大改善了猶太教—基督教關係，但這並非因為任何一方積極地保持研究保羅。[543] 這是對神學院與教會的指控：神學院對於教會用以描述、教育並宣講保羅的用語缺乏影響力。

剛提到的倫理討論，為華人神學家帶來更大的問題，這個問題緊貼保羅的心：種族主義——反猶太教只是一小部分。余德林指出，這個反猶的思想模式早已植根於華人基督徒的心底。[544] 謝品然正確地指出，漢語神學應該建基於聖經文本之上，也必須察覺到它有能力針對很多公共議題。[545] 這並不是說要超出聖經其最自然的文本信息，把聖經政治化；相反，詮釋的議題可以帶出很多華人教會忽略了的東西。這樣的主題有公共和長遠的影響。保羅研究中的閃族主義和中華民族的自豪感之間的關係，可能是一個較少討論的課題。我認為它的影響力是來自把保羅的教導帶進中國的宣教士福音，它也帶來了嚴重的倫理影響。

在研究從保羅新觀形成的新猶太教和劇烈的範式轉移時，可以從最根本的層面反思漢語神學：我們的術語和歷史回憶。假如我們從歷史角度看看漢人如何對待非漢人羣體，就不能怪責有些人說，中國文化是最最帶有種族主義的組別之一。一個經常在政治上強調漢族統治的國家(超過五千年)，是一民族優越感的真實指標，這完全違反了保羅那擁抱外邦人的彌賽亞式猶太教。反對反猶太人的保羅詮釋是無法出現的，除非漢人可以面對他們那錯誤的種族超越感。神學可以從簡單如日常對話中開始。很多人喜歡自誇：「我們有五千年的文明」，好像他們有為五千年的文明作出甚麼貢獻似的。即使在華人基督教中，種族驕傲的問題依然存在。假如不去糾正這個種族問題，華人教會甚至連它本身的問題也無法處理好。無法糾正本身的問題，那華人基督教就永遠無法作出它應有的普世貢獻。我們難以想像，一般華人基督徒父母會支持自己的子女與膚色較深的種族的人結婚。換言之，在華人教會中的人並沒有接納保羅其福音裏的種族涵義。事實上，很多人在有意或無意的情況下拒絕了「在基督裏成為一」的涵義。令問題更加複雜的，是我們可能會說「猶太人」一詞往往有負面的意思，有別於保羅在羅馬書九至十一章對他的同胞的心意。假如我們把這些問題結合起來，就會發現一般的華人神學家還未開始以保羅的「福音」針對中國文化，尤其是種族主義的問題。隨著全球化和互聯網的普及，信仰和宗教比以往更加公開。除非每個華人神學家依然認為神學和神學用語只是在他們附近範圍的事，否則只要按一按滑鼠鍵，看看全球化的「臉書」（Facebook）是怎樣更新和分享資訊，就能明白這一點。即使是我們用來形容信仰的用語，也比以往受到更多全球化的審視，更何況我們對其他羣體和國家的態度呢！

通過繼承西方及其宣教士——尤其是那些來自反猶太人背景的國家和宗派——的反猶太式修辭，並不慎地使之本色化，對保羅的「傳統」理解，就不單是抽象或教義性的爭論；這樣的爭論，也有強大的倫理影響力。華人教會會否變成多元文化，好像保羅預視他的那種猶太教一樣嗎？我認為不會，至少在下一兩代之內不會發生。從包括所有人（即：外邦人）的猶太教來說，我認為保羅的猶太福音正在挑戰、斥責與批評我們。我不知道這會否成為漢語神學，甚至是華人圈子內的保羅釋經的主流，而不是單單只顧「華人的東西」的漢語神學。假如不會，我很懷疑保羅的宣教模式是否真正能夠在華人教會（整體）之內出現。

由於駭人聽聞的大屠殺事件，西方必須重新評估保羅。與其視保羅為一些基督徒所想般是反猶分子，不如像一些猶太教的學者般，開始視保羅為與猶太教的對話者。這個討論打開了雙方的門。很多猶太人傳統上視保羅為反猶太教的倡導者。[546] 西方對這個種族對話的尋索和保持開放的心作改變的態度，仍未影響到華人的保羅研究或華人神學家。很多屬於大屠殺受害者的猶太學者，如今頗願意視保羅為伙伴，而不是敵人。他們的立場需要很大的勇氣和清晰的思路，因為他們如今頗能夠區別反猶太人的西方詮釋與歷史保羅的教導。他們也必須承認，一些過去的猶太詮釋者可能誤解了保羅、耶穌，甚或二人。這個新的對話也需要很大的勇氣，因為西方的基督徒學者也要開放自己，從猶太人身上學習，引發範式和詞彙的改變。雙方都要來到桌前，不受傳統阻礙，共同尋求真理。在西方，這是個痛苦的過程，猶太裔和基督徒學者都必須坦誠面對。我相信後現代主義藉著其對傳統所作的解構式批判性觀察，對這個過程提供了很大的幫助。

普遍性的欺壓範式不單影響種族之間的關係，也受到女性主義者的關注，她們同樣以意識形態上的欺壓的影響力為焦點。[547] 這正是盧比茲（Davina C. Lopez）為何能夠在她的加拉太書研究中把帝國（即：後殖民）研究與女性主義並列的原因。[548] 若沒有留意到詮釋者本身的世界裏的意識形態問題，文本內的意思就往往在現代主義的祭壇上犧牲掉。那些願意接納重新評估他們自己「客觀的真理」或「元敘事」的人，將會帶來所需的改變。這或會涉及誠實地承認「我的」用語、詮釋或結論有可能對別人構成倫理上的壓迫。這個同樣會臨到反猶太主義的僵局，以及華人學界中普遍性的欺壓範式將會被打破嗎？我相信只有當華人學者不單願意反思，但也願意改變整個研讀保羅的傳統模式，且不再感到被威脅到失去正統的「真理」時，這才會發生。而假如華人學者願意接納後現代主義者的批評，這也才會發生。我記起一位善意的前同僚曾警告我，不要對保羅新觀表示太多同情，因為它可以領我的學術事業步向墳墓。很明顯，改變需要勇氣。假如有人認為「正統」有部分是不真確的，那它又是否完全正統（按著使徒保羅所理解的真確而言）？

在保羅的倫理關注中，保羅新觀的討論之中，還有一個概念對漢語神學來說是十分重要的，那就是「律法的行為」。盧龍光指出了一個在華人圈子內做神學、倫理，甚至是教牧事工明顯但卻被忽略的層面。[549] 盧龍光指出對使徒傳統、聖禮形式、女性在教會的角色、默示的方式等的不同理解，也可以是一種新的「律法的行為」。這好比原初的改革宗「律法主義」範式。在這個律法的行為之內有律法主義的一面（雖然比改革宗神學家所想的少）。問題並不是基督徒今天是否要緊守保羅書信中的「律法」，拒絕行割禮。若是如此，這就是完全錯過了保羅的意思。其實，保羅是在他的時代裏把福音處境化。而每個華人神學家也要這樣做。問題不再是行割禮與否，而是一個更大的元敍事，值得我們反思，甚或是一大堆修正。

根據上述華人學者的討論，華人神學家須提出的惟一問題是：目前的反應（反對保羅新觀、反對把保羅理解為猶太人，或是支持「傳統改革宗」範式）究竟是出於對哪一方面的反思——是籠統地針對華人的宗教敬虔，包括所有華人，而不是個別地針對歷史保羅的教導嗎？我會加上：它也論到無損害性和外圍的議題，避免真正有損害性和重要的議題。曾慶豹為我的《羅馬書解讀》撰寫了一篇見解獨到且創新的序言，文中指出許多華人信仰中常見、看重心性的個體化靈修觀，跟華人傳統對保羅的個體化詮釋不謀而合。[550] 最終，問題不是在於哪一方更合乎聖經，而是華人（或任何一種文化的）學者在怎樣的環境下塑造出歷史保羅，以及詮釋者願意在神學上預先作出（或缺乏）怎樣的承諾。可是，按照我們的形象來創造保羅卻是錯誤的做法，但也幾乎是無可避免的事。一世紀的保羅是個危險人物，也是一個革命者。所有人都害怕保羅。正如十六世紀一樣，二十一世紀的學術界依然怕得發抖。有誰害怕「真正」的保羅？所有人都當害怕！他在那個時代掀起了風浪，而他的著作肯定也會在我們的時代翻起波浪。

漢語神學最後忽略了的是接收政治保羅的方式。對於大部分人來說，在有關保羅的整體描述，根本不存在一個政治的保羅。即使他們有這種意識，他們也不會知道這種意識會對保羅神學帶來多大的影響。我敢說，政治保羅就是歷史保羅。舉例來說，讓我們看看最少談及「政治」的加拉太書。傳統主義者傾向以律法對恩典、割禮對沒有割禮等方式來看這卷書。然而，假如我們為全書設置一個政治框架，就能立即發現神學、救贖論與教會論是密不可分的。倘若我們如很多學者一樣，把加拉太書的成書日期定於較早的年份（即使不是最早的年份），那麼「基督教」還是一個未被承認的宗教。它與猶太教有密切關係。這樣，只有猶太教是在羅馬法律下得到合法的保護，免受類似帝王崇拜等異教禮儀的影響。因此，很多歸信保羅的彌賽亞式猶太教的人，將會掙扎是否接受割禮，單單因為割禮是猶太教的標準。食物的條例也是一樣。這些界限保護信徒免受異教人士指控他們不愛國。然而，假如新的外邦歸正者選擇不去理會這些界限的問題，那他們就不會受到猶太教的保護，也不會被他們的外邦同胞接納。這樣，政治就直接影響宗教。更重要的是，這些彌賽亞式猶太教的習俗可以危害猶太教，令它不再受到羅馬法律的保護，並破壞猶太人和外邦人之間的和諧關係。因此，保羅的指控者是有理由的。他們想保護年輕的會眾，藉著把會眾帶到猶太教眾多禮儀的保護下，免得在異教徒世界中失見證。保羅卻拒絕這做法。即使是在這本看似與政治無關的著作中，政治也影響著最終的釋經結果。對於那些持激進政教分離立場的基督徒來說，那些因為信仰而受苦的人是按著一種殉道神學來詮釋的，但保羅的政治詮釋並不是這樣理解，而是視福音的本質為導致與公眾及異教文化紛爭的原因。無法看見政治保羅，令華人神學家無法引用保羅去回應教會所身處的現代政治處境。還有一個問題：為甚麼沒有稍為關注政治保羅的倫理影響力的加拉太書註釋？雖然我們不用認同政治的面向是加拉太書的主要元素，但為甚麼我們似乎完全沒有察覺到它呢？我惟一的結論是，因為我們對保羅新觀存有偏見而拒絕政治。即使路德也在他對兩個國度——這可追溯至奧古斯丁——的理解中包含了政治色彩。惟有出於偏見與無知，我們才會認為這是「新」概念。我肯定保羅並非不關心政治或完全是為了政治，而是介乎兩者之間。為了漢語神學和公共神學的好處，藉著保羅的政治性詮釋，救贖論和教會論成功地結合起來。這衍生了一種保羅公共神學，影響著每個想要向當下社會的中國文化和政治體制說話的華人神學家。

註釋：

1. Claude G. Montefiore, *Judaism and St. Paul* (London: Max Goschen, 1914); G. F. Moore, *Judaism in the First Centuries of the Christian Era* (Cambridge: Harvard University Press, 1927); Albert Schweitzer, *The Mysticism of Paul the Apostle* (London: A & C Black, 1931); W. D. Davies, *Paul and Rabbinic Judaism* (London:

SPCK, 1955); H. J. Schoeps, *Paul: The Theology of the Apostle in the Light of Jewish Religious History*, trans. Harold Knight (Philadelphia: Westminster, 1961).

2. J. Drane, *Paul* (New York: Harper and Row, 1976); D. Patte, *Reading Israel in Romans* (Harrisburg: Trinity, 2000); J. C. Beker, *Paul the Apostle* (Minneapolis: Fortress, 1980); F. Thielman, *From Plight to Solution* (Leiden: Brill, 1989); B. L. Martin, *Christ and the Law in Paul* (Leiden: Brill, 1989); L. Gaston, *Paul and the Torah* (Vancouver: UBC Press, 1987); J. Tomson, *Paul and the Jewish World* (Minneapolis: Fortress, 1990).
3. Davies, *Paul and Rabbinic Judaism*, xiii, 1 ~ 4.
4. Davies, *Paul and Rabbinic Judaism*, xiv.
5. Davies, *Paul and Rabbinic Judaism*, 37, 56, 68, 260, 301.
6. Krister Stendahl, "The Apostle Paul and the Introspective Conscience of the West," *Harvard Theological Review* 56/3 (1963): 199 ~ 215.
7. Krister Stendahl, *Paul among Jews and Gentiles* (Minneapolis: Fortress, 1976), 3.
8. Stendahl, *Paul among Jews and Gentiles*, 4.
9. 見 Mark Nanos, "Paul between Jews and Christians," *Biblical Interpretation* 13 (2005): 222。
10. Mark Nanos, "Inter-Christian Approaches to Paul's' Rhetoric," *Biblical Interpretation* 13 (2005): 257.
11. Mark Nanos, "The Jewish Context of the Gentile Audience Addressed in Paul's Letter to the Romans," *CBQ* 61 (1999): 285 ~ 289. 更詳盡的研究，另見 Mark Nanos, *The Mystery of Romans* (Minneapolis: Fortress, 1996)。
12. Douglas A. Campbell, *The Deliverance of God: An Apocalyptic Rereading of Justification in Paul* (Grand Rapids: Eerdmans, 2009), 2.
13. E. P. Sanders, *Paul and Palestinian Judaism: A Comparison of Patterns of Religion* (Philadelphia: Fortress, 1977).
14. Sanders, *Paul and Palestinian Judaism*, 12.
15. E. P. Sanders, "Paul between Judaism and Hellenism," in *St. Paul among the Philosophers*, ed. J. D. Caputo and L. M. Alcoff (Bloomginton: Indiana University Press, 2009), 79.
16. Sanders, *Paul and Palestinian Judaism*, 236, 420, 544.
17. Sanders, *Paul and Palestinian Judaism*, 236.

18. Sanders, *Paul and Palestinian Judaism*, 33 ～ 238.

19. Sanders, *Paul and Palestinian Judaism*, 442, 497 ～ 499. 事實上，桑德斯似乎把羅馬書六章視為了解保羅的救恩論的主要經文。

20. Campbell, *The Deliverance of God*, 439 也有類似的做法，事實上他指出了這個似乎纏擾著桑德斯的著作的邏輯難題。

21. Sanders, *Paul and Palestinian Judaism*, 548.

22. E. P. Sanders, *Paul, the Law, and the Jewish People* (Philadelphia: Fortress, 1983), 7 ～ 28.

23. E. P. Sanders, *Jewish Law from Jesus to the Mishnah* (London: SCM, 1990), 7.

24. Sanders, *Jewish Law from Jesus to the Mishnah*, 40.

25. Sanders, *Paul and Palestinian Judaism*, 497.

26. Sanders, *Paul and Palestinian Judaism*, 497.

27. Sanders, *Paul and Palestinian Judaism*, 497.

28. Sanders, *Paul and Palestinian Judaism*, 500.

29. Sanders, *Paul and Palestinian Judaism*, 500.

30. Sanders, *Paul and Palestinian Judaism*, 463.

31. Sanders, *Paul and Palestinian Judaism*, 552.

32. Sanders, *Paul and Palestinian Judaism*, 506.

33. Sanders, *Paul and Palestinian Judaism*, 490.

34. James D. G. Dunn, *New Testament Theology: An Introduction* (Nashville: Abingdon, 2009).

35. 見盧龍光：《保羅新觀：羅馬書的主題與目的》(台中：東海大學校牧室，2007)。

36. James D. G. Dunn, *The New Perspective on Paul* (Grand Rapids: Eerdmans, 2007), 99 ～ 120 收錄了一九八二年的文章。

37. James D. G. Dunn, *Beginning from Jerusalem* (Grand Rapids: Eerdmans, 2009), 720 ～ 746, 863 ～ 932.

38. Dunn, *Beginning from Jerusalem*, 727.

39. James D. G. Dunn, *Jesus, Paul and the Law* (Louisville: WJKP, 1990), 191.

40. James D. G. Dunn, *The Theology of Paul the Apostle* (Grand Rapids: Eerdmans, 1998).

41. Dunn, *The Theology of Paul the Apostle*, 357.

42. James D. G. Dunn, "Theology of Galatians," in *Pauline Theology*, vol. 1, ed. J. M. Bassler (Minneapolis: Fortress, 1994), 127.
43. Dunn, "Theology of Galatians," 127.
44. Dunn, *The Theology of Paul the Apostle*, 363; *Jesus, Paul and the Law*, 191 ~ 192, 221, 223.
45. 參 T. L. Donaldson, *Paul and the Gentiles: Remapping the Apostle's Convictional World* (Minneapolis: Fortress, 1997), 165 ~ 186。
46. Dunn, *The Theology of Paul the Apostle*, 370.
47. Dunn, *The Theology of Paul the Apostle*, 369.
48. Dunn, *Jesus, Paul and the Law*, 197.
49. Dunn, *The Theology of Paul the Apostle*, 361.
50. Dunn, *Beginning from Jerusalem*, 872.
51. Dunn, *Beginning from Jerusalem*, 885.
52. Dunn, *Beginning from Jerusalem*, 732.
53. Dunn, *Beginning from Jerusalem*, 735.
54. Dunn, *Beginning from Jerusalem*, 879.
55. Dunn, *The Theology of Paul the Apostle*, 373.
56. James D. G. Dunn, "A Man More Sinned against than Sinning? A Response to Carl Trueman," 網上文章；取自 http://www.thepaulpage.com/a-man-more-sinned-against-than-sinning-a-response-to-carl-trueman/；瀏覽於 2010 年 1 月 20 日。
57. Dunn, *The Theology of Paul the Apostle*, 375, 381 在有關羅馬書四章 16 節和加拉太書二章 16 節的討論中（頁 381），他認為經文所指的是信心而非信實，因為不帶冠詞的「信」是指信心而不是信實。
58. Dunn, *New Testament Theology*, 77.
59. Dunn, *Beginning from Jerusalem*, 893.
60. Dunn, *The Theology of Paul the Apostle*, 386.
61. Dunn, *The Theology of Paul the Apostle*, 344.
62. Dunn, *The Theology of Paul the Apostle*, 344.
63. Dunn, *The Theology of Paul the Apostle*, 365.
64. Dunn, *The Theology of Paul the Apostle*, vii ~ viii.
65. Dunn, *The Theology of Paul the Apostle*, 411.
66. Albert Schweitzer, *Mysticism of Paul the Apostle* (New York: Macmillan, 1968).

67. N. T. Wright, *The New Testament and the People of God* (Minneapolis: Fortress, 1992), 40 ～ 41.
68. Wright, *The New Testament and the People of God*, 69 ～ 80.
69. Wright, *The New Testament and the People of God*, 181.
70. Wright, *The New Testament and the People of God*, 172 ～ 181.
71. 曾思瀚：《羅馬書解讀 —— 基督福音的嶄新視野》（台北：校園書房，2009），頁 84 ～ 86。
72. 例如 Wright, *The New Testament and the People of God*, 403 ～ 409。
73. Wright, *The New Testament and the People of God*, 188.
74. D. E. H. Whiteley, *The Theology of St. Paul* (Philadelphia: Fortress, 1972), xiv.
75. Whiteley, *The Theology of St. Paul*, 15.
76. Whiteley, *The Theology of St. Paul*, 154, 170.
77. Whiteley, *The Theology of St. Paul*, 170 ～ 172.
78. Morna Hooker, *From Adam to Christ: Essays on Paul* (Cambridge: Cambridge University Press, 1990).
79. Hooker, *From Adam to Christ*, 15.
80. Hooker, *From Adam to Christ*, 23.
81. Hooker, *From Adam to Christ*, 24.
82. Hooker, *From Adam to Christ*, 34.
83. Hooker, *From Adam to Christ*, 56.
84. N. T. Wright, *The Climax of the Covenant* (Minneapolis: Fortress, 1991), 18 ～ 40, 30.
85. Wright, *The Climax of the Covenant*, 30.
86. Dunn, *New Testament Theology*, 56.
87. Wright, *The Climax of the Covenant*, 266.
88. Wright, *The Climax of the Covenant*, 20.
89. Wright, *The Climax of the Covenant*, 20.
90. Wright, *The Climax of the Covenant*, 20 ～ 21. N. T. Wright, *Jesus and the Victory of God* (Minneapolis: Fortress, 1996), 150 ～ 159 也包含了一個精簡的摘要。
91. Wright, *The Climax of the Covenant*, 24.
92. Wright, *The New Testament and the People of God*, 267.
93. Wright, *The Climax of the Covenant*, 23.

94. N. T. Wright, *The Resurrection of the Son of God* (Minneapolis: Fortress, 2003), 119～128.
95. N. T. Wright, *Justification: God's Plan and Paul's Vision* (Downers Grove: IVP, 2009), 55.
96. Wright, *Justification*, 57, 63.
97. 例如 John Dominic Crossan, "Paul and Rome," *Union Seminary Quarterly Review* 59 (2005): 8 ～ 9；Bruno Blumenfeld, *The Political Paul* (New York: Sheffield Academic Press, 2001)。
98. 曾思瀚：《羅馬書解讀》。
99. Robert Jewett, *Romans* (Minneapolis: Fortress Press, 2007). 香港基道出版社於二〇〇九年出版了一本朱偉特的論文集，當中輯錄他闡釋羅馬書的五篇文章，見朱偉特：《朱偉特論羅馬書》(*Robert Jewett on Romans*)，譚浚明譯(香港：基道，2009)。
100. Richard A. Horsley, "Introduction," in *Paul and the Roman Imperial Order*, ed. Richard A. Horsley (Harrisburg: Trinity, 2004), 2.
101. N. T. Wright, "Paul's Gospel and Caesar's Empire," in *Paul and Politics*, ed. Richard Horsley (Harrisburg: Trinity, 2000), 165.
102. Wright, *The Climax of the Covenant*, 232.
103. Wright, *The Climax of the Covenant*, 232.
104. Wright, *The Climax of the Covenant*, 236; *Justification*, 101.
105. Wright, *Jesus and the Victory of God*, 380.
106. Wright, *The Climax of the Covenant*, 239.
107. Wright, *Justification*, 92.
108. Wright, *The Climax of the Covenant*, 243.
109. Wright, *Justification*, 105～106. 由於賴特較少談及代贖，有些人或會誤以為他在解讀保羅時忽略了贖罪。但在這裏，他透過耶穌的彌賽亞使命，清楚談及贖罪。
110. Wright, *Justification*, 96.
111. Wright, *The Climax of the Covenant*, 250.
112. Wright, *The Climax of the Covenant*, 261. 我說「似乎」，是因為我不大肯定他是否這樣。他表述故事的方式與桑德斯或鄧雅各不同。
113. N. T. Wright, *What St. Paul Really Said* (Grand Rapids: Eerdmans, 1997), 119.

114. Wright, *The Resurrection of the Son of God*, 242.

115. Wright, *Justification*, 68, 90.

116. Ben Witherington III, *The Indelible Image* (Downers Grove: IVP, 2009), 233, 273. 韋特寧頓似乎堅決反對保羅新觀，但並沒有就如何成就救恩的立場，察看到他與賴特的相近之處。他認為基督的律法是符合稱義的義的行為，最終通向救恩。賴特則認為將來的稱義與信徒可以過的義的生活有關。我認為兩者並不存在分歧。或許兩者的差異只是在於語義學之上。

117. Wright, *Justification*, 11 ～ 12.

118. Wright, *The New Testament and the People of God*, 268 ～ 279.

119. Wright, *What St. Paul Really Said*, 125.

120. Wright, *Justification*, 67.

121. Wright, *What St. Paul Really Said*, 129; "Romans and the Theology of Paul," in *Pauline Theology*, ed. D. M. Hay and E. E. Johnson (Minneapolis: Fortress, 1995), 41 ～ 42.

122. Wright, *Justification*, 80.

123. Wright, *Justification*, 91.

124. Wright, *Justification*, 76.

125. Wright, *The Resurrection of the Son of God*, 249.

126. 跟 Campbell, *The Deliverance of God*, 609 相似。

127. Wright, *Justification*, 100, 148.

128. 見 J. M. G. Barclay, "Is It Good News That God is Impartial," *JSNT* 31 (2008): 89 ～ 111 和 Robert Jewett, "Love without Respect is Bogus," *JSNT* 31 (2008): 113 ～ 114 的回應。朱偉特這篇文章是回應巴克利對他的羅馬書註釋的批評，當中清楚展示出，朱偉特以社會—修辭的進路，反駁巴克利以倫理—神學的詮釋範式來理解羅馬書。

129. John Dominic Crossan and Jonathan L. Reed, *In Search of Paul: How Jesus's Apostle Opposed Rome's Empire with God's Kingdom* (San Francisco: Harper, 2004).

130. Crossan and Reed, *In Search of Paul*, 11.

131. Wright, *Justification*, 23.

132. Sanders, *Paul and Palestinian Judaism*, 446.

133. 參 Davies, *Paul and Rabbinic Judaism*, 78。

134. Campbell, *The Deliverance of God*, 84.

135. Wright, *Justification*, 24.

136. 尤其是見 Francis I. Watson, "Editorial: New Directions in Pauline Theology," *Early Christianity* 1 (2010), 11。

137. 盧龍光，《保羅新觀》，xxi。

138. 盧龍光，《保羅新觀》，8～9。

139. 盧龍光，《保羅新觀》，28。對比曾思瀚，《羅馬書解讀》，322。

140. 盧龍光，《保羅新觀》，64～66。

141. 盧龍光，《保羅新觀》，39。

142. 盧龍光，《保羅新觀》，66～67。

143. 盧龍光，《保羅新觀》，69～70。

144. Richard Hays, *The Faith of Jesus Christ* (Chico: Scholars Press, 1983).

145. Bruce W. Longenecker, *The Triumph of Abraham's God* (Edinburgh: T & T Clark, 1998), 98～107.

146. Corneiliu Constantineanu, *The Social Significance of Reconciliation in Paul's Theology*, LNTS, 421 (New York: T & T Clark, 2010). 另一個值得留意的是韋特寧頓的兩冊巨著 *The Indelible Image*，他採取了敍事進路，並結合了新約神學和種族因素。尤其重要的是他構思的保羅敍事世界（頁 174～203）。韋特寧頓從敍事開始，繼而進入神學和倫理的範疇。有關他最初涉足敍事世界的較早期著作，見 Ben Witherington III, *Paul's Narrative Thought World: The Tapestry of Tragedy and Triumph* (Louisville: WJKP, 1994)。

147. 見 Jacques Derrida, "Terror and Religion," in *Traversing the Imaginary*, ed. Peter Gratton and John Panteleimon Manoussakis (Evanston: Northwestern University Press, 2007), 18～28。

148. Constantineanu, *The Social Significance*, 43ff.

149. 例如 Bornkamm, *Paul*, 145。

150. Michael J. Gorman, *Apostle of the Crucified Lord: A Theological Introduction to Paul and His Letters* (Grand Rapids: Eerdmans, 2004), 359; *Cruciformity: Paul's Narrative Spirituality of the Cross* (Grand Rapids: Eerdmans, 2001), 4ff. 哥曼另一本較簡單和易讀的著作是 *Reading Paul* (Eugene: Wilf and Stock, 2008)。在總結他認為保羅的福音是甚麼的那一部分，對讀者掌握敍事進路是甚麼樣子尤有幫助（頁 8～9）。

151. Donaldson, *Paul and the Gentiles*, 23.

152. Donaldson, *Paul and the Gentiles*, 32.

153. Heikki Räisänen, *Paul and the Law* (Philadelphia: Fortress, 1986).

154. Donaldson, *Paul and the Gentiles*, 46, 78.

155. Donaldson, *Paul and the Gentiles*, 76, 264.

156. 例如 Donaldson, *Paul and the Gentiles*, 172 ～ 173。

157. Donaldson, *Paul and the Gentiles*, 46.

158. Donaldson, *Paul and the Gentiles*, 142 ～ 145.

159. Donaldson, *Paul and the Gentiles*, 47.

160. Donaldson, *Paul and the Gentiles*, 82 ～ 84.

161. Donaldson, *Paul and the Gentiles*, 169 ～ 170.

162. Donaldson, *Paul and the Gentiles*, 170.

163. Donaldson, *Paul and the Gentiles*, 251.

164. Donaldson, *Paul and the Gentiles*, 174.

165. Räisänen, *Jesus, Paul and Torah*, 119.

166. Räisänen, *Jesus, Paul and Torah*, 119.

167. 例如 J. R. Wagner, *Heralds of the Good News* (Leiden: Brill, 2002)。

168. Richard Hays, *Echoes of Scripture in the Letters of Paul* (New Haven: Yale University Press, 1989). 另見 D-A Koch, *Die Schrift als Zeuge des Evangeliums*, BHT, 69 (Tübingen: Mohr-Siebeck, 1986)；Christopher D. Stanley, *Paul and the Language of Scripture*, SNTSMS, 74 (Cambridge: Cambridge University Press, 1992)。

169. 例如 Gorman, *Apostle of the Crucified Lord*, 8 ～ 18。哥曼也採用了兩個敘事角度解釋保羅書信：書信背後的故事和書信裏面的故事。

170. Bruce N. Fisk, " Paul among the Storytellers, " SBL 2008 Paper.

171. Fisk, " Paul among the Storytellers. "

172. Steve Moyise, " Does Paul Respect the Context of His Scriptural Quotations, and Does It Matter? " SBL 2008 Paper.

173. Michael Bird and James Crossley, *How Did Christianity Begin?* (Peabody: Hendrickson, 2008), 85.

174. Christopher Bryan, *Render to Caesar* (Oxford: Oxford University Press, 2005), 78 ～ 93 也採取了類似的方式研讀羅馬書。而 Neil Elliot, " Blasphemy among

the Nations," SBL 2007 Paper 也討論到保羅的理想怎樣與羅馬帝國的理想背道而馳，而羅馬書也可以是一個反帝國論述的隱藏文本。

175. Michael F. Bird, *A Bird's Eye View of Paul* (Downers Grove: IVP, 2008), 38.

176. Bird, *A Bird's Eye View of Paul*, 39 ～ 56.

177. Bird, *A Bird's Eye View of Paul*, 13.

178. Bird and Crossley, *How Did Christianity Begin?*, 89.

179. Bird and Crossley, *How Did Christianity Begin?*, 90.

180. Bird and Crossley, *How Did Christianity Begin?*, 91.

181. Bird, *A Bird's Eye View of Paul*, 78.

182. Bird and Crossley, *How Did Christianity Begin?*, 91; Birds, *A Bird's Eye View of Paul*, 114 ～ 123.

183. Bird and Crossley, *How Did Christianity Begin?*, 91; Birds, *A Bird's Eye View of Paul*, 162 ～ 168.

184. Bird, *A Bird's Eye View of Paul*, 97.

185. Crossan and Reed, *In Search of Paul*, 10 ～ 11.

186. Crossan and Reed, *In Search of Paul*, 13.

187. Corssan and Reed, *In Search of Paul*, 20 ～ 21, 158 ～ 159.

188. Crossan and Reed, *In Search of Paul*, 90 ～ 100. 他們也指出，很諷刺地，同樣的和平祭壇是由墨索里尼（Benito Mussolini）在二次世界大戰時建造的（頁 70 ～ 71）。

189. Crossan and Reed, *In Search of Paul*, 77 ～ 88. 至少帝王崇拜在保羅的家鄉大數和保羅的時代是存在的。見 Colin Miller, "The Imperial Cult in the Pauline Cities of Asian Minor and Greece," *CBQ* 72 (2010): 323。

190. 例如 Crossan, Reed, *In Search of Paul*, 28 ～ 32。

191. Crossan, Reed, *In Search of Paul*, 32 ～ 34.

192. Horsley, "Introduction," 6.

193. Horsley, "Introduction," 11 ～ 23. 有關恩庇的討論，見 Efrain Agosto, "Patronage and Commendation, Imperial and Anti-Imperial," in *Paul and the Roman Imperial Order*, 103 ～ 109。作者在文中論到保羅如何使用恩庇者的身分，表揚他自己的領袖班子，以得著更多人的尊重。

194. N. Elliot, "The Apostle Paul's Self-Presentation as Anti-imperial Performance," in *Paul and the Roman Imperial Order*, 67 ～ 88.

195. Robert Jewett, "The Corruption and Redemption of Creation," in *Paul and the Roman Imperial Order*, 26～27.

196. Brigitte Kahl, *Galatians Re-Imagined: Reading With the Eyes of the Vanquished* (Minneapolis: Fortress, 2010), 2～3. 參 Brigitte Kahl, "Reading Galatians and Empire at the Great Altar of Pergamon," *Union Seminary Quarterly Review* 59 (2005): 21～43。她在文中重構加拉太書的帝國處境，以嘗試詮釋這卷書。支配一切的帝國範式，將影響著卡蓮的大部分詮釋。

197. Kahl, *Galatians Re-Imagined*, 5.

198. Schüssler Fiorenza, *Sharing Her Word* (Edinburgh: T & T Clark, 1998), 89.

199. Pamela Eisenbaum, *Paul Was Not a Christian: The Original Message of a Misunderstood Apostle* (San Francisco: Harper One, 2009).

200. Simon Gathercole, "After the New Perspective: Works, Justification and Boasting in Early Judaism and Romans 1～5," *Tyndale Bulletin* 52.2 (2001): 304.

201. Gathercole, "After the New Perspective," 306.

202. Simon Gathercole, "Justified by Faith, Justified by his Blood: The Evidence of Rom 3.21 ～ 4.25," in *Justification and Variegated Nomism*, vol. 2, ed. D. A. Carson, Peter T. O'Brien and Mark A. Seifrid (Grand Rapids: Baker, 2004), 147.

203. Gathercole, "Justified by Faith, Justified by his Blood," 160.

204. Gathercole, "Justified by Faith, Justified by his Blood," 164.

205. Stephen Westerholm, "The Righteousness of the Law and the Righteousness of Faith in Romans," *Interpretation* 58 (2004): 253～264. 有別於 Mark A. Seifrid, "Paul's Use of Righteousness Language Against Its Hellenistic Background," in *Justification and Variegated Nomism*, 52～54。西弗列德特意展示出多處記載著保羅的公義是連於法庭式的辯論的經文，而不是連於道德上的義。因此，很多人力言上帝在道德上是公正的，雖然這在神學上是可以接納，但是西弗列德主張保羅的焦點是法律上的義。

206. Stephen Westerholm, *Israel's Law and the Church's Faith: Paul and His Recent Interpreters* (Grand Rapids: Eerdmans, 1988); *Perspectives Old and New on Paul: The "Lutheran" Paul and His Critics* (Grand Rapids: Eerdmans, 2004).

207. Westerholm, *Perspectives Old and New on Paul*, xvii.

208. Westerholm, *Perspectives Old and New on Paul*, 13.

209. Westerholm, *Perspectives Old and New on Paul*, 14～15.

210. Westerholm, *Perspectives Old and New on Paul*, 26.

211. Westerholm, *Perspectives Old and New on Paul*, 29-30.

212. Wseterholm, *Perspectives Old and New on Paul*, 32.

213. Weterholm, *Perspectives Old and New on Paul*, 37.

214. 例如 Westerholm, *Perspectives Old and New on Paul*, 48。

215. Westerholm, *Perspectives Old and New on Paul*, 52～53.

216. Westerholm, *Perspectives Old and New on Paul*, 65.

217. Westerholm, *Perspectives Old and New on Paul*, 74.

218. Weterholm, *Perspectives Old and New on Paul*, 268. Hans Hübner, *Law in Paul's Thought*, trans. James C. G. Greig; ed. John Riches (Edinburgh: T & T Clark, 1984), 125 也很類似。

219. Westerholm, *Perspectives Old and New on Paul*, 269.

220. Westerholm, *Perspectives Old and New on Paul*, 283.

221. Westerholm, *Perspectives Old and New on Paul*, 285.

222. Westerholm, *Perspectives Old and New on Paul*, 295.

223. Westerholm, *Perspectives Old and New on Paul*, 299.

224. Westerholm, *Perspectives Old and New on Paul*, 308.

225. Westerholm, *Perspectives Old and New on Paul*, 315.

226. Westerholm, *Perspectives Old and New on Paul*, 332 稱之為「軟律法主義」(soft legalism)，這基本上包括了行為，以及同時不相信單靠行為可以得救。

227. Westerholm, *Perspectives Old and New on Paul*, 376.

228. Westerholm, *Perspectives Old and New on Paul*, 380.

229. Westerholm, *Perspectives Old and New on Paul*, 342.

230. Westerholm, *Perspectives Old and New on Paul*, 348.

231. Westerholm, *Perspectives Old and New on Paul*, 351.

232. Seifrid, "Paul's Use of Righteousness Language Against Its Hellenistic Background," 64.

233. Seifrid, "Paul's Use of Righteousness Language Against Its Hellenistic Background," 65.

234. Seifrid, "Paul's Use of Righteousness Language Against Its Hellenistic Background," 65.

235. Mark A. Seifrid, "Unrighteous by Faith: Apostolic Proclamation in Romans 1.18～

3.20," in *Justification and Variegated Nomism*, vol. 2, 105 ~ 107.

236. Seifrid, "Unrighteous by Faith," 144.

237. Moisés Silva, "The Law and Christianity: Dunn's New Synthesis," *WTJ* 52 (1991): 348.

238. Silva, "The Law and Christianity," 349.

239. Silva, "The Law and Christianity," 344. Gorman, *Apostle of the Crucified Lord*, 360 起也跟隨鄧雅各的立場，聲稱「行為的義」並不是保羅主要的敵人，反而種族主義才是（即：妥拉之工）。

240. Silva, "The Law and Christianity," 346.

241. Silva, "The Law and Christianity," 352.

242. Moisés Silva, "Faith versus Works of Law in Galatians," in *Justification and Variegated Nomism*, vol. 2, 217 ~ 248.

243. Seyoon Kim, *Paul and the New Perspective* (Grand Rapids: Eerdmans, 2002), 6, 44. 參 Seyoon Kim, *The Origin of Paul's Gospel* (Grand Rapids: Eerdmans, 1982), 103，他在那裏稱因信稱義為保羅神學的核心。

244. Gorman, *Cruciformity*, 23 也很類似。

245. Kim, *Paul and the New Perspective*, 13.

246. Kim, *Paul and the New Perspective*, 26 ~ 27.

247. Kim, *Paul and the New Perspective*, 60 ~ 84.

248. Kim, *Paul and the New Perspective*, 20.

249. 例如 Kim, *Paul and the New Perspective*, 22 起。

250. Carson, "Introduction," in *Justification and Variegated Nomism*, vol. 1, ed. D. A. Carson, Peter T. O'Brien and Mark A. Seifrid (Grand Rapids: Baker, 2001), 5; Kim, *Paul and the New Perspective*, 137 ~ 141.

251. Kim, *Paul and the New Perspective*, 137.

252. Kim, *Paul and the New Perspective*, 140.

253. Kim, *Paul and the New Perspective*, 165 ~ 174.

254. Frank Thielman, "Law and Liberty in the Ethics of Paul," *Ex auditu* 11 (1995): 63 ~ 75.

255. Frank Thielman, "Paul as Jewish Christian Theologian: The Theology of Paul in the Magnum Opus of James D. G. Dunn," *Perspective in Religious Studies* 29 (1998): 385.

256. Thielman, " Paul as Jewish Christian Theologian, " 385.

257. Thielman, " Law and Liberty in the Ethics of Paul, " 65, 68.

258. Thielman, " Law and Liberty in the Ethics of Paul, " 70 ~ 71.

259. Michael Bachmann, *Anti-Judaism in Galatians?: Exegetical Studies on a Polemical Letter and on Paul's Theology*, trans. Robert Brawley (Grand Rapids: Eerdmans, 2008), 9. 另見 Michael Bachmann, *Sünder oder Übertreter. Studien zur Argumentation in Gal 2,15ff* (WUNT, 59; Tübingen: Mohr, 1992)。

260. Bachmann, *Anti-Judaism in Galatians?*, 16.

261. Bachmann, *Anti-Judaism in Galatians?*, 17, 19 ~ 31.

262. Bachmann, *Anti-Judaism in Galatians?*, 106.

263. Bachmann, *Anti-Judaism in Galatians?*, 106, 110 ~ 112.

264. Richard B. Gaffin, " Paul the Theologian, " *WTJ* 64 (2000): 123.

265. Gaffin, " Paul the Theologian, " 123.

266. Gaffin, " Paul the Theologian, " 126.

267. Thomas R. Schreiner, " Reading Romans Theologically, " *JETS* 41 (1998): 646.

268. Thomas R. Schreiner, " Abolition and Fulfillment of the Law in Paul, " *JSNT* 35 (1989): 51.

269. Thomas R. Schreiner, " Abolition and Fulfillment of the Law in Paul, " 60 引用羅馬書十三章 8 至 10 節。有關整個討論，見頁 60 ~ 62。

270. Schreiner, " Abolition and Fulfillment of the Law in Paul, " 60.

271. Thomas R. Schreiner, " Does Romans 9 Teach Individual Election Unto Salvation? " *JETS* 36 (1993): 24.

272. Schreiner, " Does Romans 9 Teach Individual Election Unto Salvation? " 23.

273. Douglas A. Campbell, " The ΔΙΑΘΗΚΗ from Durham: Professor Dunn's The Theology of Paul the Apostle, " *JSNT* 72 (1998): 91 ~ 111.

274. Campbell, " The ΔΙΑΘΗΚΗ from Durham, " 92.

275. Campbell, " The ΔΙΑΘΗΚΗ from Durham, " 95.

276. Campbell, " The ΔΙΑΘΗΚΗ from Durham, " 96.

277. Campbell, *The Deliverance of God*, 447 ~ 448.

278. Campbell, " The ΔΙΑΘΗΚΗ from Durham, " 100.

279. Douglas A. Campbell, " Romans 1:17, " *JBL* 113 (1994): 276 ~ 284. Francis Watson, *Paul, Judaism and the Gentiles: Beyond the New Perspective* (Grand

Rapids: Eerdmans, 2007), 239～245 在羅馬書三章 22 節，九章 30 節，十章 6 節引述哈巴谷書二章 4 節之後，引述了很多關於「出於信心/從信心」的例子。

280. Campbell, *The Deliverance of God*.
281. Douglas A. Campbell, *The Quest for Paul's Gospel: A Suggested Strategy* (London: T & T Clark, 2005).
282. Campbell, *The Deliverance of God*, 15.
283. Campbell, *The Deliverance of God*, 97.
284. Campbell, *The Deliverance of God*, 495～518. 在頁 529 至 530 中，坎貝爾事實上視羅馬書一章 18 至 32 節為保羅扮演著他的控訴者的聲音，這是一種很不尋常、對話式、戲劇式和修辭式的研讀羅馬書方式。
285. Campbell, *The Deliverance of God*, 103.
286. Campbell, *The Deliverance of God*, 36.
287. Campbell, *The Deliverance of God*, 38.
288. 畢竟就如賴特和其他人指出的，只有羅馬書和加拉太書強調稱義。羅馬書較後幾章甚少提及稱義，足以使坎貝爾的反對生效。
289. Campbell, *The Deliverance of God*, 152.
290. Campbell, *The Deliverance of God*, 40.
291. Campbell, *The Deliverance of God*, 184.
292. Campbell, *The Deliverance of God*, 67.
293. Campbell, *The Deliverance of God*, 200～201, 527.
294. Colin G. Kruse, *Paul, the Law and Justification* (Peabody: Hendrickson, 1996), 82.
295. Kruse, *Paul, the Law and Justification*, 83.
296. Kruse, *Paul, the Law and Justification*, 111.
297. Kruse, *Paul, the Law and Justification*, 282.
298. Kruse, *Paul, the Law and Justification*, 146.
299. Kruse, *Paul, the Law and Justification*, 160, 249.
300. Kruse, *Paul, the Law and Justification*, 202～203.
301. 馮蔭坤：《加拉太書註釋》，卷一（台北：校園書房，2008），頁 160～203。
302. 馮蔭坤：《加拉太書註釋》，卷一，頁 181。
303. 馮蔭坤：《加拉太書註釋》，卷一，頁 178。
304. 馮蔭坤：《加拉太書註釋》，卷一，頁 195。
305. Paul Barnett, *Paul: Missionary of Jesus* (Grand Rapids: Eerdmans, 2008),

130～132.

306. Barnett, *Paul*, 131.

307. Barnett, *Paul*, 132.

308. Barnett, *Paul*, 132.

309. John Piper, *The Future of Justification: A Response to N. T. Wright* (Wheaton: Crossway, 2007), 10.

310. Piper, *The Future of Justification*, 38.

311. Piper, *The Future of Justification*, 24n30.

312. Kruse, *Paul, the Law and Justification*, 147.

313. Piper, *The Future of Justification*, 18.

314. Piper, *The Future of Justification*, 18.

315. Piper, *The Future of Justification*, 19.

316. Piper, *The Future of Justification*, 19.

317. Piper, *The Future of Justification*, 43.

318. Piper, *The Future of Justification*, 19.

319. Piper, *The Future of Justification*, 20.

320. Piper, *The Future of Justification*, 120～132.

321. Piper, *The Future of Justification*, 22.

322. Sanders, *Paul and Palestinian Judaism*, 515～516.

323. Piper, *The Future of Justification*, 104～105,

324. Piper, *The Future of Justification*, 23.

325. Piper, *The Future of Justification*, 149.

326. Piper, *The Future of Justification*, 24, 67～68.

327. Francis Watson, "Paul the Reader: An Authorial Apologia," *JSNT* 28 (2006): 363.

328. Watson, "Paul the Reader," 364.

329. Watson, "Paul the Reader," 364.

330. Watson, "Paul the Reader," 370.

331. Francis Watson, "By Faith (of Christ): An Exegetical Dilemma and its Scriptural Solution," in *The Faith of Jesus Christ*, ed. Michael F. Bird, Preston M. Sprinkle (Milton Keynes: Paternoster, 2009), 162.

332. Watson, "Paul the Reader," 366.

333. Watson, Paul, Judaism and Gentiles, 4.

334. Watson, Paul, Judaism and Gentiles, 14.

335. Watson, Paul, Judaism, and the Gentiles, 16.

336. Watson, *Paul, Judaism and the Gentiles*, 83.

337. Watson, *Paul, Judaism and the Gentiles*, 26.

338. 例如 Watson, *Paul, Judaism and the Gentiles*, 61 ～ 69。

339. Watson, *Paul, Judaism and the Gentiles*, 19.

340. Watson, *Paul, Judaism and the Gentiles*, 97, 192 ～ 194, 197 ～ 205.

341. Watson, *Paul, Judaism and the Gentiles*, 209, 另外留意克萊恩非爾（C. E. B. Cranfield）延續了這個主題，以此為外邦人順服的普世性原則，就如改革宗神學家傾向所做的一樣。

342. Watson, *Paul, Judaism and the Gentiles*, 215.

343. Watson, *Paul, Judaism and the Gentiles*, 28.

344. Douglas Harink, *Paul among the Postliberals: Pauline Theology beyond Christendom and Modernity* (Grand Rapids: Brazos, 2003), 30 ～ 32.

345. Harink, *Paul among the Postliberals*, 108.

346. Harink, *Paul among the Postliberals*, 58.

347. Harink, *Paul among the Postliberals*, 110.

348. Harink, *Paul among the Postliberals*, 126.

349. Harink, *Paul among the Postliberals*, 60.

350. Harink, *Paul among the Postliberals*, 63.

351. Harink, *Paul among the Postliberals*, 78.

352. Harink, *Paul among the Postliberals*, 78 ～ 89, 118.

353. Harink, *Paul among the Postliberals*, 82.

354. Harink, *Paul among the Postliberals*, 92.

355. Harink, *Paul among the Postliberals*, 92.

356. Harink, *Paul among the Postliberals*, 162.

357. Bruce W. Longenecker, " Sharing in Their Spiritual Blessings? The Story of Israel in Galatians and Romans, " in *Narrative Dynamics in Paul: A Critical Assessment*, ed. Bruce W. Longenecker (Louisville: WJKP, 2002), 58.

358. Longenecker, " Sharing in Their Spiritual Blessings?, " 72 ～ 74.

359. Harink, *Paul among the Postliberals*, 180.

360. Harink, *Paul among the Postliberals*, 182.

361. Brevard S. Childs, *Biblical Theology of the Old and New Testament: Theological Reflection on the Christian Bible* (Minneapolis: Fortress, 1992), 543.
362. Childs, *Biblical Theology of the Old and New Testament*, 553～554.
363. Brevard S. Childs, *The Church's Guide for Reading Paul: The Canonical Shaping of the Pauline Corpus* (Grand Rapids: Eerdmans, 2008), 76.
364. Childs, *The Church's Guide for Reading Paul*, 77.
365. Childs, *The Church's Guide for Reading Paul*, 83～198.
366. Childs, *The Church's Guide for Reading Paul*, 192～193.
367. R. Barry Matlock, "Sins of the Flesh and Suspicious Minds: Dunn's New Theology of Paul," *JSNT* 72 (1998), 69.
368. Matlock, "Sins of the Flesh and Suspicious Minds," 77.
369. Matlock, "Sins of the Flesh and Suspicious Minds," 78.
370. Matlock, "Sins of the Flesh and Suspicious Minds," 80.
371. Matlock, "Sins of the Flesh and Suspicious Minds," 82.
372. Matlock, "Sins of the Flesh and Suspicious Minds," 84.
373. Matlock, "Sins of the Flesh and Suspicious Minds," 84.
374. Matlock, "Saving Faith," in *The Faith of Jesus Christ*, 78～89, 有別於 Douglas A. Campbell, "False Presuppositions in the PISTIS XRISTOU Debate: A Response to Brian Dodd," *JBL* 116 (1997): 715～716，他宣稱把名詞連於動詞是錯誤的。
375. S. E. Porter and A. W. Pitts, "Πίστις with a Preposition and Genitive Modifier: Lexical, Semantic, and Syntactic Considerations in the πίστις Χριστο Discussion," in *The Faith of Jesus Christ*, 47～53.
376. Barry Matlock, "The Arrow and the Web: Critical Reflections on a Narrative Approach to Paul," *Narrative Dynamics in Paul*, 48～49.
377. Matlock, "The Arrow and the Web," 44.
378. Longenecker, "Sharing in Their Spiritual Blessings?" 83; *The Triumph of Abraham's God*, 98～107. 筆者無法否定這個主題的重要性，但它到底有否為「信心/信念/忠信」下定義，卻是另一個問題，因為後者涉及語義學的討論。
379. I. H. Marshall, "Response to A. T. Lincoln: The Stories of Predecessors and Inheritors in Galatians and Romans," *Narrative Dynamics in Paul*, 213.
380. Matlock, "The Arrow and the Web," 51.

381. Jürgen Moltmann, " Welcome, " *How I Have Changed*, ed. Jürgen Moltmann (Harrisburg: Trinity, 1997), vii; *Theology of Hope*, trans. James W. Leitch (New York: Harper and Row, 1965), 57 ~ 66.

382. Poul F. Guttesen, *Leaning into the Future: The Kingdom of God in the Theology of Jurgen Moltmann and in the Book of Revelation* (Eugene: Pickwick, 2009), ix.

383. Jürgen Moltmann, " Jürgen Moltmann, " *How I Have Changed*, 17 ~ 18.

384. Jürgen Moltmann, *Jesus Christ for Today's World*, trans. Margaret Kohl (Minneapolis: Fortress,1994), 37.

385. Moltmann, *Jesus Christ for Today's World*, 42; *Theology of Hope*, 179. 莫特曼反對歷史鑑別學質疑復活的事件，稱之為「對世界、存在和歷史的嶄新可能」。

386. Moltmann, *Jesus Christ for Today's World,* 73 ~ 74; *Theology of Hope*, 77.

387. Moltmann, *Theology of Hope*, 148.

388. Moltmann, *Theology of Hope*, 152.

389. Moltmann, *Jesus Christ for Today's World*, 38 ~ 39; Jürgen Moltmann, *The Way of Jesus Christ*, trans. Margaret Kohl (London: SCM, 1990), 190.

390. Jürgen Moltmann, *The Way of Jesus Christ*, trans. Margaret Kohl (London: SCM, 1990), 155, 295; *Theology of Hope*, 37 明顯在與史懷哲對話。

391. Moltmann, *The Way of Jesus Christ*, 4, 218 ~ 219; *Theology of Hope*, 163 ~ 165.

392. Jürgen Moltmann, *The Crucified God*, trans. R. A. Wilson and John Bowden (London: SCM, 1974), 136.

393. Moltmann, *The Crucified God*, 167.

394. John Webster, " *Rector et ijdex super omnia genera doctrinarum*? " in *What is Justification About?: Reformed Contributions to an Ecumenical Theme*, ed. Michael Weinrich and John Burgess (Grand Rapids: Eerdmans, 2009), 36. 韋伯斯特（John Webster）在這方面聽來很像莫特曼，他聲稱最終的稱義容許信徒有分於三一上帝和祂的創造之間的義的團契的歷史（頁 55）。韋伯斯特的三一模式是關係的模式。

395. Moltmann, *The Crucified God*, 242.

396. Moltmann, *The Crucified God*, 241 ~ 242.

397. Moltmann, *The Way of Jesus Christ*, 319; *Theology of Hope*, 168 ~ 179, 182 ~ 190. 莫特曼的觀點是封閉的自然式和現代式的歷史觀（即：對復活的歷史批判），這顯然是負面的。

398. Moltmann, *The Crucified God*, 326.

399. Mark C. Mattes, *The Role of Justification in Contemporary Theology* (Grand Rapids: Eerdmans, 2004), 92.

400. 有關這個討論，見 Anthony N. S. Lane, *Justification by Faith in Catholic-Protestant Dialogue: An Evangelical Assessment* (New York: T & T Clark, 2002), 119～126。

401. Robert W. Jenson, *Systematic Theology*, vol. 2 (Oxford: Oxford University Press, 1999), 212～227.

402. Mattes, *The Role of Justification in Contemporary Theology*, 120.

403. Jenson, *Systematic Theology*, vol. 2, 299.

404. Jenson, *Systematic Theology*, vol. 2, 300.

405. Jenson, *Systematic Theology*, vol. 2, 300.

406. Jenson, *Systematic Theology*, vol. 2, 300.

407. Lane, *Justification by Faith in Catholic-Protestant Dialogue*, 143 也質疑三一上帝或基督的位格是否為主要的準則，藉此來權衡其他教義而非稱義。

408. Jenson, *Systematic Theology*, vol. 2, 296.

409. Michael Weinrich and John Burgess, "Justification in a Reformed Perspective," in *What is Justification About?*, 1.

410. Eberhard Jüngel, *Justification*, trans. Jeffrey F. Cayzer (New York: T & T Clark, 2001).

411. Jüngel, *Justification*, 1.

412. Jüngel, *Justification*, 3～4. 起始點的困難並不在於保羅的用語，而是作者繼而把稱義定為使自己的存在或行為變得合理，但這是頗為西方的概念，或許有部分並不見於保羅。

413. Jüngel, *Justification*, 49～50.

414. 有關信義宗對雲格爾以稱義為詮釋準則的批評，見 Michael Root, "The Joint Declaration on the Doctrine of Justification," in *Rereading Paul Together: Protestant and Catholic Perspectives on Justification*, ed. David E. Aune (Grand Rapids: Baker, 2006), 68。

415. Jüngel, *Justification*, 75. 見 Lane, *Justification by Faith in Catholic-Protestant Dialogue*, 158。

416. Jüngel, *Justification*, 70, 85.

417. Jüngel, *Justification*, 82, 168.

418. Jüngel, *Justification*, 94, 108. 見 Lane, *Justification by Faith in Catholic-Protestant Dialogue*,156。他展示了羅馬天主教想見到的，「不單是」法庭式的稱義。

419. Jüngel, *Justification*, 194 ～ 195 並沒有無知地以為基本的協定會解決所有細微的分歧。真正的分別依然存在：在羅馬天主教的構想中，基督徒得救更關乎救恩背後的問題；而在新教的構想中，上帝的行動更關乎救恩面前的問題。因此，在新教的理解中，恩典完全是上帝的行動。羅馬天主教視恩典帶來工作，而改革宗視恩典為要依靠的東西。

420. Jüngel, *Justification*, 211 ～ 224 展示了另一個分別：羅馬天主教視稱義為救恩的延續過程，但他自己認同把道（即：耶穌基督）視為更新我們內裏的生命的那一位。他認同路德那廣為人知的理解：基督徒既是義人，也同時是罪人。或許，雲格爾是在嘗試說雙方是以不同的表達方式說同樣的東西。

421. Aune ed., *Rereading Paul Together*.

422. Joseph Fitzmyer, "Justification by Faith in Pauline Thought: A Catholic View," in *Rereading Paul Together*, 78, 81 ～ 82.

423. Fitzmyer, "Justification by Faith in Pauline Thought," 83.

424. Fitzmyer, "Justification by Faith in Pauline Thought," 84.

425. Fitzmyer, "Justification by Faith in Pauline Thought," 85.

426. Fitzmyer, "Justification by Faith in Pauline Thought," 86.

427. John Reumann, "Justification by Faith in Pauline Thought: A Lutheran View," in *Rereading Paul Together*, 112.

428. 細微分別的意思，仍可以是指任何教會普世運動的參與者都要把它們擱置於一旁。Martien E. Brinkman, "Justification and Eschatology," in *What is Justification About?*, 172 指出，區分改革宗（不是信義宗）和羅馬天主教基督徒的主要的分別是教會的本質，這可以包括主餐和水禮的討論。

429. Caputo and Alcoff ed., *St. Paul among the Philosophers*.

430. Abraham J. Malherbe, *Paul and the Popular Philosophers* (Philadelphia: Fortress, 1989).

431. John D. Caputo, "Introduction," in *St. Paul among the Philosophers*, 6. 筆者說「表面上的無神論者」，乃因為巴迪歐對上帝之死的觀察是與關乎上帝的形而上用語有關，而不是與真正的「上帝」本身有關。有關這個理論（理論上的無神論而非實踐上或宗教上的無神論）的更多解釋，見 Fredrick Depoortere, *Badiou and Theology* (London: T & T Clark, 2009), 10～20，尤其是有關「上帝之死」的完整概念。

432. Caputo, " Introduction, " 8.

433. Alain Badiou, *Saint Paul: The Foundation of Universalism* (Stanford: Stanford University, 2003), 65ff.

434. Alain Gignac, " Taubes, Badiou, Agamben: Reception of Paul by Non-Christian Philosophers Today, " in *Reading Romans with Contemporary Philosophers and Theologians*, ed. David Odell-Scott (New York: T & T Clark, 2007) 173.

435. Gignac, " Taubes, Badiou, Agamben, " 176.

436. Alain Badiou, " St. Paul, Founder of the Universal Subject, " in *St. Paul among the Philosophers*, 37.

437. J. M. G. Barclay, " Paul and the Philosophers: Alain Badiou and the Event, " *New Blackfriars* 91 (2010): 171～184.

438. Badiou, " St. Paul, Founder of the Universal Subject, " 37.

439. 見 http://philosophyandscripture.org/Issue2-2/sanders/sanders.html。

440. Paula Fredricksen, " Historical Integrity, Interpretive Freedom: The Philosopher's Paul and the Problem of Anachronism, " in *St. Paul among the Philosophers*, 71.

441. Gignac, " Taubes, Badiou, Agamben, " 179.

442. Slavoj Žižek, " The Thrilling Romance of Orthodoxy, " in *Theology and the Political: The New Debate*, ed. Creston Davis, John Milbank and Slovoj Žižek (Durham: Duke University Press Books, 2005), 54～56 以恐怖分子對神的愛和美國人對這些恐怖分子的痛恨為例子。兩個極端最後都帶來破壞。與此同時，齊澤克也視基督徒的自由為沒有後顧之憂的享樂主義的根源（即：以基督的犧牲為上天堂的門劵）。

443. Slavoj Žižek, " From Job to Christ, " *St. Paul among the Philosophers*, 39.

444. Žižek, " From Job to Christ, " 57.

445. Dale B. Martin, " Teleology, Epistemology, and Universal Vision in Paul, " *St. Paul among the Philosophers*, 102～103.

446. Barclay, " Paul and the Philosophers, " 183～184.

447. Dale B. Martin, " Concluding Roundtable: St. Paul among the Historians and the Systematizers, " *St. Paul among the Philosophers*, 163.

448. John Milbank, "Paul against Biopolitics," in John Milbank, Slavoj Žižek, and Creston Davis, *Paul's New Movement: Continental Philosophy and the Future of Christian Theology* (Grand Rapids: Brazos, 2010), 32.
449. Milbank, "Paul against Biopolitics," 45.
450. Milbank, "Paul against Biopolitics," 49, 52.
451. Milbank, "Paul against Biopolitics," 56.
452. Jacob Taubes, *The Political Theology of Paul*, trans. Dana Hollander (Stanford: Stanford University Press, 2004).
453. Alain Gignac, "Taubes, Badiou, Agamben," 155～199 把他與巴迪歐和阿岡本（Giorgio Agamben）比較，因為他是非基督徒詮釋者。
454. Taubes, *The Political Theology of Paul*, 33, 37.
455. Taubes, *The Political Theology of Paul*, 54.
456. Jouette M. Bassler, "Paul's Theology: Whence and Whither?" in *Pauline Theology*, vol. 2, ed. David M. Hay (Minneapolis: Fortress, 1993), 4.
457. J. Paul Sampley, "From Text to Thought World: The Route to Paul's Ways," in *Pauline Theology*, vol. 3, ed. David M. Hay and E. Elizabeth Johnson (Minneapolis: Fortress, 1994), 4.
458. Sampley, "From Text to Thought World," 8.
459. Bassler, "Paul's Theology," 11.
460. B. R. Gaventa, "The Singularity of the Gospel: A Reading of Galatians," in *Pauline Theology*, vol. 1, 158.
461. Moises Silva, "The Law and Christianity," *Westminster Theological Journal* 52 (1991): 348; Frank Thielman, "Paul as Jewish Christian Theologian: The Theology of Paul in the Magnum Opus of James D. G. Dunn," *Perspective in Religious Studies* 29 (1998): 385.
462. Colin G. Kruse, *Paul, the Law and Justification* (Peabody: Hendrickson, 1996), 282. 他樂意把恩約守法主義以及律法主義視為保羅攻擊的對象。
463. Stephen Westerholm, "The Righteousness of the Law and the Righteousness of Faith in Romans," *Interpretation* 58 (2004): 253 ～ 264; *Israel's Law and the Church's Faith: Paul and His Recent Interpreters* (Grand Rapids: Eerdmans, 1988); *Perspectives Old and New on Paul*. 有關這方面，見 Campbell, *The Deliverance of God*, 115。

464. Thomas Schreiner, “Reading Romans Theologically,” *Journal of the Evangelical Theological Society* 41 (1998): 646.

465. Thomas Schreiner, “Abolition and Fulfillment of the Law in Paul,” *Journal of the Study of the New Testament* 35 (1989): 60 ~ 62.

466. 馮蔭坤：《加拉太書註釋》，卷一（台北：校園書房，2008），頁 178。

467. Piper, *The Future of Justification*, 19, 22.

468. Campbell, *The Deliverance of God*, 609.

469. Thielman, “Paul as Jewish Christian Theologian,” 65, 68; Gaffin, “Paul the Theologian,” 123, 126.

470. Simon Gathercole, “After the New Perspective: Works, Justification and Boasting in Early Judaism and Romans 1 ~ 5,” *Tyndale Bulletin* 52/2 (2001): 304 ~ 306. 嚴格來說，他是批評保羅新觀的，但卻持開放態度，透過密切相關的猶太—民族主義—集體的鏡片來看保羅。Pamela Eisenbaum, *Paul Was Not a Christian: The Original Message of a Misunderstood Apostle* (San Francisco: Harper One, 2009) 則把問題陳述得更清晰。

471. 例如唐納森就是以保羅在大馬士革的經歷為出發點，像許多持舊觀點的解經者一樣，以保羅的悔改為轉捩點來看保羅的書信。唐納森提出以三個層面來詮釋：處境（讀者的處境）、神學（保羅的思想模式）、信念（保羅那些基礎性思想的語義世界），參 Donaldson, *Paul and the Gentiles*, 46 ~ 47, 78。

472. Michael Bird and James Crossley, *How Did Christianity Begin?* (Peabody: Hendrickson, 2008), 85; Christopher Bryan, *Render to Caesar* (Oxford: Oxford University Press, 2005), 78 ~ 93; Neil Elliot, “Blasphemy among the Nations,” Society of Bible Literature 2007; Robert Jewett, *Romans* (Minneapolis: Fortress, 2006); 曾思瀚：《羅馬書解讀》。

473. Troels Engberg-Pedersen, *Paul and the Stoics* (Louisville: WJKP, 2000), 1 ~ 44 嘗試穿梭於由瑪哈比率先提出的外邦人背景之間，結合米克斯（Wayne Meeks）那出色的社會重構，再加上桑德斯提出的一些要點。另見 Abraham Malherbe, *Paul and the Popular Philosophers* (Minneapolis: Fortress, 1989)；Wayne Meeks, *The First Urban Christians* (New Haven: Yale University Press, 1983)；Gerd Theissen, *Psychologische Aspekte paulinischer Theologie*, FRLANT 131 (Göttingen: Vandenhoeck & Ruprecht, 1983)。

474. Bruce J. Malina and John J. Pilch, *Social Science Commentary On the Letters of*

Paul (Minneapolis: Fortress, 2006), 9～23 就作出了這種勇敢的嘗試，他倆運用了社會學的模型，同時又兼顧保羅和保羅的受眾兩方的文化。見 Troels Engberg-Pedersen, ed., *Paul beyond the Judaism / Hellenism Divide* (Louisville: WJKP, 2001) 中收錄的論文。

475. 最清楚地把這種要求牽涉的問題鋪陳出來的是坎貝爾，他以羅馬書為保羅神學的架構來重讀，視它為一場辯論，反駁羅馬中的反宣教活動，參 Campbell, *The Deliverance of God*, 167～218。

476. R. Barry Matlock, "Sins of the Flesh and Suspicious Minds," *Journal for the Study of the New Testament* 72 (1998): 84.

477. Michael Bachmann, *Anti-Judaism in Galatians?* trans. Robert Brawley (Grand Rapids: Eerdmans, 2008), 9, 17, 19～31. Also Bachmann, *Sünder oder Übertreter*, WUNT 59 (Tübingen: Mohr, 1992).

478. Douglas A. Campbell, "The ΔΙΑΘΉΚΗ from Durham," *Journal for the Study of the New Testament* 72 (1998): 92, 96. 他拒絕了鄧雅各的保羅神學中許多他認為是混亂的言論，同時又不斷呼籲人在解讀時要留意每封書信的處境。R. Barry Matlock, "Sins," *Journal for the Study of the New Testament* 72 (1998): 69 和 Francis Watson, *Paul, Judaism and the Gentiles* (Grand Rapids: Eerdmans, 2007), 26 也提及同一個問題。

479. Francis Watson, "Paul the Reader," *Journal for the Study of the New Testament* 28 (2006): 363; Richard Hays, *Echoes of Scripture in the Letters of Paul* (New Haven: Yale, 1989). 另見 D-A Koch, *Die Schrift als Zeuge des Evangelium*s, BHT 69 (Tübingen: Mohr-Siebeck, 1986); Christopher D. Stanley, *Paul and the Language of Scripture*, SNTSMS 74 (Cambridge: Cambridge University Press, 1992); Bruce W. Longenecker, "PISTIS in Romans 3:25: Neglected Evidence for the 'Faithfulness of Christ'?" *New Testament Studies* 39 (1993): 478～480。

480. Campbell, *The Deliverance of God*, 37～61 從自然啟示、法律—倫理、人類學、神義論、基督論中的贖罪和信心等方面去質疑舊觀點中的稱義，指出把它們與稱義相提並論時，每一項都有其本質上的困難。

481. Piper, *The Future of Justification*, 124～125.

482. Piper, *The Future of Justification*, 55.

483. Piper, *The Future of Justification*, 40～41.

484. Piper, *The Future of Justification*, 41.

485. Piper, *The Future of Justification*, 145～148. 派博的例子在羅馬書二章 15 節是最明顯的，那並不可能是來自 4QMMT 對「律法的行為」的理解，因為保羅指出外邦人的律法是寫在他們心裏的。我們無法假設類似割禮等種族的界限是寫在他們的心裏的。毫無疑問，保羅在這裏是討論道德上的律法。

486. Piper, *The Future of Justification*, 53.

487. Piper, *The Future of Justification*, 42, 57～58.

488. Piper, *The Future of Justification*, 58.

489. 前設式護教的最好例子是他力言上帝的公義、聖潔和榮耀的屬性，見 Piper, *The Future of Justification*, 63～64。

490. Piper, *The Future of Justification*, 67～68.

491. Jewett, *Romans*, 2.

492. Jakob van Bruggen, *Paul: Pioneer for Israel's Messiah* (Philipsburg: P & R, 2005), 222 也有類似的觀點。

493. Gerhard H. Visscher, *Romans 4 and the New Perspective on Paul*, SBL 122 (New York: Peter Lang, 2009).

494. Campbell, *The Deliverance of God*, 37～61. 似乎他這部著作大部分篇幅都是質疑這方面。

495. 例如 B. Klostermann, "Die adequate Vergeltung in Röm 1:22-31," *ZNW* 32 (1933): 1～6，他的結論比新觀的討論還要早數十年。

496. Sanders, *Paul and Palestinian Judaism*, 63 對日期的事絕不是懵然不知。然而，即使是按照他那相對較嚴格的尺度來說，仍然很難決定究竟拉比的材料能否準確地把一世紀的猶太教反映出來。見馮蔭坤：《加拉太書註釋》，卷一，頁 182 的評論。

497. Campbell, *The Deliverance of God*, 451.

498. Watson, *Paul, Judaism and the Gentiles*, 29.

499. J. Louis Martyn, Theological Issues in the Letters of Paul (Nashville: Abingdon, 1997), 7.

500. Mark D. Nanos, "Intruding 'Spies' and 'Pseudo-Brethren': The Jewish Intra-Group Politics of Paul's Jerusalem Meeting (Gal. 2:1 ～ 10)," in *Paul and His Opponents*, ed. Stanley E. Porter (Atlanta: SBL, 2005), 65.

501. 余德林：〈沒有換神變神，算甚麼「歸正」?——論保羅的神觀和基督論〉，《山道期刊》卷十三第一期（2010 年 7 月），頁 98。

502. Nanos, "Intruding 'Spies' and 'Pseudo-Brethren,'" 96. 南諾斯的社會學模式很有趣，它指出了定義猶太教內的小派別(也包括了初期基督徒)的複雜性。

503. 那位同僚是現正於香港信義宗神學院任教的米特樂(Dieter Mitternacht)。二〇〇六年我們在南非自由州大學(University of the Free State)同作訪問學人，閒談間他提出這個幽默的說法。

504. Sanders, *Paul and Palestinian Judaism*, 184.

505. Philip Alexander, "Torah and Salvation in Tannaitic Literature," in *Justification and Variegated Nomism: The Complexities of Second Temple Judaism*, vol. 1, ed. D. A. Carson, T. O'Brien, and M. Seifried (Grand Rapids: Baker, 2001), 261 ～ 301，他十分樂意證明猶太教是多樣化的，跟保羅的宗教和早期基督教不同。

506. J. M. G. Barclay, *Jews in the Mediterranean Diaspora: From Alexander to Trajan* (Edinburgh: T & T Clark, 1996).

507. van Bruggen, *Paul*, 234 也有類似的論點，指出外邦人而非猶太教才是聽眾。布魯格(Jakob van Bruggen)所持的是改革宗立場。

508. 在處理這個話題的爭議性作品中，艾森鮑姆(Pemela Eisenbaum)的《保羅不是基督徒》(*Paul Was Not a Christian*)仍然是最近期的一部。在她之前有西格爾(Alan Segal)和博亞林(Daniel Boyarin)等猶太作者的作品。

509. Kruse, *Paul, the Law and Justification*, 111 似乎隱約認為，所有的猶太基督徒都有按恩約守法主義生活的傾向。柯魯斯基本上是持舊觀點，特別是在稱義的學說上。

510. Donaldson, *Paul and the Gentiles*, 76.

511. Watson, *Paul, Judaism and the Gentiles*, 61.

512. Morna D. Hooker, "Heirs of Abraham," *Narrative Dynamics in Paul*, 89.

513. 這正是我質疑 Westerholm, *Perspectives Old and New on Paul*, 88 的地方：他把奧古斯丁、路德、加爾文與衛斯理共有的議題理解為被造的人是善的。這樣的宣稱可以有不同的方式理解，也可以在他所研究的任何學者中徹底地解作不同的東西。

514. Martin Luther, *Commentary on Galatians* (Grand Rapids: Fleming H. Revell, 1925, originally published in 1535), 13.

515. Luther, *Commentary on Galatians*, 75.

516. Carson et al. eds., *Justification and Variegated Nomism*, vol. 1.

517. 例如 Philip S. Alexander, "Torah and Salvation in Tannaitic Literature,"

Justification and Variegated Nomism, 261～301。Martin McNamara, "Some Targum Themes," *Justification and Variegated Nomism*, 303～356 探討他爾根（希伯來聖經的亞蘭文譯本）從第二聖殿時期到中世紀的資料。他爾根的問題是——而作者也留意到這一點——詮釋者如何能夠避免桑德斯所犯的年代錯置問題。即使詮釋者把它與昆蘭的資料作比較，依然有可能有很大的分別。

518. 在處理猶太問題方面，Calvin J. Roetzel, "*Ioudaioi* and Paul," in *The New Testament and Early Christian Literature in Greco-Roman Context*, ed. John Fotopoulos (Leiden: Brill, 2006), 4～5 是很好的例子。
519. Paul Silsbury, "Josephus," *Justification and Variegated Nomism*, 245～247.
520. Wright, *The New Testament and the People of God*, xiii. 當然，意思不是說今天再沒有人有興趣研究兩者（即：耶穌和保羅）之間的關係。例如 Andreas Lindemann, "Paulus und die Jesustradition," in *Jesus, Paul and Early Christianity*, ed.`R. Buitenwerf, H. W. Hollander, and J. Tromp (Leiden: Brill, 2008), 281～314。
521. Richard Bauckham, *Jesus and the God of Israel* (Grand Rapids: Eerdmans, 2008), 4～5, 17.
522. 見 Samuel H. Nafzger, "Joint Declaration on Justification," *Concordia Journal* 27 (2001): 178～195。
523. 例如 Campbell, *The Deliverance of God*, 501～504。
524. Räisänen, *Paul and the Law*.
525. 吳慧儀：〈從保羅新觀看聖經研究對福音信仰之貢獻和挑戰〉，《中國神學研究院期刊》第 44 期（2008 年 1 月），頁 14。
526. 吳慧儀：〈從保羅新觀看聖經研究對福音信仰之貢獻和挑戰〉，頁 22。
527. Campbell, *The Deliverance of God*, 242. 他的討論指出一個顯而易見的難題，可以由兩個問題來總括：早期基督教的術語是否與新教的詞彙配合？早期基督教的術語是否跟新教的詞彙完全脫節？「過度決定論」基本上是指因為過度偏重某個詮釋的元素而沒有考慮到其他因素，結果扭曲了經文的意思。
528. Campbell, *The Deliverance of God*, 99.
529. Richard N. Longenecker, *Paul, Apostle of Liberty: The Origin and Nature of Paul's Christianity* (San Francisco: Harper, 1965).
530. 例如 Robert Thomas, "Hermeneutics of the New Perspective on Paul," *The Master's Seminary Journal* 16/2 (2005): 293～316。

531. Rodney Stark, *For the Glory of God: How Monotheism Led to Reformations, Science, Witch-Hunts, and the End of Slavery* (Princeton: Princeton University Press, 2006), 103ff.

532. David C. Fink, "Was there a 'Reformation Doctrine of Justification'?," *HTR* 103 (2010): 205～235.

533. Fink, "Was there a 'Reformation Doctrine of Justification'?," 235.

534. Pamela Eisenbaum, "Paul, Polemics, and the Problem of Essentialism," *Biblical Interpretation* 13 (2005): 226.

535. Wright, *Justification*, 72.

536. 馮蔭坤：《加拉太書註釋》，卷一，頁 171，註 53。

537. Engberg-Pedersen, *Paul and the Stoics*, 33～79. 透過他的模式證明，集體的理想不獨是猶太人的完美標準，也是外邦人的哲學（具體而言是斯多亞的）概念。

538. Davies, *Paul and Rabbinic Judaism*, 86ff.

539. 吳慧儀：〈從保羅新觀看聖經研究對福音信仰之貢獻和挑戰〉，頁 28 聲稱不會。

540. 吳慧儀：〈從保羅新觀看聖經研究對福音信仰之貢獻和挑戰〉，頁 28～29。

541. 吳慧儀：〈從保羅新觀看聖經研究對福音信仰之貢獻和挑戰〉，頁 28。

542. 曾慶豹：〈漢語教會釋經現象的反思性分析——以羅馬書為例〉，《山道期刊》（2010），頁 169～184。

543. Lloyd Gaston, "The Impact of New Perspectives on Judaism and Improved Jewish-Christian Relations on the Study of Paul," *Biblical Interpretation* 13 (2005): 251.

544. 余德林：〈沒有換神變神，算甚麼「歸正」?〉，頁 112。

545. 謝品然：〈漢語、聖經、神學〉，《開放的文本》（香港：研道社，2009），頁 77～80。

546. Daniel R. Langton, *The Apostle Paul in the Jewish Imagination* (Cambridge: Cambridge University Press, 2010), 23～24. 整本著作對理解猶太人詮釋保羅的歷史大有幫助。

547. 見 Elisabeth Schüssler Fiorenza, *Jesus and the Politics of Interpretation* (New York: Continuum, 2001), 115～123 把兩者聯起來。

548. Lopez, *Apostle to the Conquered* (Minneapolis: Fortress, 2008), 6～17.

549. 盧龍光：〈保羅新觀對保羅研究之貢獻及其對華人基督徒的意義〉，《山道期刊》卷十三第一期（2010 年 7 月），頁 43 ～ 44。

550. 曾思瀚：《羅馬書解讀》，頁 19。坎貝爾對現代西方的保守派和自由派解經者，都有類似的評論，參 Campbell, *The Deliverance of God*, 295 ～ 309。

第二部
詮釋保羅

Getting Into the World of Paul's Letters

第3章
進入保羅書信的世界

1. 歷史中的保羅：猶太人保羅、向外邦人宣教的保羅

1.1 引言

討論過由歷史鑑別學所描繪的保羅後，我們無法否定歷史鑑別學是一個詮釋工具。事實上，歷史是需要一些範疇來詮釋的，而不是根據詮釋者當代經驗所應用的資料。柏特（Daniel Patte）的結構主義進路因而成為一個出路。[1] 我們需要沿著兩個方向詮釋歷史保羅：猶太人保羅和在外邦人當中的保羅。柏特集中於以猶太人這方面看保羅。雖然保羅新觀早於柏特的著作之前已經出現，但保羅新觀運動似乎對柏特的著作沒有太大影響力，他似乎是自做自的。他根據加拉太書和腓立比書三章5至6節，採取了舊有的假設：保羅是反對法利賽制度（Pharisaic system）的思想。[2] 對柏特來說，新的制度稱為福音，而舊的制度（即：法利賽制度）則稱為妥拉（Torah）。他稱自己的研究為結構式釋經（structural exegesis），但如此標籤是有誤導成分的，

因為他的研究並不是處理文本的結構，而是處理保羅、保羅的讀者，以及現代讀者彼此之間的思想世界其接觸面的結構。他以主題式的探索，研究保羅在每卷書信中對信仰的看法，他稱這種研究為描繪式的研究工作。他主張惟有當找到一個恰當的描繪，才能將保羅與他同時代的和我們時代的其他信仰類別作比較。[3] 柏特先要為到甚麼是信仰（和甚麼不是信仰）下定義，才去尋找每卷保羅書信背後的寫作動機。[4] 柏特也留意保羅在他的講論背後所持的信念。[5] 這樣的研究工作本身是頗為神學性的，雖然柏特嘗試藉著稱這樣的認信世界（world of conviction）為閃族世界，而與神學保持距離。[6] 若這樣建構他的研究，他的著作就好像那受到人類學家道格拉斯（Mary Douglas）影響下，由以尼利（Jerome Neyrey）和馬列拿（Bruce Melina）為首的「處境小組」（Context Group；編按：「處境小組」是由一羣專以社會科學方法應用在詮釋聖經的學者組成的一個組別）所做的社會鑑別學研究。[7] 柏特著意的不是書信的結構，而是從保羅建構出來的思想結構。他留意著所有可能影響到保羅書信的歷史紛爭。無論是他的或其他社會學的結構模式，都有助於處理一些歷史資料來描述保羅。我們將會討論的是，保羅的思想究竟是由甚麼框架所形成，而這框架也必須從保羅的思想延伸至原初讀者的世界裏。

研究類似保羅這等複雜的人物，我發現要探討有關所有明白他的途徑是很困難的。韋特寧頓（Ben Witherington III）論到詮釋時曾如此說：「沒有處境的文本，就只是一個我們想它去說甚麼的託辭。」這對於理解保羅尤其真確。[8] 多個世紀以來，人一直強把不同的話加諸保羅身上。保羅書信的重要性和衝擊力影響了很多人，但是其重要性和作者的原意是否準確卻是兩回事。當然，理解「處境」（歷史或文學）會幫助我們更貼近準確的原意。以下就是一個例子，説明我們要怎樣走進保羅的世界，找出他執筆成書的一些處境。有些人稱這個處境為保羅的敍事世界，這世界包含著影響保羅的著作和思想的故事和事件的世界。我十分盼望我的同僚可以發展這些範疇，並將之延伸至更有作用和更精密的範式。

1.2 猶太人保羅：教育、宗教與約

在討論猶太人保羅時，是無法避免用上「斷代性」（discontinuity）和「延續性」（continunity）這兩個詞彙去討論他的猶太信念。認為保羅是基督徒的學者傾向「斷代性」，而把保羅視為猶太教一部分的學者則傾向「延續性」。有部分保羅新觀的支持者，嘗試把延續性的模式盡量貼近保羅。無論我們選擇哪個觀點看保羅，這兩極看法都有某程度的道理。這樣的討論會出現一個明顯的問題：保羅並不是基督徒！保羅從來沒有以「基督徒」一詞來形容自己，而路加在使徒行傳中亦只是含糊地使用「基督徒」這詞。在此，我們先討論斷代性，繼而討論延續性，最後會略為討論保羅的修辭處境如何影響他書信的內容。

首先，我們必須討論保羅思想世界的斷代性的成因，這尤其與妥拉和「上帝的子民」的定義有關。由戴歌德（Gerd Theissen）開創，並由米特樂（Dieter Mitternacht）所延續的、以心理學進路來研究保羅這方法，在這裏尤有幫助。[9] 米特樂在支持前人戴歌德的原則的同時，也反對單單主張社會學進路，他反對原因是，他認為詮釋時是可以進入作者的心理世界，他也認為某些歷史處境會從傳統及歷史情境以外塑造出一種個人的交互作用，而文本也為詮釋者支配意義。[10] 在處理任何歷史狀況時，認知心理學分析（cognitive psychological analysis）都認真審視激發人的動力、反應和一個實現的計劃。[11] 米特樂的「社

會—心理修辭進路」(socio-psychological rhetorical approach) 消除了保羅書信的心理和社會詮釋之間的二分法，並留意到社會處境對人的心理(以及其他人的心理)的影響。[12] 藉著努力去探索修辭處境的成因，詮釋者就能欣賞到一封簡單書信背後複雜的內容。其中一個可研究的或許是保羅宗教的起源。保羅的生命內含一般性激發他的動力，就如他的宗教的起源，同時也有獨特性激發他的動力，就如他在每卷書信裏出現的每個修辭處境。至於保羅思想世界中有可能出現的敍事，我們應先以保羅的宗教的起源作開始，這曾經是很多學者討論過的重大議題。在我們承認保羅是希伯來人當中的希伯來人之前，我們必須先承認他在對妥拉和外邦人的觀念上，作出了重大的範式轉移。我們必須探討出現這情況的成因。我相信答案會在他的宗教——普遍稱為保羅式的基督教(Pauline Christianity)，但其實應該稱為彌賽亞形式(耶穌就是其彌賽亞)的猶太教——的起源的討論中找到。

就如我們在上文已討論過，不同的模式有從金世潤(Seyoon Kim)推行的天啟啟示模式，到衞辛尼(Heikki Räisänen)推行的演進模式。在著眼於證據的時候，金世潤的模式可能過於套入哥林多前書九章1節，十五章5至10節；加拉太書一章13至17節；腓立比書三章4至11節，以及哥林多後書三章4節至四章6節等這些經文裏。[13] 我並沒有懷疑大馬士革路上的經歷對保羅是何等重要。即使我們把使徒行傳算為一個重要的證據，我們也不能悉數把所有保羅神學裏有關耶穌、妥拉和外邦人，全套進那些經文裏。若是如此，對於這些經文，釋經所佔的份量會過重了。關於論述超凡的事，我寧可抱較中性態度，事實上是超自然的事情在往大馬士革的路上實在發生了。這件超凡的事確實大大改變了保羅，但這是怎樣改變的呢？使徒行傳或保羅書信中某些爭議性的處境，都沒有全面地告訴我們那件事對保羅有甚麼影響。有一點尤其重要的是：保羅裏面是怎樣產生耶穌是彌賽亞這觀念？他又怎知道外邦人不再需要守妥拉呢？這是個重要的議題，且直接影響保羅宗教的起源。畢竟，宣稱耶穌是彌賽亞是一回事，說外邦人並不需要守妥拉又是另一回事。事實上，驟眼看這兩個問題似乎沒有關係，但其實宣稱耶穌是彌賽亞，卻同時要求外邦人守妥拉這兩個議題，對彌賽亞式的使命是互相牴觸的，而當中的關鍵乃在於「外邦人」。保羅對猶太人守妥拉這生活方式從沒有爭議，即使那些是相信耶穌的猶太人，但當提到猶太人與外邦人同在一處時，猶太人就不可堅持這些禮儀，又**或是**他們不可以強迫外邦人以他們同樣的方式生活。[14] 身為對外邦人的宣教士，保羅主要關注的並不是猶太人的生活方式，他主要針對的是外邦人在這個彌賽亞式猶太教的成員身分的問題。

我相信保羅思想的演進模式，只要不是極端的那種。這模式可以幫助我們更理解保羅宗教的起源。從使徒行傳三次對保羅信主的不同記述，我們可以先接受保羅從這戲劇化的呼召，來開始整合他的上帝觀、基督論和教會論。之後，有關外邦人的議題或需要花些時間去整理。在這個階段，我們要小心地看使徒行傳共同的傳統。根據使徒行傳九章 15 節，主向亞拿尼亞顯現，並指出保羅要把耶穌的名字傳給外邦人。不過，在保羅書信中從沒有出現亞拿尼亞這人。但是，單憑這一點是不能提供線索解決問題的。保羅為甚麼不可以把耶穌的名字傳給外邦人，並同時要求外邦歸正者守妥拉呢？他絕對可以像那些堅持外邦人要守妥拉，最後成為教會歷史中的伊便尼派(Ebionites)一樣。然而，保羅清楚地採取另一個立場，他要讓外邦人知道，他們並不需要跟從食物或割禮的條例，才可以加入他的彌賽亞式猶太教。

究竟使徒行傳在上述的議題上，是否足以補充保羅書信？我認為這是值得思索的。假如我們視使徒行傳為保羅死後的著作，那就更有理由去從作者的觀點，看看保羅是如何相信外邦人是不需要守妥拉的。使徒行傳九章記載保羅的歸正/呼召之後，便詳細記載整個哥尼流事件，而作者沒有提到這件事與保羅的歸正在時序上有甚麼關係，這是很有趣的事。這事件的高潮是在使徒行傳十一章 1 至 18 節彼得與守割禮的人爭辯時，他的自辯。使徒行傳的作者花了很多心機仔細記載哥尼流的歸正，是很有理由的。很明顯，保羅在那件事發生時還沒有出現，因為保羅重要的工作是在十一章下半部才開始出現的，他對外邦人的重要貢獻在十五章達到高潮：他從安提阿的宣教基地參加了耶路撒冷會議。在這個會議裏，彼得再次提到哥尼流事件，雖然他沒有提到哥尼流的名字（徒十五 7～11）。在整個對話中，保羅是在場的。再者，保羅和巴拿巴見證著上帝在外邦人當中所行的神蹟，卻沒有提到割禮或食物條例。耶路撒冷會議大概是在公元四十九年舉行，就是革老丟把所有猶太人逐出羅馬的那一年。假如保羅是在公元三十三年之後歸正的，他向外邦人宣教的整個工作，或許花了超過十年才凝聚起來。

當然，使徒行傳的作者在十三至十五章中清楚指出，保羅在開始他的宣教工作之初，從沒有提到割禮；但是，根據保羅自己在加拉太書一至二章的記載，似乎反映了當時對割禮已有爭議，尤其是在加拉太書二章 1 至 10 節中。我相信討論割禮這事件，比原初的天啟啟示更可建構保羅有關妥拉對外邦人的理解。更肯定的是，公元四十九年的宣布公認了這整個事實。換言之，保羅歸正不久已留意到哥尼流這事件。另外，他在安提阿額外的工作，見證著聖靈可以在那些不守食物和割禮條例的人中工作（徒十一 25～28）。此事反映出一個事實：假如外邦人不需要守食物和割禮條例，而聖靈也會工作，保羅便更確信外邦人不需要守妥拉。這個過程更似從智性上歸納而得，而不是在歸正的那一刻戲劇化地實現。那認信是十分重要的，因為當革老丟驅逐猶太人時，令致很多猶太人散居在希臘和小亞細亞，這是保羅兩個主要的宣教工場，在那裏散居的猶太人將會接觸到很多相信耶穌的外邦人。保羅在此作了智性上的演進（intellectual evolution），在各方面都影響著外邦人的歸正。

討論過保羅宗教的起源和猶太教的斷代性後，我們如今可以討論猶太教的延續性：保羅是希伯來人中的希伯來人。在討論猶太人保羅時，應該以「保羅的時代流行哪一種猶太教」這個課題來開始。在探討保羅新觀之前，這一直是現代保羅研究所關注的課題。雖然保羅新觀再次提出這個問題，但我不認為保羅新觀有全面地帶出這個議題。學者頗為肯定保羅時代的猶太教蔑視被約瑟夫普及化的古代三類人（即：法利賽人、撒都該人與愛色尼人），以及現代式的構想（即：巴勒斯坦和希臘化的猶太教）。任何花工夫研究猶太教的人都知道，類別是建基於某些前設的。在約瑟夫的構想中，類別之分是建基於宗教之上的；在現代的構想中，類別之分則建基於語言之上。猶太教內甚至可以因著個人不同的偏執，形成了彼此間很大的差別，從斐羅（Philo of Alexandria）看似包容外邦文化的猶太教，到完全討厭那些違反禮儀者和外邦人的猶太教都有。[15] 即使是體裁眾多和種類甚豐的昆蘭著作，也無法確定死海羣體的宗教模式。[16] 約瑟夫的構想可有助我們去問：「哪種法利賽主義？哪種撒都該主義？哪種愛色尼主義？」現代的構想則有助我們去問：「甚麼導致我們假設散居地的人只會說希臘文？為甚麼地理（即：巴勒斯坦）和文化（即：希臘化）會形成對比？」這些問題可以是沒完沒了的。

在《稱義與多樣化的守法主義》（*Justification and Variegated Nomism*）的第一冊裏，學者根據不同時期的猶太教所使用的不同體裁的文本，得出以下一些結果。為要粗略勾勒一世紀猶太教的不同面貌，筆者會概述他們就一世紀或之前的猶太教的研究所得，至於那些不符合這時代的資料，將會擱置一旁。霍克（Daniel Falk）檢視了在公元一世紀前開始撰寫的詩歌和禱文，例如很多昆蘭文本、《瑪拿西禱文》（*Prayer of Manasseh*）和《所羅門詩篇》（*Psalms of Solomon*）。「約」就是在這些文獻裏常出現的主題，有時候會應用於羣體之上（例如：4Q393），其他時候會應用在個人身上（例如：《瑪拿西禱文》）。[17] 那些忠心的人被視為真正「約」的成員，那些不忠心的就不是了。這些著作中提及上帝的義時，都是用來指審判惡人，而不是指救恩（例如：《所羅門詩篇》2:16～18，9:5 等）。[18] 那些義人藉著順服得以留在約中（即：恩約守法主義）。其他體裁同樣提供很多資料。艾凡斯（Craig Evans）研究了一些託名的著作，看看有沒有告訴我們一些有關猶太教的事情。有些是極端地對比善與惡（例如：《以賽亞殉道與升天記》〔*Martyrdom and Ascension of Isaiah*〕）。[19] 其他如《約瑟與亞西納書》（*Joseph and Aseneth*）則提供了一些線索：當外邦婦人改信猶太教時，她們會改變敬拜模式，也為曾經拜偶像而認罪悔改。[20] 還有其他類似《先知生活》（*Lives of the Prophets*）的著作，也有論到關於道德與貞潔方面的。[21]

在同一冊書中，還有一些體裁是恩斯（Peter Enns）研究《以斯得拉一書》（*1 Esdras*）的經文的延伸本，當中也有提及對維持約（即：守法主義）的關注。實現恩約守法主義的方式，就是透過痛悔的人的悔改。從這些文學得出的證據來看，外邦人究竟有沒有影響猶太文化？菲利普．戴維斯（Philip Davies）在發現《多比傳》（*Tobit*）和《阿立斯蒂亞書信》（*Letters to Aristeas*）受埃及人影響的研究中，他小心翼翼地説「有」。[22] 菲利普．戴維斯也在《猶滴傳》（*Judith*）的故事中，找到有個別應用妥拉的證據，而《馬加比三書》（*3 Maccabees*）更強烈支持妥拉，有時候涉及對聖殿的忠誠。[23] 菲利普．戴維斯研究《馬加比四書》（*4 Maccabees*）中的馬加比人的英雄色彩時，發現當中的英雄勇敢殉道的事迹，或許對猶太人來説有代贖的意義。[24] 然而，這個代贖神學並沒有足夠證據構成完整的「猶太神學」。包衡（Richard Bauckham）繼而研究《以諾一書》（*1 Enoch*），他抱持與桑德斯（E. P. Sanders）一樣的心態，尋找恩約守法主義，並宣稱他找到了。在《以諾一書》三十七至七十一章中，包衡宣稱在確認揀選和鼓勵人持守忠心這兩者之間有一股張力。《以諾一書》的作者把不忠描繪為不敬拜耶和華的罪人。他們與外邦人一樣是同一個羣體，是將要滅亡的。[25] 布克木爾（Markus Bockmuehl）則按著昆蘭的救贖主題來研究《會規手冊》（1QS），也找到一些資料。昆蘭的成員接受新的約，但並不表示摒棄舊有的約，反而是更驗證了它。[26] 舊有被揀選的以色列延續至這新的羣體裏。從這些部分的文本中，可以發現上帝的義有著贖罪和救贖的價值（1QS 1.21, 10.23）。[27] 換言之，上帝其公義的本性叫信徒稱義，雖然信徒仍會墮落。為免再次墮落，信徒必須悔改，為他的罪獻贖罪祭或進行潔淨禮，洗淨自己的罪（1QS 3.3～9）。[28] 根據 4QMMT（= 4Q398），做正確的事結果是被稱為義。[29] 從這宗教的討論中，我們必能發現以色列的一神論宗教是這些古代作者的一大議題。從信徒的角度看，任何從妥拉而出的觀點，都看為是出自賜予律法者（Law Giver）。

若根據這些觀點，猶太教又是怎樣的面貌呢？根據上文所用大量的天啟資料，信徒有很強的天啟期盼，期望上帝介入歷史並會做一些事情。[30] 對於這樣的期望，保羅似乎以彌賽亞耶穌的形式提供答案，但我們必須留意的是，透過保羅本身的用詞和路加在使徒行傳的記載，保羅堅持留在猶太教裏，即使他沒有根據主流的觀點建構他的運動。在工作上經歷徹底的改變，他極有可能視自己的猶太信仰為惟一真正的猶太教。即使如此，在終末的事件上，仍有某些界限的標記，將猶太人之間共同一致的看法標示出來。雖然湯森（Peter J. Tomson）在其別有洞見的研究指出，即使在昆蘭羣體，他們的成員對怎樣詮釋安息日這重要的日子，也有不同的意見（4Q265）。[31] 事實上，某些議題經過爭論後會提升它的重要性。割禮和道德上的條例會是經常被討論的課題，而保羅似乎完全接納道德上的條例，卻拒絕割禮和食物條例等禮儀。猶太教一個與外邦宗教截然不同之處，就是它強調一神論，並反對拜偶像。

任何認為保羅並不關注種族問題的人，必定是忽略了保羅有關外邦人是屬於上帝約裏的子民這討論。事實上，他花了很多心血，使用了不同的隱喻，並常常透過不同故事，類似偉大的祖先亞伯拉罕的故事（羅四章；加四章），來建構外邦人的身分。甚至當他為福音作普世性的宣稱時，從來沒有徹底打破他身處的社會歸類，即把世界視為猶太人與外邦人的世界。[32] 他在加拉太書三章28節宣稱羣體合一的事實，足以表明他是以他世界的視野來檢視他的世界。種族分歧事實上是保羅必須面對的一個社會問題，尤其是當外邦人要成為猶太教的一部分（無論是以彌賽亞式或是別的）。在保羅的世界裏，種族與宗教是聯繫一起的，因此引起學者關注這兩者的接觸點。由於我們早已假設外邦宗教是被猶太人蔑視的，保羅在彌賽亞式猶太教中重構外邦人的身分就顯得十分重要了。與此同時，當保羅身處宣教工場，他依然面對這些障礙，仍然要面對「外邦人怎樣看猶太人保羅」的問題（不一定指「基督徒」，因為這個詞彙是時代錯置的，它是現代用語）。這類標籤，無論我們稱之為種族性或別的稱號，已表明當外邦人進入猶太教時（無論是彌賽亞式或別的），保羅已留意到這些不同羣體之間的分別。

那麼，外邦人是怎樣看猶太教呢？保羅無疑予人一種印象：以猶太人的身分在外邦人當中傳福音，並對抗可能是猶太人或外邦人的指控者，但他肯定偏好某些猶太人的生活方式。有關更多外邦人對猶太教的看法，即使我們最原初的資料仍是源自猶太歷史學家約瑟夫的記載，但仍十分有用，因為當中有辯護的元素在內。根據約瑟夫記載，曼那多殘篇（fragment of Manetho）似乎熱中於把猶太民族描繪為古代文明（*Against Apion* 1.73～91, 93～105, 228～252）。曼那多的歷史身分是埃及太陽城（Heliopolis）的外邦祭司，這個身分在代表約瑟夫反對滿有智慧的阿皮昂一事上是次要的。從約瑟夫所著的古史，展示出他關注猶太民族所欠缺的文明。換言之，古史便是文明的標記。在外邦人中，除了羅馬政客西塞羅（Cicero）和哲學家塞尼加（Seneca）之外，對猶太人和猶太教的理解都是很片面的。西塞羅為猶太教抹上一道負面色彩，但他的反猶太教看法，卻僅僅是有助於其法律案件的修辭，他所關注的純粹是其客戶弗拉庫斯（Flaccus）之法律利益及政府的財政收益，因當時部分公共資金被用作援助猶太教，致使前者的利益受損。塞尼加是一位在公元前至公元後一世紀的作家，也是迦流（徒十八 12）的弟弟。他對安息日的評論更為負面。事實上，他專以守安息日這一點去攻擊猶太教和猶太人（*De Superstitione*; *Ep. Morales* 95.47）。無論對猶太人的負面反應原因何在，國民身分必定是一個重要因素。身為局外的觀察者，外邦人主要關注的是猶太人的種族身分和政治，宗教並非焦點所在，猶如猶太局內人所指的。

保羅與妥拉之間的關係一直都很緊張，就責難其書信是稱義的途徑來說，是負面的；就道德指引來說，是正面的（林前九8，十四21、34）。保羅在甚麼情況下負面地看妥拉或律法？又在甚麼情況下正面地看它？到了最後，我們可以怎樣總結保羅對妥拉的觀點？他有否單單視基督為妥拉的目標，又或他也視基督為妥拉的終結？加爾文視基督為禮儀律法的終結，同時又主張道德律法，這是否正確呢？[33] 這些問題大概是以有別於保羅時代的方式來建構的，因為禮儀律法的終結，在猶太人的生活方式中是想像不到的。猶太人本身是會守妥拉的，因此外邦人便要面對額外的問題，因為他們一開始已沒有守妥拉。現在他們進入了保羅主張的彌賽亞式猶太教，究竟要不要加上妥拉呢？這較似是保羅面對的挑戰。

除了上文提到的韋斯特霍姆（Stephen Westerholm）的研究之外，另一個貢獻良多的是湯森（Peter J. Tomson），他把猶太詮釋方法的研究與保羅的結合。他從古代猶太教一系列的習俗傳統「哈拉卡」（Halakha）中尋找他的答案。他尤其在拉比著作中找到品行規範的原則，成為理解保羅倫理的線索。[34] 在湯森的詮釋裏，哈拉卡不單是一系列的傳統，在應用時，更是在信仰羣體之內一個活生生的有機傳統。[35] 當保羅跟隨初期教會傳統和他所倡議的倫理行為時，他必然會使用妥拉討論主要的倫理問題。湯森以哥林多前書為發展他論點的主要例子。[36] 在食物條例、倫理界限、拜偶像、離婚與性倫理等課題上，保羅以希伯來聖經為基礎，頗為強硬地堅持他的立場，而沒有提到妥拉有救贖的功用。因此，希伯來聖經在某些方面（雖然有時似乎是不一致的）支持保羅其實踐性的倫理目的。任何沒有違反「唯獨基督」的救恩論的事情，對保羅來說都可以用作現實生活原則的合法根據。

除了猶太教與保羅本身的構想之間的延續性，在希伯來聖經其更遼闊的處境與保羅之間也有延續性。在現實中，保羅也許視自己與猶太教有完全的延續性，但他至終的彌賽亞式猶太教是源自耶穌。反對把保羅分割式來研究的人，則希望按著希伯來聖經來綜合保羅的思想。我假設這個前設有兩方面：首先，要視保羅為一個一致的思想家，現代學者或會認為不可能找到一致性。其次，由於希伯來聖經是保羅惟一擁有的「聖經」，保羅的思想不應離開它太遠。對保羅來說，延續性並不是問題，但對跟隨和反對一個宗教改革範式的現代詮釋者（主要是外邦人）來說，卻是一個問題。賴特（N. T. Wright）認真研究這綜合進路，他以聖約把亞當、以色列、耶穌基督與教會連繫起來。鄧雅各（James Dunn）也認真看待聖約，到某個地步並沒有視保羅為攻擊妥拉的人。我們必須強調（或許比賴特和鄧雅各更甚），保羅視他那以基督為中心的猶太信念（甚至是對外邦人）的延續性是真實、恰當的猶太教形式。

在討論過保羅是希伯來人所生的希伯來人後，我們可以從第三個主題得出一些概念：保羅用的修辭技巧對其書信的影響。[37] 從上文有關保羅新觀的討論，我們可以一致同意保羅很多時候是在攻擊某些事情。而且，他是從自己認為是在其猶太教裏的聖經邏輯推論中作出攻擊的。當我們認真看待猶太人保羅，就無法避免正視他的背景也是整幅圖畫的一部分。雖然妥拉大概是在約西亞時代形成的，以希伯來聖經為宗教根基卻是在以斯拉的時代，即是被擄之後奠定的。保羅的宗教背景源於那個運動（腓三 5～6），[38] 然而，保羅並沒有抨擊這個運動。

我們可以爭議保羅所抨擊的對象，卻不可爭議他是從自己認為是「正確」的聖經理解中尋找證據，尤其是基督的事件上。由於這些是文學上的抨擊，我們將會發現，要理解哪些是修辭（即：教訓的工具），哪些是教義是十分困難的。雖然有些句子比其他的較為清楚，但是所有的陳述句若不是以教訓的形式出現，就是以修辭的形式出現。某些重複的主題，例如加拉太書和羅馬書論述的自由，無疑令歷世歷代的神學家注視。假如我們單單把這些主題視為一種修辭工具（而保羅固然會視之為出於妥拉），那大部分教會就誤解了保羅的意思。完全以修辭進路研讀保羅，是要付出很大的代價，這代價不是每個詮釋者都願意付上的。修辭的進路再加上保羅新觀，為這個不確定的世代帶來更多的含糊。因此，每個詮釋者要提問的是：「保羅何時才是真正的保羅？保羅何時才是使用修辭方式？我們可怎樣得知呢？」

上述問題的答案既不容易，也不確定。我相信我們必須留意那些研究修辭的人，嘗試按著保羅的修辭處境研讀保羅書信。這包括假設性地研究他的指控者。就如我們早已在上述有關保羅新觀的部分討論過，並不需要視保羅的指控者為來自主流的猶太教，又或甚至是猶太人（這也可以是外邦人正在建構其遵守妥拉的猶太教），但他們肯定對猶太教或妥拉有一些誤解。然而，我們必須限定上述的陳述，表明指控者同樣肯定他們的猶太教版本或許是更好的，又或至少補充了保羅的版本。最近由波特（Stanley E. Porter）主編的文集《保羅與他的敵對者》（*Paul and His Opponents*）嘗試藉著找出這些指控者的身分，闡明他們的重要性和所帶來的挑戰。[39] 在森尼（Jerry L. Sumney）有關敵對者假設的概覽中，幾乎所有保羅書信（包括那些被部分人視為託名著作的）都有敵對者理論，表示學術界對這個重要課題的關注。[40] 在這個爭議裏，有些人選擇視保羅一些最個人性的抨擊作為真正敵對者的指標，另一些人則視保羅較為溫和的陳述為準確的敵對者指標。部分人如詹姆斯・馬丁（James Louis Martyn）會以整卷書信（例如：加拉太書）為一面鏡子，反映出敵對者（又或他所謂的「老師」）的教導和表達信仰的習慣。[41] 兩個進路的基本分別，就是一個集中以修辭技巧為主要的元素，而另一個則視保羅較為溫和的陳述為蘊藏著很多釋經上寶貴的資料。無論如何，有關建構保羅的敵對者，將會一直浮游於兩者中間，沒有定斷。因此，我會認同泰萊（N. H. Taylor）的說法：無論選擇哪個方法，都要個別處理每卷書信，因為保羅並沒有式樣相同的敵對者。[42] 接著來自然要問的是，保羅的敵對者是否都真的出現在每卷書信中，而我們又怎樣可以確定他們的存在？

不少學者一致同意，那些包含了保羅個人資料的書信，定必顯示保羅是在針對那些質疑他的權威的人。[43] 加拉太書是最好和最明顯的例子，它的內容往往記載一些攪擾者正斷言某些事情，而保羅則以一些自傳式的資料作自辯。然而，我們無法肯定他們是否猶太人，雖然很多人假設了他們是猶太人。假如他們真是猶太人，我們就無法肯定他們是否單單面對宗教上的掙扎。卡蓮（Brigitte Kahl）最近滿有創意地以帝國的處境研讀加拉太書，指出行割禮的原因也許比想像的更實際。她的論文主要提出，沒受割禮的外邦人會被要求遵行帝國式的禮儀，這是有違猶太信仰甚或由保羅倡議的彌賽亞式猶太教。[44] 因此，攪擾者只是想令加拉太人更易被人接受，以致他們可以不用參與帝國式的禮儀。無論我們是否認同卡蓮的論點，有關敵對者或攪擾者身分的爭論尚未結束。大部分的結論都與方法論有關。在另一些情況，又如哥林多書信般（例如：林前九 1；林後十章等），保羅最大的攪擾者是他親手建立的會眾。也有別的情況，保羅只會單單解決爭議，並回答向他提出的問題（林前五1，七1）。這些都是保羅面對某些挑戰的一般情況。雖然很多挑戰都與猶太教有關，但並不是所有挑戰都會帶我們到下一個討論，就是保羅在外邦人中的工作。

1.3 宣教士保羅：帝國的背景與異教

稱呼保羅為宣教士幾乎是現代的時代錯置，因為沒有明確的證據顯示，第二聖殿猶太教向外邦人有一貫的宣教工作（雖然有這樣的活動是肯定的）。[45] 保羅時代的猶太教對外邦人在當中的角色有很廣泛的觀點，從要求歸正者嚴守割禮和食物條例，到較為寬鬆地遵守不同的禮儀都有。保羅對外邦人的愛遠超人所想，這包括外邦人的成員身分，他期望外邦人歸向耶穌，以致立時成為羣體的一分子。保羅對外邦人有如此負擔，就只有一個解釋：他像初期跟隨耶穌的人一樣，有傳福音的心志。在保羅倡議的彌賽亞式猶太教以外，或許還有偶爾發生的外邦人歸正活動，但這些活動遠不及初期教會的宣教工作。保羅有這個負擔，不單在信仰上與別不同，與猶太教大為不同，他也採納了他同時代的猶太人（無論是彌賽亞式或是別的）甚少採用的方法。雖然施慎古特（Robert Paul Seesengood）宣稱根據現代標準，保羅並沒有太多旅行，但若根據古代的標準，保羅是走遍地中海的世界，足以讓他成為當代世界級的旅行者。[46] 保羅的旅程讓他得以接觸很多外邦人。因著這些接觸，保羅必須直接與外邦人的文化展開對話，而不是透過第二手資料。那麼，「外邦文化」是甚麼？要回答這個問題，我們必須探討羅馬社會的兩個方面，當中牽涉政治、社會和宗教的層面。

根據路加，保羅是羅馬公民（參徒十六37）。雖然博格（Marcus Borg）和克羅森（John D. Crossan）極力反對羅馬化的保羅（相對於完全猶太化的保羅），但毫無疑問，保羅必須是羅馬化，才能與他的外邦讀者聯繫上。[47] 至少，保羅在大數出生，那是一座受到希臘化影響的城市，保羅必定也會受到希臘化的影響。在此首先討論的是政治問題，以及外邦人的政治如何影響保羅的事工，其影響是從他的出生及至他的聽眾的。保羅是怎樣成為公民的？布魯士（Federick F. Bruce）提議，保羅或許在出生時已經成為公民。[48] 更有可能的是，保羅在任何地方都一直帶著他那個刻了他身分的小木牌，這有利於在任何情況下證明他的身分。[49] 或許大數這地方已被授予效忠於羅馬，因此當地的人也有羅馬公民身分，所以保羅的列祖也獲賦予公民權。他的列祖成為大數的公民，或許可追溯至奧古斯都之前，當時是由龐培（Pompey）給予大數的居民羅馬公民權的。他們可能因為與謀殺凱撒大帝的人對抗，因而得到公民權為賞賜。保羅的列祖因此也得到這些好處。

由於保羅在外邦人當中事奉，我們必須看看外邦人的社會是怎樣的。處理保羅的聽眾時，思想裏會浮現兩個層面。保羅的聽眾不像我們般有衞星拍攝而來的相片去繪製地圖，若那些他們從未踏足、但保羅有提及的地方，他們描繪出來的任何地理位置，都只是連於一套意識形態。古代人的世界觀往往較多連繫於意識形態，而不像一種現代的科學角度。「哥林多」與一套意識形態相連，「羅馬」也是一樣。這不是說他們對旅程沒有任何確實或真實的記載，而是說他們的心理地圖（mental map）是從他們的社會經驗直接而得的（Propertius 4.3.33 ～ 40）。[50] 或許，他們透過曾經去到遠方的人所寫或所說的故事中，得知那些地方的資料（例如：皮里紐〔Pliny the Elder〕，《自然歷史》〔*Natural History*〕）。以下的例子，說明現代經驗與古代人的心理地圖有多密切。

心理地圖的概念並不如上述那樣抽象，它也在現今的世界裏出現。舉例來說，曾經有很多香港人問我是否來自洛杉磯，卻不理會加州是美國其中一個有許多大城市的大州。對某些人來說，他們的心理地圖或許來自荷里活電影，所以洛杉磯才是焦點。有些人甚至問我，加州是在東岸抑或西岸。他們對美國地圖沒有概念，只知道洛杉磯是在加州。他們的心理地圖來自他們的經驗。另一個近似的例子是，當我們去到外國而需要租車，租車後便會得到一幅地圖。雖然對當地的居民來說，地圖對尋找某個地方甚有幫助，但對站在停車場的旅客來說，他必須先確認他的位置，才能從地圖中找到離開停車場的路徑，而那個位置在心理地圖中是不清晰的。因此，現代地圖是不能根據旅行者的經驗，而是根據地理科學繪製而成的。現實生活中的經驗，往往與繪製的地圖有頗大分別。這樣看來，與地理上的心理地圖有關的現代「經驗」，就與古代人相同了。心理地圖是一個普世的現象，是有些人視為理所當然卻沒有經過反思的。外邦聽眾也有一幅帶有強烈地中海意識形態的心理地圖，而將研究地中海的焦點放在羅馬帝國主義上，將有助我們推斷外邦信徒如何理解保羅。

在討論政治和意識形態對心理地圖和旅行的影響前，必須先作出一些觀察。首先，初期教會透過保羅的旅程或宣教移向西方發展，而且大部分是都市化的城市（參林前十六 5、8；加二 11 等），因為古代那些城市會有最多潛在的歸正者。沒有證據顯示保羅曾經在偏僻地區宣教，這説明了古代旅程的限制。事實上，偏遠地區是難以到達的，因為不清晰的路標會使人迷路，更有致命的危險。保羅以城市為宣教的起始點（例如：安提阿、耶路撒冷），並繼續以城市為據點。雖然保羅經常回到安提阿，但他不斷藉著每一趟旅程向更遠的西方推進。因此，耶路撒冷、羅馬和西班牙在意識形態上的重要性，應該有助闡明羅馬書。假如保羅寫書時是以羅馬聽眾為對象，詮釋者就必須按著羅馬人的想法去思想。羅馬人是根據口傳和筆錄資料，以羅馬人的意識形態去理解宣教。有些因革老丢的驅逐令而散居，後來回歸的猶太信徒，或會對旅行有多點經驗，但相反地，很多羅馬聽眾或許並沒有去過太多或太遠的地方。

羅馬掌管海上航道，也有助保羅展開旅程和帝國的擴張計劃。地中海（又稱為「大海」）在閃族語言遠古的傳統中，已沿用了過千年。[51] 希臘人早於公元前六世紀已稱這海為大海，這可見於地理學家赫卡塔埃烏斯（Hecataeus of Miletus）的作品中（Hecataeus *FGrH* 1.F26）。羅馬人不單精於海上貿易，也善於調配經驗豐富的希臘殖民船員負責航海工作。羅馬藉著貿易，大大擴張勢力。這一小片的文化資料，對研讀哥林多的地理甚有幫助。奪得海上控制權後，到了保羅的時代，羅馬透過軍事力量和都市化，已差不多完全得到陸地控制權。羅馬擁有西方歷史中首個專業的軍隊，並樹立其軍事優勢，但是若以為建立強大軍隊就能成為一個帝國，就未免想得太過簡單了。羅馬的領導地位是基於精明的軍事策略。屋大維（Octavian）精於策劃駐兵，以防止政變。他派很多隊伍駐守邊疆不同地方，但彼此要保持一定距離，另又推行殖民政策，為避免有人密謀作反。羅馬的統治考慮到帝國的都市化。從朱里亞・革老丢王朝（Julio-Claudian Dynasty）到弗拉維王朝（Flavian Dynasty），就是保羅宣教的時期，當時羅馬已統治了海陸範圍，勢力確保。從以上概述可見，對外邦受眾來說，一個十分明確的意識形態是：地理是用作發展貿易與帝國主義，其他一切都是帝國體制的產物。

究竟還有沒有哪些社會—地理背景是與帝國式的框架有關？受眾當時的處境，固然直接與羅馬政治的轉變息息相關。

在解讀保羅時，我們必須持守一個原則：作者幾乎時常以受眾能理解的事情來表達他的信息。公元四十九年，革老丟諭令（Edict of Claudius）短暫性打擊在羅馬裏相信耶穌的猶太化羅馬信徒。[52] 至於相信耶穌是彌賽亞的羅馬猶太人，他們不斷遷移，有時候是因為政治問題而非自願的。這些彌賽亞式猶太人會遷移到希臘半島，甚至到小亞細亞。他們的習慣、對外邦人身分的確認（或許是千差萬別的）、習俗等，對當地相信彌賽亞耶穌的信徒來說會有一定的衝擊，那些類似拜偶像、割禮，以及食物條例等倫理問題，會成為保羅和在羅馬以外的外邦受眾的關注點。

第二個值得留意的課題，就是羅馬社會裏的恩庇制度（patronage system），而這正是保羅身在其中所服事的社會。除了要了解地中海世界那充積著拜偶像的環境之外，新約研究早已證實，羅馬社會是一個恩庇—侍從的社會（patron-client society），建基於利益互惠。[53] 下文的討論，將會把帝王與他的帝國體制連於這個恩庇制度，在這個制度之內，非對等的交易，是有利於擁有所有權力的恩庇者的。恩典並不是免費的。雖然今天普遍的基督徒會把恩典理解為宗教詞彙，但在保羅的時代，這並不是一個宗教用語。事實上，恩典是恩庇體制中恩庇者控制侍從的工具。藉著給予恩典或好處，他期望侍從會大大作出回報，有時候要回報一段長得不合理的時間（Dionysius of Hallicarnassus II.11）。保羅同時代的一位羅馬斯多亞派（Stoic）哲學家小塞尼加（younger Seneca）特別以「回報」（*gratiam debeo*）形容這個「恩典」（*gratio*）制度（Seneca *On Benefits* VII.15.2～5）。恩庇者因為早前曾經得到「好處」（*beneficium*），別人就會期望他向受恩庇者伸出援手，以表回報（Seneca *On Benefits* VII.16.1）。由於階級有別，較低階級的侍從，永遠無法回報較高階級和較有智慧的恩庇者（Seneca *On Benefits* VII.19.4 ～ 6）。這樣的恩典很容易便代入當時代的帝王崇拜的處境，石碑也刻了不少這些事實，也證實加里古拉（Caligula）時代出現這等崇拜 。[54] 對掌權的那一位來說，恩典是一種投資，因為將來會得到來自侍從的好處。恩典由此成為富裕者用來控制貧窮者的工具。在羅馬的體系中，並沒有一個機制決然地阻止這失衡的現象。有時候，恩典也可以是給予恩庇者的回餽，以示謝意。[55] 這恩典衍生出來的是互惠的致謝，而不是一種自由的賜予。迪施華（David A. deSilva）稱這個制度為「恩典之舞」(dance of grace)，伙伴之間(即：恩庇者和侍從）出現流動式的交換恩惠。[56] 換言之，保羅 —— 尤其在羅馬書和加拉太書 —— 明確地表達的白白恩典，是十分罕有的。

除了一般的社會狀況，恩庇制度最終應指向帝王和在保羅時代發展而成的羅馬政府。羅馬的政治文化是依賴著帝王的恩庇，而帝王毫無疑問十分願意鼓吹這樣不平衡的權力劃分，帝王就是出類拔萃的恩庇者。在羅馬的意識形態中，統治者好比一家之主，管治著他的家國（Tacitus *Hist*. 1.16）。[57] 無論在競技、建築物、食物供應與經濟（即：貨幣）等各方面，都提醒其原初受眾帝王恩庇的重要性，因為所有人事物都以不同的形式尊崇帝王。難怪羅馬歷史學家會對那些當代仍活著的帝王的評論較為溫和，而對已死的帝王的評論則較為坦率，因為批評一個在生的帝王，只會換來死刑。帝王的權威和恩惠是不能忽略的。在羅馬的意識形態裏，一個人的家世可以帶來榮或辱，如果與最大的恩庇者（即：帝王）有密切關係，就將會為受恩庇者帶來尊榮，但卻要付上代價。

從社會的治理體系而言，羅馬**是**恩庇者，而帝王就坐在政治金字塔頂。在塞尼加的記載裏，「智者」一詞是形容帝王和恩庇者（Seneca *On the Tranquility of Mind* V.3～4; cf. *On Benefits* VII.19.4）。權力是智慧與天生特權的一個標誌。羅馬是權力的根基，所有權力都是由它而出。[58] 羅馬不單是政治權力的根基，也是地中海世界的商貿中心。它那悠久的歷史成就了很多科技的發明、物質財富及許多不同的宗教。所有歷史學家都知道，羅馬的人口幾乎是直線增長，極其昌盛，直到十九世紀才被倫敦超越了。羅馬就像一片磁石，把不同文化吸攝過來。

羅馬帝國的勢力全都始於凱撒大帝，他一個人統治了整個帝國，後來又被奉若神明。在一世紀，屋大維繼續倡議同樣的一人統治方式，經常以類宗教（quasi-religious）的手段來統治。在他的治下，偉大的統治者有智慧地藉著擔任國民宗教的首席祭司，在宗教和各方面的意識形態上，完全操控國民的宗教，以確保國民忠於羅馬。[59] 從他燒毀很多神聖的著作而選擇保留西卜著作（Sibylline books）的一部分，足見他已完全控制了宗教（Suetonius *Aug.* II.31.1）。這些統治者也鼓勵人鑄造和在全國豎立他們的人像。帝王從不需要探訪省份，直到這些省份為了在經濟上得好處而自發地設立人像，尊崇帝王一家。[60] 換言之，帝王不需要為了使全國人民效忠他而親自管治他們，因為有一羣已屬於他網絡的人為他執行這個任務。[61] 當所有條件等同的情況下，百姓就樂於成為這個制度的一部分。即使奧古斯都死了，接續他作王的，也會延續他的精神，直到羅馬書成書的日子也是如此。畢竟，奧古斯都為單一統治者的政治架構撒下了種子，這有別於之前的共和國模式。共和國已被君主制取代，成了歷史的回憶。

奧古斯都毫不猶豫地引入了元首政治（Principate），強硬地和精明幹練地藉著建立一個普遍君主制，達成了凱撒大帝的夢想（Suetonius *The Deified Augustus* II.28.1）。在保羅的時代，由奧古斯都引入的羅馬黃金歲月早已影響著整個帝國，其統治絲毫沒有減退的迹象。很多省份裏的人像和建築物都位於當眼的地區，這清楚、明確地宣告著：羅馬及皇室成員是值得百姓完全效忠的。所有屬羅馬的都是好的，其他一切都是次等的。在羅馬統治的小亞細亞裏，人最高的地位是成為帝王崇拜裏的大祭司。[62] 當時即使不屬於羅馬的宗教，也被歸入帝國的統治範圍，例如敬奉伊西斯（Isis）、麥邱立（Mercury）、朱庇特（Jupiter）等。[63] 似乎在新約裏，任何嚴密控制宗教領域（尤其是對基督教信仰）的政治體系，對保羅來說都是失當的體制。對那些仍繼續質疑帝王崇拜與政治有密切關係的人來說，已有明確的證據顯示，羅馬政府與宗教之間是密不可分的。因此，宣講基督的福音，就是把自己與現存的政治立場區分出來。外邦信徒肯定明白這一點。

一直以來，已有很多關於保羅的受眾的討論和研究，而最浮面的問題，就是階級差別的問題。貧窮人似乎在何時何地敬拜，都受許多限制，這可見於奧克斯（Peter Oakes）其創意的著作《在龐貝讀羅馬書》（*Reading Romans in Pompeii*）。[64] 為甚麼要在龐貝呢？畢竟，龐貝與羅馬或哥林多相距頗遠。奧克斯選擇了龐貝，單單因為它如今是一個多年不變的古城，以致任何人都能略為一瞥保羅年代城市生活的面貌。奧克斯以學者寧（Roger Ling）的紀念性建築物之考古學研究為基礎，將重點放在這座古城的都市規劃，並著眼於當中所反映出的階級架構。[65] 都市化計劃和空間配置為奧克斯提供了一個切入點，即以建築式樣作為一個社會的模式。[66] 藉著這樣去研究一個社會，奧克斯嘗試打破新約學者的一些概念。他們一般把家庭教會理解為由富裕的恩庇者資助的大型屋苑，然後讓貧窮的成員在那裏聚會。奧克斯主張，假設那個社會大部分人都是手工藝品工人，他們在密麻麻的城市空間裏，也可以將較小的商店成為「家庭教會」。[67] 毫無疑問，這種想法十分吸引，因為都市的貧窮人也許無法去到城市的另一邊，而必須到附近較少人聚會的地方。在研讀和詮釋羅馬書時，奧克斯的研究對於理解諸種社會模式可說貢獻良多，因為他不像之前的學者般論到手工藝品（例如：藍賽〔William Ramsay〕和漢瑪〔Colin Hemer〕所作的），也藉著詮釋考古發現而創造出一個社會敘事。在這個模式裏，考古學並不是為了證明或否定聖經（這視乎個人取向），而是讓它以自己的專用語，成為一個用來詮釋聖經的模式。雖然奧克斯的社會敘事是他本身對社會生活的構思，但比起那些以文本或背景性資料為主，卻不會深入詮釋背景，也不願超越「這個手工藝品說明了這一節」的聖經詮釋者，這是滿有創意的。簡單來說，保羅的受眾中有很多人也許為了謀生而無法定時敬拜。他們要依賴較小的團契羣體，但間中也會到城市另一邊、那些富裕的恩庇者的家裏參與集體聚會。奧克斯勾畫這個議題的方式，愈發凸出研讀保羅的社會—公義範式。[68] 在討論哥林多前書十一章時，就能證明這個範式的重要性。

上述有關政治和社會的討論，無疑會把保羅宣教的討論帶進現代的倫理處境裏。按著保羅的時代政治地閱讀保羅這方法並沒有問題，但這樣將無可避免地會引致我們按著今日時代的政治處境去理解他。事實上，保羅要對現代的政治處境說甚麼呢？朗格（Adrian Long）宣稱可在保羅寫給哥林多的書信與人權之間的對話，找到一些答案。[69] 他所用的對話來自當代社會科學為人權所作的定義，這定義包括生存的權利和得著尊嚴的權利。[70] 以這樣的方式研讀保羅，朗格注意到保羅在運用修辭的力量和論到「人權」之間會產生一股張力。一個與現代處境相關而又頗為棘手的例子，就是有關女性議題的討論。關於這個議題，朗格指出：「強行將現代對何謂好與壞的特定觀念，加諸於女性身上，也許會帶來一些有幫助的洞見，但這卻沒有給保羅留有足夠餘地，讓他在其處境中發揮作用，又或讓當代讀者足以體會這情境的微妙之處。」[71] 然而，若參照一世紀的背景去研讀，這股張力就會消失，因為一世紀社會是由權力架構所主導的。[72] 按著當代標準，尤其是以意識形態（例如：女性主義者）詮釋保羅的人，保羅乃是為了自己的好處而運用他的權力。在研讀保羅時，尤其是他對哥林多婦女的評論，很多現代讀者會認為他的言論是有問題的。那保羅是否作為一個保守的社會分子，在運用他的權力維持現狀，而繼續欺壓女性？看來似乎是這樣的。在那些日子，保羅與被釘死的基督相像，自然讓他得著權柄的位分。[73] 保羅不怎運用他的權力反對哥林多人，而是更多地運用權力反對他們從社會價值體系而得的權力。換言之，保羅對社會公義的概念，超越了現代對「好」與「壞」的批判，而是一種對現存社會結構的洗禮，一種以基督為中心的洗禮。[74] 很多時候（但不是時常），保羅透過以基督為中心的世界觀，超越了他那個世界的現狀。在類似朗格的研究中，保羅的社會與我們的社會之間的鴻溝，展示了若把保羅應用於現代倫理中，這將會出現許多限制。現代人權和保羅的共同思路，將會是以他者為中心和以羣體利益為主的最基本概念。由於保羅的主要關注點，就是把所有事情與廣傳福音這個務實目標配合，[75] 因此，以保羅的觀點去討論現代倫理對政權的影響時，必須十分小心。這也是朗格認為困難的地方。

1.4 結語：有血有肉的歷史保羅

根據上文討論的各樣要點，是否就能知道保羅是誰？無論研讀保羅的方法如何難以理解，首要的考慮就是從「正確」的方法開始。而惟一的途徑就是去理解有關保羅的資料和社會的影響。從戴斯曼（Adolph Deismann）、藍賽、布魯士與漢瑪的研究中，我們已有一幅完整的圖畫，去知道保羅是誰。各式各樣的社會建構模式，塑造了一個可以跨立於猶太和希臘化世界的保羅。身為散居地羣體中的一分子，由於保羅在大數出生，並曾在耶路撒冷接受教育，因此獲得屬於希臘化和猶太化世界許多美好的東西。雖然保羅誇口說他是法利賽人，也是希伯來人中的希伯來人（腓三6；參徒二十二3），但他根本就是一個希臘化的猶太人，因為他是在大數出生。這是多麼的弔詭！

由於保羅是在大數這個知識分子聚集的地方出生，他應曾接受古典教育。大數好比今天的大學城，[76] 至少在表面上（若非深層），保羅可以討論不同的哲學思想和文學作品，且絲毫不比狄更斯或孔夫子遜色。他出生和成長的地方，有利於裝備他向外邦人傳福音。但是，保羅依然是希伯來人中的希伯來人，猶太人保羅不下於希臘化的保羅。無論是希伯來人或是希臘化的猶太人，保羅都視自己為真正的猶太教徒，因為耶穌的猶太教就是保羅的猶太教，這是保羅所關注的。在加拉太書一章14節，他明確地指出他在大馬士革所經歷的事件之前，是遠勝過他許多同儕。保羅在加拉太書一章以廣為人知的事實為論據，證明他是可信的。假如使徒行傳二十二章3節的記載是可信的話，那麼保羅就是偉大的猶太老師迦瑪列的門生，因此他曾受極好的猶太教育。由於他廣博的學習，他可以輕易使用不同的希伯來文和希臘文的舊約抄本，而不止局限於某一個語言或某份抄本。在保羅寫作的時候，他是有限度地接觸到聖經的。因此，在寫作中他不期然會運用一些聖經版本。現代沉迷於編修鑑別學（redaction criticism），所著重的是詞彙變化，這方法不一定能幫助詮釋者；其實，研究一個概念比研究一個詞彙更能幫助於釋經。當寫作的人引用某段舊約引文，往往只為了配合他當時寫作的目的。現代人無法接受這種引用舊約的方法，他們評論這方法顯然是不尊重舊約原有的處境。但是，保羅對舊約的尊重是源於他在往大馬士革路上的經歷。任何能夠證明基督事件的東西，他都優先看待。然而，基督事件並沒有改變保羅對以色列的關注。在羅馬書九至十一章，保羅指出假如上帝沒有誠信地對待猶太人，祂也不會誠信地對待外邦人。從這一點凸顯保羅對耶和華主權的關注。雖然保羅向外邦人傳福音，但他並沒有減退對猶太人的關注。在他的思想中，以色列依然佔著特別的位置，雖然他並非時常討論這個主題。

從比較宗教（comparative religion）的層面來看，保羅肯定沒有受到諾斯底思想的影響，因為諾斯底主義比他還要晚才成為一個運動。韋特利（D. E. H. Whiteley）曾說，諾斯底主義所用的詞彙有源自保羅一些書信，這可以解釋為何保羅沒有受這主義影響。[77] 但是，保羅有否曾經受到神祕宗教的影響？我們可以像回答諾斯底主義一樣回答這個問題，但更適當的說法是，保羅會使用他當代出現的文學用詞，使用時會撇除當時的用意，而用來指涉另一些宗教含意。大部分情況下，保羅是借用不同的詞彙和意象，更清晰表達自己而已。保羅非常懂得把他當代的宗教用詞「非神話化」，而注入基督化的元素，轉化成他心裏的猶太主義的真正本質，就像今天的宣教士為適切本土文化的需要，會在宣教工場把基督教處境化，但卻沒有失去基督教的本質。

當我們表明保羅是一個既屬於希伯來文化，又屬於希臘化背景的人，我們就繼續討論保羅、眾使徒，以及他的主之間的「分別」，這個問題從十九世紀已引起不少關注。早於宗教歷史學派全面發展之前，很多教父早已留意到當中的分別，不過初期教會的教父，似乎較多以耶穌和使徒的教導為焦點，保羅則要到較後期才備受注重，即使他寫了差不多四分之一的新約書卷。我們必須先承認有這樣明顯的分別，但問題並非在於是否有分別，而是如何去解釋這情況。我認為在以神—人子耶穌為焦點的基督論上，找不出甚麼問題，只是在表達的方式上卻有不同。那麼有甚麼不同之處呢？

從表達方式去看，保羅和約翰肯定是有分別的，我們可以在實現式終末論這共同議題中作討論。即使是同一議題，而保羅的終末論也有提及將來的層面，他們二人在表達其理念時也各有不同。兩者在終末論的重點上有所不同，或許是因為他們有不同的聽眾，而聽眾也有不同的屬靈經歷，並面對著不同的挑戰。較後期寫作的約翰，他所針對的是一個受苦的羣體。當永恆的生命看似十分遙遠之際，約翰要強調的是當下便可經歷永恆的生命（約十七3）。約翰的實現式終末論就是為了滿足這個目的。保羅卻截然不同，他的經歷建基於基督論式的救恩論這個事實。保羅關注的是要對抗其聽眾所要面對的諸種錯誤的救恩理念，他是以法庭的意象來表達他的信息的。保羅對實現式終末論的關注，是信徒在基督裏被稱為義並在祂裏面得自由，然後可以在聖靈裏生活。由此可見，雖然約翰和保羅都有提及實現式終末論，但其表達方式及焦點各異。

至於保羅與他的主之間的分別，或許我們轉向從另一個角度處理這問題。近代的人常猜測歷史耶穌到底有哪些教導。西方福音派的回應，就是提供一本紅字版的聖經（即：把凡是耶穌說的話以紅字表達），而非福音派人士則集合起來，以耶穌研討會（Jesus Seminar）的名義出版一本聖經。這些進路的問題是，詮釋者天真地以為，只要耶穌在說話，不用詮釋者在場，不知怎麼地答案就會愈快浮現出來。我們所擁有的文本是由一份又一份散開了的文獻集合而成的，內容針對不同需要的聽眾羣體。即使我們有方法在文本內找到耶穌的教導，也不是一幅完整的圖畫，而且距離完整還很遠。我們的歷史耶穌是被扭曲了的，因此，要比較保羅和耶穌也是不可能的。

根據上文的討論，我們只能將保羅與不同福音書的作者作比較，就如我們將保羅與約翰比較一樣。需要留意的是，當保羅寫作時，福音書很有可能還未寫成。單單這個時間上的差距，足以叫詮釋者要謹慎處理保羅與福音書的關係，並不要過分將兩者作比較。即使兩者是截然不同，若我們真的要作比較，也可以找到他們一些類似的想法。就以馬太福音為例，在登山寶訓裏，耶穌對妥拉的評價頗為正面（太五 17～20）。然而，詮釋者必須留意馬太福音的作者當時面對的處境。基督當時並不是要高舉妥拉，或勸勉人尊崇妥拉，又或指妥拉可以帶來救恩，而是著手處理人教導妥拉卻不遵照而行的倫理議題。換言之，馬太的基督是以妥拉這**傳統的主題**（topos）來討論一些倫理的事情。同樣地，保羅也在加拉太書三章 10 至 12 節和羅馬書二章 21 節認同馬太這說法。倫理的一貫性一直是妥拉的要求，無論是在保羅或馬太筆下，抑或出自耶穌之口。保羅表明妥拉的要求是一個事實，但卻把它應用在一個截然不同的環境裏。隨同妥拉的概念，馬太對公義的定義同樣也強調倫理。倫理的層面也見於保羅的著作，但卻較為不明顯。與此同時，當馬太和保羅譴責以色列的失敗時都直言不諱。歷史耶穌對以色列的譴責在保羅的著作中仍繼續出現（羅九～十一章）。稱義這詞雖然本身有法庭式的意味，卻建基於上帝這位審判官的義之上。舊約裏公義的上帝也是受欺壓的人的辯護者，同時祂也會為世界辯護（羅一 18～三 22）。上帝那法庭式的義，建基於上帝所定在倫理上的義。

那麼，根據上述討論，我們可以對耶穌與保羅之間的差別說些甚麼呢？這些只是表面上的差別，而不是真實的。假如把二人置於他們各自的猶太環境中，用詞上的分別依然會在這樣的環境下出現。除了用詞，我們也可以從神學角度看看這些問題。根據福音書作者的記載，耶穌是在被釘十字架**之前**對會眾說話，但保羅是在耶穌被釘十字架**之後**說話。耶穌主要（幾乎時常）是對猶太人說話，而保羅則主要是向外邦人說話，而且是處理外邦人與猶太教（彌賽亞式或非彌賽亞式）的關係，這也是保羅事工的重點。從這樣的終末性比較可見，存在分別應該是正常的，而不會教人驚訝。同樣地，前一復活與後一復活的意識形態也應該有的所分別。保羅是在耶穌復活**後**的新世代的開端作宣講的，他要致力把外邦人引入他的彌賽亞式猶太教中。那位曾經宣講國度來臨的耶穌已經復活了。保羅依循著君王耶穌基督，繼續宣講國度的信息。原本是宣講者的耶穌，如今成為保羅宣講的內容，而保羅的著作也就是要詮釋這位耶穌。

簡單看過上述複雜的問題後，那些強調耶穌、使徒與保羅之間的分別的人，顯然幫助了詮釋者去欣賞早期的人對耶穌各有不同的信念，而這信念卻在同一個猶太範式（但主動並獨特地延展至外邦人）之中。更重要的是，從歷史鑑別學家曾發現到的一些極端的差異，亦有助詮釋者領會到初期教會需要經歷掙扎，才能達致後來稱為基督教的一些共通之處。彼得和保羅等人很有可能並非時常以同樣的方式實踐他們的信仰（加二 11～21）。保羅與雅各很有可能也要在這早期的時候，處理基督對妥拉的含義。沒有一位作者堅決地要脫離猶太教，即使是保羅也沒有這樣做。在基督的復活與耶路撒冷會議之間，差不多有二十年時間討論這議題，也有向外邦的宣教。去擴展一個相信耶穌彌賽亞的猶太信仰這一宗教運動，即使是十年也覺很長。在建立彌賽亞式猶太教的初期，紛爭是難以避免的，最後這也塑造了保羅、彼得、約翰（以及其他人）這等作者。消除差異應看為是正常的。

無論學者之間有多少分歧，他們都一致同意，基督論對保羅來說是十分重要的。在討論基督論之前，那些倡議以上帝為中心的人，與那些倡議以基督為中心的人，彼此之間似乎出現張力。我們可以大膽假設：保羅從沒有脫離猶太教，一個以上帝為中心的模式，並不足以使保羅與他同時代那些不相信耶穌是基督的猶太人分別出來。在保羅遇見基督之前，他的思想很可能是以上帝為中心的。在接受基督之後，保羅開始使用那些只用來描述耶和華的詞彙（例如：「主」）來形容基督（參腓二10）。基度化・賴特（Christopher H. Wright）在他的巨著《宣教中的上帝》（*The Mission of God*）觀察到：「保羅使用了『主』這詞共二百七十五次，而幾乎都是指向耶穌的，他並不是第一個有這樣寫法的人。就如原始的表達"*marantha*"〔參林前十六22〕一樣，他從那些在他之前跟隨耶穌的人那裏，承繼了這個稱呼。」[78] 但這是哪一種基督論呢？一個廣被認同的看法是，保羅的基督論是連於亞當的。從斯高治（Robin Scroggs）、何蒙娜（Morna Hooker）到賴特（N. T. Wright），都認為亞當依然是基督論的討論核心。[79] 在此，詮釋者也要處理好些議題。首先，保羅把歷史上的亞當視為一個真實的人，縱然他所提出的重點，並非在於是否只有單一原始的一對。這與保羅一些寓意和使用舊約故事的做法脗合，例如加拉太書四章21至31節所指亞伯拉罕的兒女。有一件事，相比起亞當是否在歷史上真實的存在更加重要，就是究竟亞當是在保羅所有著作中出現，抑或只在他著作中兩處出現（羅五12～21；林前十五45）？這個答案，只能透過問另一個更寬闊的問題來解答：亞當基督論是否聯繫著保羅所有思想？從羅馬書五章可見，亞當基督論有一個羣體性的功用。桑德斯的參與模式（participation model）相比布特曼（Rudolf Bultmann）其存在主義人類學般的個人主義模式（individualistic model），對我們更有幫助。[80]同樣地，賴特的模式，就是把以色列置於亞當和基督之間，這模式也有其用處。以色列最終的職責在基督裏實現了，而按著上帝的形象而造的人類，也得以有分於基督。這樣，亞當就扮演著一道橋梁，聯繫著人類學和神學。然而，我們仍要在賴特的構思之上加上一件事，才使其完整。這些有關以色列的討論，都是以保羅向外邦人宣教為目標的。保羅的猶太教是獨特的，但卻不足以放棄那作為主要角色的以色列。他對以色列保持著適當的看法，但同時也看見以色列的未來必有偉大的彌賽亞盼望（羅十一25～27）。

在研究亞當基督論時，詮釋者也應該理解它的限制。何蒙娜提倡的替換模式須小心處理。在保羅的爭論中，亞當與基督的平行只是個類比，而不是一對一完全的對等。假如亞當和基督有一對一的關係，那麼就可以輕易跨越保羅的救恩論，進入普世主義裏，但這並不是保羅的心意，尤其根據保羅對上帝於現在與將來的憤怒這觀點來看（羅一18，五9）。亞當基督論的概念，可以透過數學模式中的「組」（set）和「子集」（subset）來描繪。整個人類是在亞當這「組」之內。亞當被規限在屬世的事情（如：罪、死亡與肉身之內），因此人類也被這些事情規限著。在這個「組」之內有一個「子集」，就是在基督裏的人類。在這個「子集」裏的人類，依然受到「組」內屬世的事情所規限。

保羅的著作廣泛地涉及倫理問題。他透過實現性行動中的實現式終末論來表達倫理的議題。就以聖餐（Lord's Supper）為例，它源自保羅其文化裏的逾越節筵席，它除了是聖禮的一種，也有重要的價值。教會是在主復活後至主第二次再臨這時期之間存在的，它要活出那個救恩（林前十一 26）。另外，教會不單在等待那將來，也要在現有的生命中活出其應有的模樣。對保羅來說，這將來不單正在現今開始成形，它開始成形的途徑，乃是透過稱義。當上帝公義的審判被視為即將發生，在散居地的羣體必須以敬虔等待這事的來臨（*1 Maccabees* 1.60～60；*1 Enoch* 90）。對保羅來說，將來的審判是透過那展示上帝大能的福音實現出來的。上帝公義審判的世代，對那些已稱為義的信徒來說，其實已經過去了。然而，上帝的憤怒既是現在的，也是將來的（羅一 18，五 9）。當一旦被稱為義，並進入義的羣體後，信徒就會得著聖靈，而他也可以被收納為兒女。

學者一直都在爭論使徒行傳的可信性，但這裏不會繼續作這爭議。當前最重要且需要我們努力處理的是，要看看保羅和路加的記載脗合的地方。有一點肯定的是：猶太人保羅心裏最先關注的是猶太人。不過，上文提到保羅是向外邦人宣教的宣教士保羅，那麼，這裏要如何作協調呢？是的，保羅肯定地是向外邦人宣教的宣教士，也全人投入這宣教中。與此同時，他醉心於把外邦人帶進猶太教裏。保羅這些看似矛盾的世界（猶太教和異教共存的世界），在他的書信和路加的記載中表露無遺。他毫不猶疑地表明他的心是屬於他的同胞的（羅九～十一章）。與此同時，他完全明白他在蒙召中所要承擔的是甚麼使命（加二 9），甚至使徒行傳也暗示這一點（徒九 11）。毫無疑問，那節經文反映了路加也受到保羅少許的影響。這些陳述並非在一個真空的狀態下說出來的，猶如是給那些不認識保羅的人的一些零散資料，而是有其處境性的。羅馬書是以他向西班牙宣教作焦點為處境，而加拉太書則以抗辯加拉太人對他的指控為處境。保羅打從心底深愛他的同胞。他對上帝將來計劃的終末式理解也和他的愛融貫一致。他一直從認知上理解他自己主要的使命為向外邦人傳福音，因此以他的知識在外邦人世界的文化圈內工作。保羅是雙重文化和能說多種語言的人，輕鬆地穿梭於猶太人和外邦人的世界，這使他成為這個使命最完美的人選。雖然他從未跟隨過歷史耶穌，但他被一個信念推動著，就是復活的基督終有一天會回來。為著基督的再臨，保羅忠心地執行他的工作。

2. 保羅書信：書信作者保羅

2.1「保羅」書信的定義

對於誰是保羅書信的作者，在歷史鑑別學上一直備受爭議。以下的討論，將有助於為歷史鑑別學（即：文本背後的世界）與以文本為中心的方法（即：文本裏的世界）建立一道所需的橋梁。我們會用少許篇幅討論這個議題，令這個保羅書信的概論更為完整。這裏所討論的並不新穎，但可能不是每個讀者都熟悉的。研究保羅的學者將保羅的書信分為三類。我所指的保羅研究，是指學者研讀保羅的方式，包括照字義理解和保守的理解。博格（Marcus Borg）和克羅森（John Dominic Crossan）為這三個類別作了最好的總結，就是：由保羅所寫的書信（按著一般的共識）；不確定由誰寫成的書信（同樣是按著一般的共識）；不是由保羅寫成的書信，卻宣稱是由保羅所寫（按著一般的共識）。[81] 我會逐一討論每類書信，指出現代的學術研究為何如此看待這些書信。

按著一般的共識，肯定由保羅寫成的書信包括羅馬書、哥林多前後書、帖撒羅尼迦前書、加拉太書、腓立比書與腓利門書。學者普遍的共識是根據三個準則：首先，這些書信的神學立場和主題方向似乎頗為一致。神學與某人對歷史的看法是重要的考慮因素。舉例來說，包爾（Ferdinand C. Baur）之所以接納這些是沒有爭議的書卷，因為它們反映了猶太和外邦基督教之間的裂縫。[82] 其次，這些是個人的書信，表示保羅認識那些真實的聽眾。第三，它們的用語很一致。

按著一般的共識，令人對作者存疑的書信包括歌羅西書和以弗所書，這兩卷書都很類似。因此，這容許余德林在研讀以弗所書時建構出一個種族性的「新觀」，卻沒有表明這卷書是誰寫成的。[83] 禾特（Michael Wolter）認為，那些帶有作者爭議的書信，就是那些從較早期保羅的思想演化成後期已趨穩定的保羅信仰（即：宗教傳統）的書信；而記載著保羅較早期演化中的思想的書信，則是較早期沒有作者爭議的書信（即："*Bekehrungsreligion*"）。[84] 換言之，那些沒有作者爭議的書信所座落的處境，並不容許保羅全面地表達他的信念並加以保存，而要到較後期帶有作者爭議的書信將之保存下來。除了要保存那些反映爭論處境的書信外，人還嘗試保存這些帶有作者爭議的書信，目的是為了保存保羅所有的教導。博格和克羅森開宗明義地指出，保羅也許沒有寫歌羅西書和以弗所書，因為當中有類似教會元老的和帶保守思想的語氣。[85] 除了神學上的不同，也有其他原因促使人想到這兩卷書不是出自保羅的手筆。從風格去看，這兩封信並沒有問候語，這顯出它非個人化的本質，這一點與那些沒有作者爭議的書信相異。這些書信較似是神學的論述文，尤其是以弗所書。

雖然傳統或保守的研究視以弗所書、歌羅西書、腓立比書和腓利門書為同一時期的作品，但其實以弗所書與歌羅西書這兩卷十分相似而又獨特的書卷，是與其他所謂「監獄書信」頗為不同的，從書卷所使用不同的詞彙已強烈證明這點。歌羅西書令人存疑，因為它有三十四個詞彙未曾在新約出現過的，也有二十八個詞彙見於新約，卻沒有在保羅書信中出現。以弗所書也不遑多讓。以弗所書有三十五個詞彙未曾在新約出現，也有四十四個詞彙見於新約，卻沒有在保羅書信中出現。這些數據本身似乎更加說明了兩卷書的類似性，卻又有別於其餘新約書卷；與其他保羅書信相比，以弗所書比歌羅西書則分別更大，當中有大量詞彙未見於保羅書信，卻在新約出現。這些詞彙見於以弗所書的次數比歌羅西書為多，這是完全可以理解的，因為以弗所書的篇幅比歌羅西書長，因此以弗所書有更大機會與保羅其他書信有更多的分別。然而，假如我們仔細讀加拉太書，就會發現它也是有別於其他沒有作者爭議的保羅書信。何爾拿（Harold W. Hoehner）在他一篇出色的文章中滑稽地辯說加拉太書不是由保羅所寫的，理由如下：首先，在加拉太書這樣較短的書信裏，有三十個詞彙只見於加拉太書，而沒有在新約其他書卷出現；也有五十五個詞彙從未見於保羅書信，卻在餘下的新約書卷裏出現。[86] 根據這邏輯，我們可以輕易地拒絕加拉太書是保羅書信。然而，沒有人——即使是包爾——會爭論誰是加拉太書的作者。假如我們繼續以這個邏輯去看，現代對保羅書信的作者身分之整個建構，將會一敗塗地。帖撒羅尼迦前書是一個很好的例子，它並沒有包含如羅馬書和加拉太書——兩卷都沒有作者爭議的保羅書信——的「稱義」這一詞彙，然而，帖撒羅尼迦前書依然是沒有作者爭議的保羅著作。布特（Michael Bird）在他最近的歌羅西書和腓利門書註釋中，以同樣的邏輯說明很多沒有作者爭議的保羅書信，同樣沒有類似的詞彙。[87] 經過這番討論後，筆者要發出一個提問：為甚麼有人要費心思在沒有作者爭議的其他保羅書信裏，尋找例如在歌羅西書中以巴弗的名字，而單單以此來支持他們的神學？即使沒有以弗所書或歌羅西書，保羅也似乎不需要任何幫助而引進高階基督論（high Christology）。蒲服（Richard I. Pervo）極有可能是對的，他視以弗所書和歌羅西書為傳閱的書信，是給較闊的聽眾層，所針對的是小亞細亞較闊的問題。[88] 蒲服最終未能提議誰是保羅書信的作者，但他主張傳閱書信的說法，肯定有助於把第二保羅（Deutero-Pauline）書信基本上視為保羅著作。[89]

按著一般的共識，被視為非保羅所寫的書信是教牧書信（提摩太前後書、提多書）。博格和克羅森一開始就指出，基於書信裏出現的反動主義與羅馬化的語氣，因而肯定保羅沒有寫這些書信。他們為這個保羅哀悼說：「多麼可悲！實在非常、非常可悲。」[90] 對於這樣激動人心的回應，實在要在「我不喜歡教牧書信論到女性的方式」之外另作解釋。雖然現在的潮流是視教牧書信為較後期和非保羅所寫的著作，但最早期的教父，如坡旅甲（Polycarp）和愛任紐（Irenaeus），早已聲稱這些書信是保羅所寫的。反對這些書信是出自保羅手筆的理由，與上述所提及的原因十分類似，因為斷定誰是作者的方法都是一樣的，即主要有三個準則：神學上、個人書信與用詞上。神學方面，教牧書信的保羅似乎對妥拉更為正面，標誌著有別於保羅的保守傾向。個人書信方面，教牧書信打破了保羅慣常寫信給羣體，而不寫給個人這種做法。關於詞彙使用方面，這問題更為複雜。教牧書信大約有一百七十五個字未見於新約，而全書將近三分一的字，沒有在沒有作者爭議的保羅書信中出現。[91] 它也沒有在抄本 P^{46} 出現。這些反對原因都是實在的，也不能忽視。就神學而言，筆者認為所有沒有作者爭議的保羅書信，它們所帶出的神學重點都各有不同，不獨在於教牧書信。加拉太書和接著的羅馬書有關妥拉的討論，都源於教會裏的問題。很多學者以為對妥拉的觀點純粹就是「保羅對律法的觀點」，這其實是不對的。筆者深信我們不能單從每封書信表面的表達，就可以完全明白保羅對妥拉的看法，而不需要理解書信背後的修辭技巧。再者，不同的用詞必定基於不同的書記——甚至是合著者——有不同的寫作技巧，下文會進一步討論這一點。我們必須認真地承認，託名著作（pseudepigrapha）與正典著作是不能共存的。[92] 作者的誠信在新約正典中必定佔一席位。唐拿（Philip H. Towner）表示，託名著作是時代錯置的，將其歸入非正典的文本較為適合，就像兩約之間或是後使徒時代的資料般。[93]

討論完這些理論正反兩方面的看法之後，筆者認為仍有很多問題尚待解決。筆者相信有很多事情仍無法確定，因為並沒有客觀的量度標準，斷定哪些是由保羅所寫的書信，而所謂客觀性都只是一個假象。整個辯論是一個這樣的循環：我首先斷定哪些著作是被認為屬於保羅書信，而其他有別於由「我」所斷定的保羅書信的著作，就是非保羅書信。諸如此類的事不斷發生。我們所面對的最大問題是，我們並沒有掌握到保羅的全部詞彙，而這些用詞可以出現於他的講論，卻不一定見於他的書信。下文有關書信是怎樣寫成的討論，將進一步解釋為甚麼保羅可能或不可能寫成這些書信。但現在我們必須先討論一些更重要的主題。

2.2 以書信為體裁（哪一類書信）

我們務要留意，書信並不是隨意寫成的。事實上，在保羅的時代，要記錄一些事件是要付上高昂的代價。米勒（Allan

Millard）估計：「在一世紀的埃及，一卷標準裝的蒲草紙的售價是四德拉克馬，而工人的薪金從半德拉克馬……到一德拉克馬……難以估計一本書的售價是多少，但假如是一卷以賽亞書，是一卷需要兩至三天才能完成的長書卷，那大約就要超過三天的薪金，再加上蒲草紙卷的價錢。」[94] 時常寫作的人都是較為富裕的。當然，每當保羅撰寫書信，必定有他的目的，並非為了一般的問安。我們需要認真研究保羅以書信的形式寫作的事實，才能理解這樣重要和有時候頗費心神的工作其背後的目的。

我們可以簡單地稱保羅書信為「書信」，但一位好的詮釋者應該進一步問：「哪一類書信呢？」一直以來，學者慣於稱保羅著作為書信，直至近代。然而，很多人對書信這詞彙都有不同的理解，有時候我們甚至沒有留意到這一點。讓我以一個熟悉的例子作說明，這例子是與上文保羅新觀那部分探討過的議題有關的。羅馬書的本質往往惹人爭議。當昔日的學者還未怎意識到自己在做甚麼時，他們傾向把羅馬書理解為一份教義。當我們看見他們怎樣評論羅馬書不同的神學概念時，便會發現他們這樣的理解是很明顯的。這樣的做法或許沒有錯，但這只是**一種**處理方式，或許視羅馬書為向不知名的聽眾，說明保羅信仰的一些見證。換言之，保羅寫羅馬書的大部分內容都是在寫神學評論，為向他的聽眾介紹他自己。

在我們進一步踏入這個範疇之前，必須先按著一世紀的書信寫作習慣而把書信分類。與一世紀一般書信的篇幅比較，保羅的很多書信都明顯長得多，筆者認為難以將兩者的書信作比較。即使如此，能掌握一世紀書信的寫作也是好的。另外，要把古代的書信歸類也是十分困難的，因為除了修辭技巧之外，似乎並沒有討論書信寫作的手冊，人只按自己的心意寫作。史杜也斯（Stanley K. Stowers）正確地說：「即使有任何有關初期基督教書信寫作的概論，也總有例外。」[95] 究竟我們應該從舊約的書信寫作傳統來看保羅，抑或應該按著羅馬人的書信寫作傳統來看他呢？答案幾乎肯定是後者。他要以外邦人的寫作方式與其外邦聽眾溝通。事實上，即使是使徒行傳十五章記載的書信，也是以外邦人的寫作方式寫成的。假如雅各書——就如路加所描述的——是以外邦人的方式寫成，那保羅的書信也應該是這樣。

因此，我們現在必須把在保羅時代所用的羅馬人書信歸類。就如我之前已經提過，我們證據有限。作者（或託名作者）底米丟（Demetrius）在一世紀寫了一本名為《論風格》（*On Style*；或 *De Elocutione*）的手冊，書內不單論到書信寫作，也論到修辭技巧。很明顯，到了底米丟的時代，講論與寫作有明確的分別。在某程度上，底米丟有頗為現代的看法，認為書信比講論更要小心處理用詞（*On Style* 224）。對底米丟而言，寫信的首要目的是為友誼，其次的目的就是要處理與法律事宜有關的官方文件（*On Style* 232）。他也區分書信與哲學評論文章或其他的論文（*On Style* 228）。換言之，這是視乎雙方的關係而言，在看書信時，或許會出現兩個基本的形式。對已經與作者建立友誼關係的友善聽眾來說，一封友誼書信乃維繫著那份友誼；對那些不太熟悉作者的聽眾來說，所寫的書信，則為了嘗試建立彼此關係，也為說服聽眾接納某個觀點而寫的。

從底米丟的分類可見，幾乎所有保羅書信都可以歸入友誼書信的類別，或許除了他寫給大部分不太熟悉的聽眾的羅馬書之外。與此同時，有些保羅書信雖然是寫給熟稔的聽眾，內容卻絕不友善（例如：加拉太書、哥林多書信）。因此，底米丟的分類是有問題的，因為它過分簡單地傾向一方。由於書信分類在古代（至少在一世紀）是這般狹窄，因此也促使不同作者開創不同種類的寫信格式。與此同時，學者對底米丟也有不同的詮釋。惠特（John L. White）根據底米丟的用詞，列舉長長的清單：友善的、讚賞的、責備的、申斥的、安慰的、解釋的、批評的、告誡的、威嚇的、責罵的、稱讚的、忠告的、懇求的、諮詢的、回應的、類比的、指控的、護教的、恭賀的、弔詭的與感謝的。[96] 根據底米丟的和後來的涅班尼烏斯（Libanius）的著作，史杜也斯喜歡依照家庭式的書信、稱讚和責備的書信，以及勸勉和忠告的書信。[97] 在勸勉和忠告的書信之下，他進一步分為勸勉書信、忠告書信、責備書信、斥責書信、責罵書信（似乎與斥責書信很相似）、安慰書信、調解書信、指控、護教與解釋書信。史杜也斯的努力令人讚佩，我們甚至可以發現，惠特與史杜也斯的研究有很多相近之處。然而，並不是所有的類別都同樣有幫助。舉例來說，他那有關家庭書信的討論，只是說明這些是在家庭成員之間所寫的書信，卻沒有說明這些成員之間有著怎樣的關係。其他類別尚算可以，有些卻劃分得太過仔細了。責罵書信、斥責書信與責備書信之間的分別，實在難以分辨。因此，我們可以看見不同的現代作者，對同一位底米丟的資料有不同的詮釋。從古代信函的例子中，我們可以得知保羅在撰寫書信——而不只是寫哲學論文——時所沿用的基本概念。以下是一些出於史杜也斯的著作中的典型例子，這些例子大約是出於保羅寫作的年代。我只是列出以下書信共有的基本元素。至於完整的內容，讀者應該參考史杜也斯和他所引用的資料。

> 赫拉克拉斯（Heraklas）致荷洛斯（Horos）和達哥尼斯（Tachonis），平安。不要為我們擔心⋯⋯我知道紡織員的四德拉克馬⋯⋯為了其他紡織員的緣

> 故，二十德拉克馬……並說明我很快就要來到。再見了——凱撒奧斯都督年。曹爾克月（Choiak）13 日（+9 十二月）並給荷洛斯他的兒子。[98]

> 西塞羅致屬於他自己的戴利西亞（Terentia）、杜蕾亞（Tullia）和西塞羅。你們從不以為我會給任何人寫較長的書信，除非有人寫了很長的信給我，而我認為我有責任回應他。我認為沒有比這更困難的。但是寫給你和我們親愛的杜蕾亞，我無法不以滿腔熱淚寫信……由於那是你們的意願，我不會去到更遠的地方，但是我希望你們盡可能時常寫信給我，尤其是假如我們對我們的盼望有更好的基礎。再見了，我所愛的、所親愛的人，再見了。帖撒羅尼迦，十月五日。[99]

> 塞尼加（Seneca）致屬於他自己的路西尼斯（Lucilius），平安。我親愛的路西尼斯，我感到我不單是在被改造，也被轉化了。然而，我還未能弄清楚自己，又或是滿足於那盼望，我裏面再沒有東西需要被改造……與此同時，我欠你們每日的小稿件；我會將我今日從以希加圖（Hecato）的著作中所得的快樂告訴你們，它有這樣的記載：「你問我有甚麼進展？我已開始成為我自己的朋友了。」那實在是帶來一個極大的益處；這樣的人永不會孤獨。你可以肯定的是，這樣的人是所有人的朋友。再見了。

史杜也斯有更多例子。我在上面列出的，說明了書信往往以個人化的語句來開始與結束，有時候加上問安或一些祝福句。書信的目的一開始就說明了。保羅書信大致跟隨同樣的式樣，都經常加上某種祝福，有時候祝福之後會有一些感謝的話，為要鼓勵善行。他也以個人的備註來結束他的書信，這些備註有講及他到訪的願望，又或講及他接著來的旅程。保羅書信與其他的書信這些共有的元素，說明了保羅著作與當時一般人的寫作習慣很相似。與此同時，保羅時常以「恩惠平安」和感恩的祈禱引入宗教元素。我們可以說，保羅在希羅慣例中作了一些革新。

當查看惠特與史杜也斯的著作，便可看到大量書信的蒲草紙卷，這都是一手資料，這些資料足以讓我們掌握到書信的寫作。不過，仍有一個問題：書信的篇幅全都很短，任何一卷新約書信的篇幅，都比它們來得長及詳細。事實上，它們大多沒有實際用途。惠特與史杜也斯按著詮釋底米丟對書信的分類所作出的歸類，在某一方面對我們是有幫助的，因為它為書信寫作提供了一些類別。但底米丟的分類，似乎是面向官方或法律的處境，而惠特與史杜也斯的分類往往不涉及法律問題。與此同時，他們限制了寫信人寫信的動機。假如我們把它們全都歸入更大的類別，友善與表揚類的書信相對，似乎又幫不上忙。如果將其中少部分類別交叉互用，或許會有幫助。有時候，勸勉可以與斥責或責罵並存，同時，斥責與責罵並沒有甚麼主要的分別。換言之，根據這些分類，我們可以看看保羅書信與當中有哪些用詞，是帶著一種比較正面或負面的語氣。

保羅書信的獨特性是不能過分強調的。書信寫作理論家如底米丟，都能幫助詮釋者掌握有哪些書信類別是有可能出現的；然而，底米丟也是藉著詮釋他人的著作，才能得出他的理論。雖然保羅樂於跟隨某些書信寫作的習慣，例如序言、問候，以及往往以問安寫成結束語，他書信的篇幅卻是很不尋常地長。除此之外，要把保羅書信歸類至一工整和短的類別裏，這幾乎是不可能的，因為他的書信包含了大量資料和不同主題，這或許可以歸納至一個主題之下，卻肯定無法整齊地歸入某個類別當中。

從惠特與史杜也斯的例子可見，以聖經以外的資料作為基礎去為保羅書信歸類是十分困難的。我引用這些作者，並不是為了貶低他們的貢獻；相反，他們的貢獻對理解保羅書信與他同時代寫書信的作者的異同，顯得十分重要。我們只可以從這些作者所提供的一世紀書信中取用一些例子，而且也只會使用顯而易見的例子。有些例子不過是充滿憤怒的簡短信函，對針對的內容點到即止，然後突兀地結束，無論在篇幅或描述上都比不上保羅那充滿憤怒情緒的書信。[100] 其他例子有些只是循例針對某些特定行為而勸勉；[101] 也有些是討論特定的公務或交易的問題，就那些方面要作決定。[102] 有些則回應另一封收信者發出的信，因為收信者的信失傳了，所以回應的內容也顯得含糊。[103] 即使是相對較長（似乎是較正式的）的信，其中一封信的內容，是處理公元一世紀在亞歷山太的問題的，但若與保羅書信相比，也不過是一張小小的便條而已。[104] 愈長的書信，分類愈是困難。對畢生研究希羅書信的小史迪禾特（M. Luther Stirewalt Jr.）而言，除了保羅，即使是寫了較長書信的西塞羅，他的作品也難以分類。[105] 沃森（Duane F. Watson）指出，保羅又或這個彌賽亞運動開創了一個新的書信體裁，他的説法不無道理。[106] 在小史迪禾特重要的研究中，頗多討論到書信—論文（letter-essay），這可以成為一個獨特的課題。這些書信是回應著其他更公式的書信。[107] 然而，小史迪禾特的"*chreia*"（一般稱為格言）闡述模式（expositional model），只能適用於保羅討論舊約引文時的一小部分。保羅書信或許看似論文，但這些書信並不是經常回應其他公式信函。因此，愈是遠離公式的或法律文件（即：根據一些手冊），就愈難把書信歸入手冊之內的類別。保羅書信並不如惠特與史杜也斯所選為屬於短書信。與此同時，這些書信也不是像底米丟手冊中所指是在法律處境中寫作的。換言之，我們只能以底米丟的分類作為參考用。在筆者查考惠特與史杜也斯的資料和執筆之際，也得承認若自己以一世紀的分類為基礎，在歸類書信方面也有限制。有誰可以說，每百年（當然是根據我們的年代學來看）所代表的某些寫作潮流，若不是以希臘文寫成就是以書信形式寫成？除了正規的書信歸類之外，必定有其他可以斷定保羅寫信的目的的方法。我們在這裏要引入下一個主題：口傳形式的表達與接著的修辭技巧的討論。

2.3 在口傳社會中寫作

在保羅的社會，大部分人都是沒有讀寫能力的，尤其是外邦人。這一點或會令讀者感到驚訝。社會學家及研究經典的學者，很早以前已留意到讀寫能力的問題。舉例來說，西普拉（C. M. Cipolla）推論是希臘化主義對讀寫能力貢獻很大。[108] 事實上，較遠古的年代，讀寫能力已經以不同的程度存在。學者頗輕率地引用希羅多德（Herodotus；8.22）來證明古代人有讀寫能力，但我們需要以哪一種讀寫能力去研讀保羅呢？這才是重要的問題。事實上，肯安（F. G. Kenyon）簡單地假設羅馬人因佔領了埃及而導致埃及人可以有讀寫能力。[109] 埃及文士的存在，不過表示因為當時那裏有些沒有讀寫能力的人，得聘請抄寫員為他們書寫，以致有抄寫員存在的需要。這個錯誤來自那些太過欣賞古代文化，卻沒有認真顧及其他因素的人。假如這個羅馬傳奇有一點準確性的話，那麼，約公元前一三〇〇年，迦德馬斯（Cadmus）的日子也許就已經存在了。很多為這些觀點辯論的人，會加上他們本身的觀點，令問題變得更加複雜。在我們的世界裏，有很多人——特別是那些貧窮和住在不安定地區的人——今天依然沒有讀寫能力。惟有現代的普及教育及大量印刷品的出產，才能使人有讀寫能力。根據哈里斯（William V. Harris）的估計，當時羅馬的讀寫率可能低至百分之十。[110] 哈里斯的資料來自一八七一年的意大利到一九六〇年的摩洛哥，並以它們作為研究羅馬世界的模式。雖然我認同古代讀寫率的統計有時候像徒勞無功，但沒有讀寫能力似乎是當代的正常現象。[111] 哈里斯的數據，展示了與今天部族的情況有很多平行的地方，包括欠缺大量印刷書籍、欠缺公眾教育、家庭經濟負擔、貧窮的經濟記錄，以及專業抄寫員的存在。雖然並沒有可觀的資料證明羅馬人讀寫率是這樣的低，但今天在某些部族裏，也有類似的情況。事實上，這種對比並不局限於部族社羣。

為了接下來的討論，筆者還是先說明自己所指的讀寫能力是甚麼意思。讀寫能力並不是說人可以讀明路標或商店的標誌，甚或是可以記錄個人賺取了多少或應該收到多少錢。很多移民到歐洲的第一代華人**只能**讀明標誌，其他東西都看不明。這並不是我對現今有關保羅研究的讀寫能力的定義。在保羅的時代，有些人或有能力寫收據或一張欠單，卻完全沒有讀寫能力，因為除了基本的技能之外，讀寫能力根本沒有多大用途。足以稱一個讀者為「有讀寫能力」，他需要有更精確的技能，當中包括閱讀一些沒有標點符號，而字母之間是連接著的長篇書信。假如我們以這個準則來衡量今天的英語讀者，很多說英語的人甚至無法讀懂以這種方式寫成的文字。然而，在保羅的時代，有讀寫能力的人就有能力這樣做。沒有讀寫能力的環境是由很多因素形成的。我們今天閱讀印刷品的方式在一世紀並不適用；然而，我們卻繼續讀保羅的書信，猶如原本的聽眾真的在視覺上讀到這些書信一樣。儘管其他學科愈來愈多有關口述傳統的研究，聖經學者——尤其是華人聖經學者——大都忽略這些重要的洞見。現代聖經研究大部分都被那些細微分割的文本誤導著。文本的意義繼續被扭曲。有些基督徒甚至宣稱得到聖靈的光照，但這樣空洞的神學修辭技巧，無法掩飾他們對保羅的心意完全誤解這事實。學術界還要更多研究口述傳統的問題，才會取得任何的進展；華人學界過去完全沒有這樣做！

在保羅的時代，只有那些有足夠財力的人，或是擔任書記的人，就是那些有主人願意支付其教育費用，以致可以為那個家族的事務擔任書記的人，才有讀寫能力。兒童的教育來自校長（拉丁文是"*grammaticus*"），而他的工作就是要確保學生可以用心記著所有資料。到更高級的程度，修辭學家就會取代校長的工作，幫助學生明白這些資料。教育級別說明了口傳在一個大部分人都沒有讀寫能力的社會中的重要性。修辭學家的最終目標，就是透過說話說服他的聽眾，所以聽眾是透過聆聽而非閱讀去接受信息的。收集修辭技巧傳統的昆體良（Marcus F. Quintilian）在他的手冊中寫了有關口傳修辭質素與風格的重要評註（*Inst*. 2.1 ～ 17）。昆體良是公元一世紀的人，單是這一點，足已說明口述傳統很早已經形成。聽眾不單接收信息，也接收了有很多在文本以外的資訊，包括甚麼資料和從誰而得到的這些資料。接收的媒介和過程應該決定我們的詮釋。[112]

在古代，口傳的實況很早已在一個頗為不同但相關的學科中受注目。在本世紀之初，派利（Milman Parry）與萊特（Albert B. Lord）研究塞爾維亞—克羅地亞語（Serbo-Croatian）的詩歌，嘗試解答荷馬的來源問題。荷馬文本的作者身分是否單單為了延續一個口述傳統？他是否在聽過不同的傳統後才寫作呢？詩歌最早期的形式是在劇院朗誦的嗎？他們以歷時的（diachronically）方式，把在這個世紀從世上某處觀察到的詩詞現象，再加諸在荷馬的模式上，並以跨文化的方式把那些從斯拉夫文化建構的理論，加在地中海世界的產物之上。這些理論似乎在體裁和年代上沒有關聯，但它們確實代表著在某個情況下所產生的某種文學。只要現代詮釋者明白所有口傳社會彼此間相似之處，派利與萊特的重要性就永不會磨滅。這些理論作為任何保羅書信的基礎是絕對必要的，因為筆錄下來的資料是藉口傳來傳遞的。假如這是真的，而筆者亦相信這些是為了解釋保羅著作的資料來源，那我們就要提問一連串新問題，又或者至少以另一種方式，提問同樣的問題。

保羅的著作本身有沒有任何提示，指出它根本是口傳形態呢？保羅展示了很多線索。帖撒羅尼迦前書五章27節說明了保羅書信是要大聲誦讀出來的。單單討論口傳並不足夠。我們也必須討論憑聆聽來接收，以及一份勸說性的文獻如何影響聽眾。當誦讀的人發出聲音，聆聽的人就會聽到聲音。然而，聖經研究已有一段很長的時間停滯不前。費莉根（Ruth Finnegan）對其他文學的觀察，同樣或可以說是特別適用於聖經中，尤其是保羅書信：「演繹（performance）的概念，似乎在這個文學範圍以外，甚至是反對它的。然而，那些指向演繹的重要性的人，不似是研究文學的學者，而是人類學家、民謠家、文化歷史學家和其他學科的學者（和實踐者）。他們透過親身的表演藝術，以及在西方正典慣常的高度藝術以外的經驗，討論這些問題。」[113] 保羅曾指出他的字寫得很大（加六11）。假如不是因為書信其他部分有較小的字（可能是保羅的助手把保羅的話記錄下來），且有別於六章11節所描述的，保羅為甚麼要提到這一點呢？保羅其他的書信也說明了類似的事（林前十六21；門19

節）：他親筆寫他的問安。惠特有關古代書信的重要研究指出，書信結束部分往往都包括問安。[114] 至少，結束的部分幾乎一定有個人色彩。那為甚麼只有問安是由保羅親筆寫的？豈不是因為書信餘下的部分都是由另一個人寫的嗎？最明顯的線索依然是羅馬書十六章 22 節，德丟清楚寫道他是代筆人，因為冒名寫信是一個嚴重的問題。[115] 因此，保羅清楚展示了他是以羅馬人的慣例寫作，寫信的人依賴聽寫員和書記，以及大聲誦讀他們主人其寫作的信差。這一點正正就是小史迪禾特有關「書信取代作者親身在場」的研究。[116] 即使早於以斯拉的年代，就是被擄後猶太教（post-exile Judaism）最早期形成的時期，那些有讀寫能力的人是很有權力的（拉七 6）。我們或許不明白為甚麼抄寫員會有這樣重要的地位，但如果我們明白到在沒有讀寫能力的社會中，那些有讀寫能力的人，是能夠控制那些沒有讀寫能力的人，那麼，我們就不再感到疑惑了。再者，在相信以聖經作為宗教經典（即：猶太教和後來的基督教）的羣體中，那些可以讀明聖經的人，比無法讀明的人有較大的自由隨己意詮釋聖經。

在較早前有關文本世界的討論中，我們曾經探討過誰是保羅著作的作者的議題。書記的存在肯定提供了一部分答案。假如書記在寫作過程中有很多參與，而假如有不同的書記撰寫不同的書信，這樣便可以解釋為何不同書信有不同用詞，因為不同的書信是由不同的書記寫成的。在保羅生平某些時期，便有某些書記為他工作。難怪某些書信的用詞，對於那些對保羅著作存疑的現代鑑別理論者來說，會是這樣陌生。這也解釋了為何某些書信十分類似，例如以弗所書和歌羅西書。或許甚至在撰寫以弗所書、歌羅西書與腓立比書（甚或腓利門書）時，保羅有不同的書記，當區分以弗所書和歌羅西書的同時，也可以區分腓立比書和腓利門書。雖然哈頓（Mark Harding）認為要在一些有爭議的書信中辨別出書記是十分困難的，但寫作是一個集體過程，除了書記以外，還涉及同工和其他助手，單單從作者沒有提到書記的名字這一點，並不足以否定保羅是作者。[117] 書記和合著者（例如：提摩太、以巴弗提等）令我們幾乎無法確定書信是由誰寫成的。曾經有批評者認為，教牧書信並沒有書記。在這樣情況下，可以換個角度來辯論：教牧書信真的是由保羅寫成，而其他書信都是由書記執筆。事實上，派利亞（Michael Prior）正正使用這個邏輯來辯論，並寫了一本書來說明這一點。[118] 在大部分書信裏，保羅與他的書記或許一同寫成該書，而其中有些書信比別的為甚。彌克（Bo Reicke）在評論要區別真正的保羅書信與第二保羅書信的可能性時，他正確地指出：「一個作家在他或她的桌前完成了的寫作是有版權這現代概念，是不能應用在保羅書信的作者身分其真確性和誠信這討論上。」[119] 彌克是正確的。論到現代的單一作者概念並根據用詞統計去質疑作者時，彌克很幽默地補充說：「保羅不可能寫信，他只能寫明信片。」[120] 奧科拿（Jerome Murphy-O'Connor）注意到，在堅尼（Anthony Kenny）與洛民（Kenneth J. Neumann）的著作裏有關每封書信獨特詞彙的兩份最準確統計分析之中，也有類似的趨勢：「兩個研究都凸顯它們欠缺準確性，對目前的共識來說，多少令人感到驚訝。它們推斷以弗所書、歌羅西書和帖撒羅尼迦後書是與羅馬書、加拉太書和哥林多前後書很相似，就如後者彼此之間也很類似。」[121] 還有一點：假如保羅是在跟隨他所積聚的、來自初期信徒的傳統，並把它們與一些希羅習慣一同融入教牧書信，結果會怎樣呢？假如保羅改變他的寫作策略，沿用以上的方法，那麼我們便無法藉著用詞或神學，斷定這些書信並不是由保羅所寫的。因此，「準確性」只是個假象，這在乎所採用的方法。我認為我們要相信令人存疑的書信是由保羅所寫的；即使不是這樣，我們也可看見保羅的傳統或保羅大大影響著這些令人存疑的書信。

那麼，從最初的構思到最後成書，保羅的寫作過程是怎樣的呢？假如我們猜想（雖然我認為是很有可能的），保羅的著作從他取得二十至三十尺長的蒲草紙卷開始。蒲草紙卷是希臘人在公元前三千年發明的，那是由蒲草莖交叉織成的寫作材料。[122] 他召了他的同工或書記來，開始他的寫作過程。之後，一隻字母接著一隻字母抄寫下來，字與字之間很可能沒留有空間。之後就會檢查字母，看看有沒有串錯字或聽錯了。保羅繼而會以海綿輕擦錯誤的地方，並以正確的字或另一個字填補空隙。當紙卷乾透，他會把它交給他的同工，送給他的收信人。為免收信人不明白保羅的意思，信差同時也作詮釋者。在保羅的例子中，信差就是他的同工。當書信送達目的地後，整個信仰羣體就聚集在一起，聆聽信差朗讀書信，而他也可以解釋細節。這樣，一封保羅書信寫作過程便結束。[123]

那麼，一個口傳社羣的溝通模式又是怎樣的呢？為了詮釋保羅的書信，詮釋者必須回答這個問題。即使在約三十年前（但直到最近，這才影響到聖經研究），昂格（Walter J. Ong）已大大改良了派利與萊特的觀點。根據昂格，類似韻律、重複、對偶、押韻與頭韻等特徵充斥著每個口傳文化。[124] 假如我們認為這很奇怪，只需要看看盧森保格（Bruce Rosenberg）對非裔美籍人士的民間講章研究結果，就會發現當中也包含著押韻與頭韻。[125] 耶穌會的著名拉丁文格言完美地闡明了口傳文化：「重複是學習之母。」換言之，這些特徵可能也在一些保羅的著作中出現。保羅著作中重複的特徵，有時候被誤以為單單是保羅複雜的寫作策劃中出現的扇形結構。重複可能比華麗的扇形結構更加簡單。重複是為了聽眾而使用的強調方式。思想的呈現模式既簡單又直接。

保羅的聽眾會是甚麼樣子的？費莉根的研究提供了一些線索，說明保羅或要面對哪一類聽眾。[126] 首先，聽眾是一個羣體，聆聽著信差朗讀的資料。聆聽是一個社羣活動。與現代最接近的平行例子是，有些美國圖書館有兒童的「故事時間」，當中會有一羣來自不同背景的兒童聚集在一起聽故事。另一個平行例子是著名的作家在茶座舉辦的讀書會。雖然有學者嘗試在口傳文化中奠定一個理論，但人類的複雜性依然令很多人感到十分沮喪。大部分的模式，大致上對某些獨特的情況都是正確的，而費莉根那個並存模式，即有讀寫能力的人與沒有讀寫能力的人並存的模式，則完全配合保羅的聽眾。那麼，這又有甚麼含義呢？

首先，現代神學家傾向抽象的事情，但古代的聽眾則傾向實際的事情。因此，現代聖經研究的神學家往往與原來的聽眾背道而馳。筆者這說法看似是簡單化的陳述，但某方面他們正是這樣。畢竟，靠著聆聽接收信息，比單單聽到文字的聲音更加複雜。聽眾原本熟悉的概念，當然會在聲音之外給予意義，但傾向實際是一件「實際」的事。當人聽到一些文字後，這些文字就會被轉移，成為過去。換言之，人並沒有機會取回這些文字，去作一些正典性的比較或匯編的工作。這是多麼遺憾！當強調實際時，應意味著一點：文字的意義是由處境斷定的。詮釋者愈是跟隨文學的處境去讀，所得的意義就愈是正確。詮釋者愈是脱離文學的處境，所得意義就會與原意愈離得遠。處境就是一切。

第二，每封書信都是針對特定的羣體。詮釋者最大的毛病，就是過於把一封書信的意義讀進另一封書信裏。很多不主張獨立研讀保羅書信的人，傾向把別的書信的意義讀入自己研究的書信裏。最佳的例子莫過於以羅馬書詮釋加拉太書，又或是反過來以加拉太書詮釋羅馬書。假如口傳的書信是從開始到結束都是向一個特定的羣眾宣告，那麼，整封書信加上寫作的環境就是決定其意義的關鍵。整個保羅正典有太多資料了。換言之，哥林多後書不可以詮釋哥林多前書，羅馬書也不可以詮釋加拉太書，如此類推。在一些充斥著爭辯與辯論的書信中（例如：加拉太書、哥林多前書），研究口述傳統在言語爭論中所扮演的社會角色必定能幫助我們。[127] 在這個情況下，伯格利亞（Valentina Pagliai）的舌戰模式（model of verbal duel）事實上就甚有幫助了。[128] 視保羅文學為兩派人士之爭的人是正確的。保羅書信是針對某些爭論中那敵對聲音而寫的。因此，讓我冒著重申明顯的事實的危險，再次強調一點：保羅從不單單為了爭論處境中的資料而教導一些事情。所有的書信都有修辭元素，因為所有的書信都是說服性的。加拉太書從來不只是以因信稱義為主要的福音內容。言語上的爭論從來不是為要說教，因為一方正在嘗試說服另外一方他是對的。就如伯格利亞指出，所面對的問題是，爭論（甚或是侮辱）是建基於某個獨特的文化處境，到一個地步以至於沒有受過訓練的眼睛（或耳朵）會認為文本只是為了提供資料。[129] 我強調「沒有受過訓練」，因為這正是很多時候出現的情況，當人閱讀保羅書信時，往往視之為一份提供資料的著作。在比劍時，雙方之間必定至少有兩把劍。決鬥這一課題，並不是關於研究一把劍有多漂亮和多精緻。文本不過是一把劍，是難以掌握的，更不用說要把整個保羅正典拉進討論之中，同樣重要的是我們要尋找另一把劍。

第三，就如我在我大部分著作中屢次表明和展示的，序言和跋是口傳社羣著作的重要部分。[130] 在這樣的情況下，即使序言和跋似乎是包圍著整封書信，賦予意義的也不是扇形結構的中間部分。他伯特（Charles H. Talbert）有一個重要的洞見，有別於一般扇形結構與框架結構的分析。他聲稱，與其「觀看」扇形結構，詮釋者應該察看那重複的模式，讓聽眾聽到經段是在哪裏開始，在哪裏結束。[131] 處理扇形結構的舊有方式是尋找中間那部分，並宣稱那就是經段的重點，這似乎是由視覺來主導詮釋，而不是憑聆聽去接收信息。這已不需要進一步說明了。事實上，除了本人之外，有很多學者在不同時間已留意到，這觀點不單對保羅書信而言是正確的，對一般的口傳社羣（包括一些現代的口傳社羣）來說也是一樣。這些學者往往在他們的研究中花了很長篇幅單單討論這個問題，卻不甚關注扇形結構在視覺上的審美價值。[132] 因此，序言和跋應該成為詮釋書信其他部分的框架，而詮釋者必須努力尋找連繫著這兩個的中斷點，才能找出整卷書信的框架。帶著個人化語氣的序言，往往包括作者、聽眾和一些寫作的背景。有時候，當保羅好心情時，他還會加上感恩的話。跋則傾向是個人化的備註，例如在書信結束時再次問安，展示作者與聽眾之間的關係。[133] 假如保羅有親筆簽署或寫上類似的事，那中斷點就很明顯了。

第四，當研究口傳的學者研究過其口傳羣體時，他們都有一個一致的看法：記憶與言說的關係密不可分。舉例來說，重複的聲音或模式喚起其他重複的聲音和模式。在表演藝術方面，即使是在古代，表演內容往往都會切合觀眾所認知的範疇之內。十七世紀的卡洛琳英語劇院（Caroline English theater）是按品味與階級（即：指草根階級對上流社會）而調較內容的，這是最佳例子。[134] 讓我以一個現代例子簡單說明：假如有人要發表講論，並按著要點背熟講論的內容，聽眾應該察覺到，在第二點之後將會是第三點。這是以兒時所學習的「一、二、三」為前設。讓我再舉一個例子：在主日學中成長、學習背聖經金句的兒童，更能記著聖經的經文。有些兒童在學懂閱讀之前，早已背誦了很多金句。每當我讀到保羅所引用的舊約經文時，我往往會問自己：「他的聽眾如何知道那節經文呢？」豈不是因為在他們腦海中早已有了與那節經文相關的記憶嗎？因此，在研究口傳社羣時，我們必須問這些問題：「聽眾知道多少呢？聽眾是如何知道的呢？」很多詮釋者都沒有問這些問題。相反，較常提問的詮釋問題是：「作者心裏所想的是甚麼？」這反映了「蘇格蘭常識」（Scottish Common Sense）的閱讀方式，他們把文本看為記錄資料的著作。然而，文本是一個修辭式的溝通，或是其中一方要向另一方的單向說話。假如我們視之為口傳的修辭技巧，那我們就必須認真看待聽眾的知識論（audience epistemology）。因此，這正是筆者將要在下一部分討論保羅使用舊約的原因，並且也不是按一般方式討論他引述哪個舊約來源，而是討論他的聽眾實際上是如何掌握信息，使他所引述的舊約經文言之有理，因為保羅所引述的舊約經文，並非平均地分佈在他的書信中。而且，倘若我們把所有正典裏的保羅書信都視為由保羅所寫的，就更加要討論這問題。我們必須假設他的聽眾**真的**明白舊約引文，但關鍵在於：「他們是如接收那些信息？」

第五，從上述討論可見，口傳與修辭技巧必須緊緊連在一起。西塞羅的書信留意到他在寫他的社會之時，主要是為耳朵，而不是為眼睛而寫的（*Fam*. 2.4.1）。很自然地，古代社會口傳的社會功能，在某種密切的關係上，可以為口傳和修辭技巧作出貢獻，這也解釋了為甚麼我們會按照修辭技巧，總結保羅是書信作者。然而，若不理解口傳，單憑修辭技巧的研究就無法解決任何問題，因為長久而又抽離地去研究話語分析或美輪美奐的古典修辭分段，更甚的是研究精心設計的扇形結構，都無法說明口傳和聆聽這簡單的事實。任何以視覺主導那結構組合的文本，都是為有讀寫能力而設的現代印刷產物。我記得一位非裔同僚曾如此說：「這些複雜的結構組合在非洲是無用的。」他比我大部分的西方同僚更明白口傳是甚麼。

在口傳社會裏，寫作是怎麼樣的呢？我認為我們可以透過在地下鐵中以手提電話通話的類比來作簡單講述。當我們聽到別人在地下鐵中以手提電話通話，我們幾乎可以聽到一半的對話。保羅的著作是記錄兩批人之間的對話。我們只是聽到其中一方的對話。當布力克（Vincent P. Branick）說保羅的神學是複雜的，筆者會再加上：如此複雜是因為保羅的聽眾來自不同背景。[135] 除了聽眾的口傳處境外，理解保羅在其著作中（包括舊約引文）的其他影響，這也很重要。就如博格和克羅森寫道：「當我們讀保羅書信時，我們就像在讀別人的電子郵件，除非我們知道當時的情況，他的書信可說是頗為晦澀的。」[136]

2.4 深受舊約影響的寫作

筆者帶著一點恐懼與不安開始這個題目，深知已有很多學者討論過這題目。若與這類研究相比，這部分會較為簡單。筆者希望向讀者介紹一個值得探討，卻又還未被學術羣體全面討論過的題目。要好好討論保羅如何引述舊約，應該提到保羅所採用的是哪一本聖經。他是使用希伯來文文本抑或《七十士譯本》？這個問題的答案是很複雜的，現有最早期的希伯來文文本（即：「馬所拉文本」〔Massoretic text〕）是在公元六至十世紀之間面世，推斷是在《七十士譯本》之後。雖然猶太哲學家亞里多布（Aristobulus，公元前 170 年）和後期的斐羅斷言《七十士譯本》是由七十二位學者為多利買二世非拉鐵非（Ptolemy II Phiadelphus，公元前 285～246 年）翻譯而成的，但它有可能譯自更古老的希伯來文文本，估計大概屬於公元前三百年的抄本，學者稱為「原始—馬所拉文本」(proto-Masoretic Text)。[137] 更有可能的是，我們今天有的《七十士譯本》從希伯來文文本翻譯完，甚至是好幾百年之後，已經過多次的編修。所以我們現有的，無論是希伯來文文本或《七十士譯本》，都未必是保羅當時使用的。換言之，學者所問的問題，往往是時代錯置的。[138] 我們只能夠接受，保羅引述舊約時，必定有使用好些希伯來文和/或希臘文版本，不論是從他記憶中或確實擁有一些抄本。我們甚至不處理有可能很早已存在的他爾根(Targum)，這是給亞蘭語羣體的亞蘭文譯本，也是保羅所熟悉的，因為篇幅有限，在此無法處理這個問題。我們只能夠説，由於亞蘭文與聖經的希伯來文很相似，為了簡單地討論保羅引述舊約的問題，我們只能採用「希伯來文文本」或「七十士譯本」等時代錯置的標籤。

根據史密夫(D. Moody Smith)一篇甚有幫助的文章中指出，保羅發現《七十士譯本》的創世記和詩篇有很多共通點，但筆者也發現保羅所用《七十士譯本》的創世記任何一段經文，都與希伯來文文本脗合。這並不是説，保羅在釋經時必定使用《七十士譯本》，而是他有可能記著一部分的《七十士譯本》，又或是他有一個有混合文字的文本。[139]《七十士譯本》很能配合保羅的引文。因為與《七十士譯本》有很多雷同之處，這顯示保羅從會堂學會的宗教教育，至少有部分是帶有希臘化色彩的。假如保羅是在迦瑪列門下受教，那他的老師必須對那些在會堂中説希臘語的人有很大影響力。即或不然，保羅至少偏好某些書卷，例如創世記的一部分、以賽亞書和詩篇。為甚麼呢？答案很簡單，因為他曾接觸或較熟悉這些書卷。尤其是詩篇，他有可能在會堂典型的崇拜中頌唱詩篇。如今當保羅與擁有大部分書卷的會堂保持距離，於是大大限制了他接觸書卷的機會。畢竟，禮儀上的讀經環節是會堂生活中的重要部分，[140]因此，會堂就好像是舊約書卷的寶庫。脫離會堂之後，保羅就要使用他擁有的書卷，或很有可能是憑記憶了。

當研讀保羅時，學者想將保羅所用的舊約歸類，但卻遇上很大困難。他們使用類比、預表、倫理應用等詞彙的描述來給保羅的引文分類。筆者甚至認為，保羅肯定將很多舊約內容單純和簡單地看為預言（參加三 16）。與此同時，他肯定脫離了他的會堂背景（林後三 14 ～ 15）。在我們找到保羅使用舊約的詳細描述之前，還涉及很多別的問題。當處理舊約對保羅寫作的影響時，我們絕不能把引文當為某些數據來看；相反，我們必須先明白保羅為甚麼要引用舊約。正如我們都知道的就是，保羅所知的舊約書卷必定不止創世記、以賽亞書和詩篇。某些書卷如加拉太書、羅馬書與哥林多書信，比其他書卷包含了更多其他舊約書卷的引文，例如羅馬書一章 17 節引用哈巴谷書二章 4 節，哥林多後書六章 16 至 18 節引用以西結書三十六章 27 節及以賽亞書五十二章 11 節。不平均的舊約引文分佈和影響，顯示保羅書信的書寫是一個修辭策略，視乎寫作處境而定。換言之，若有人引用舊約經文煽動保羅的會眾，保羅自然也會引用舊約經文答辯；因此，如何引用舊約經文就必須考慮一個反對保羅福音的處境。保羅的聽眾所知的舊約內容，必定不及保羅那樣多。因此，以下有關修辭技巧的討論，將進一步說明在保羅著作中引用舊約經文的觀點和影響。察覺到保羅受著「舊約影響」，這也是一種修辭技巧，我們必須以保羅書信來立論。在保羅的日子，有很多出自聖經的立論已有被人使用。猶太修辭學較少受到希羅手冊的指引，卻反而較多以聖經作論據，當解釋某段舊約經文之時，往往是用來支持作者的立論。因此，保羅使用舊約就應是一種「修辭技巧」。除了修辭性地使用他的舊約，還有哪些釋經方法呢？

論到釋經，我們無法避免討論保羅以舊約作論點的方法。雖然米大示證據（Midrashic evidence）是在保羅之後，但它也可以用來說明猶太修辭學怎樣透過聖經作支持的指引。「米大示」這詞源自希伯來文「學習」或「尋求」一詞，是猶太教的一種詮釋方法，在猶太人宗教生活中扮演著實踐的功用。[141] 它的目的並不是為了修辭或有系統討論，而是說明猶太教是如何「實踐」出來的。[142] 畢竟，順服是忠心的真正記號。如史葛（J. Julius Scott）指出，很多敬虔和受過教育的猶太人，尤其是領袖，都會使用七個基本的米大示詮釋方法，[143] 這些方法稱為「希尼的七個規則」（seven rules of Hillel）。希尼是一世紀的拉比，他的曾孫是教導保羅的迦瑪列。這些規則不單是猶太人的修辭方法，也在羅馬人中以不同形式出現。我以「對罵」一詞來形容它，因為這詞當中有很多對話的元素。另一個學者則喜歡用「辯論」來形容這些方法，因為作者嘗試講出這樣的對話是有邏輯地逐點「支持」或「反對」某些事情。無論這些方法是否源於希尼，保羅似乎使用了，有時候甚至混合好些方法一同使用。從這七個詮釋方法，我們毫無疑問可以進一步明白保羅的修辭目的和策略。

第一，詮釋者可以從小到大（又稱為「從輕到重」）爭論。這個邏輯的最佳例子是：「假如這個原則對這件小事來說是正確的，那麼這個原則對這件大事來說也是正確的了。」羅馬書九章 9 至 13 節是完美的例子。這段經文引用了兩段舊約經文。在羅馬書九章 9 節，保羅引用創世記十八章 10 及 14 節，有可能是因為創世記的經文是屬於某種重複的結構（即：扇形結構？）。在羅馬書九章 12 至 13 節，他引用了瑪拉基書一章 2 至 3 節（《七十士譯本》）。創世記十八章 10 及 14 節說明上帝從兩位母親揀選了兩個兒子；瑪拉基書一章 2 至 3 節説明上帝從同一位母親揀選了兩個兒子中的一個。第二個引文建構的情況比第一個更強。假如有人反對第一個引文，説：「因為不是夏甲而是撒拉，上帝的揀選只是因為那個兒子是從一個恰當的母親而出」，那麼保羅第二個引文就這樣回應：「但是上帝也從同一位母親而出的兩個兒子中揀選了其中一個」。因此，由於第二個引文比第一個更有理據，它就中止了所有的爭議。

第二，詮釋者可以以兩件相同的事作論證。這個邏輯的最佳例子是：「假如這兩件事是這樣類似，那麼同一個原則就應該適用於兩者了」。羅馬書二章 24 節就是一例。保羅在此引用以賽亞書五十二章 5 節（《七十士譯本》）。很明顯，以賽亞書五十二章 5 節並非在討論保羅時代的猶太人。然而，保羅發現以不順服的角度來説，兩者是平行的。因此，他引用了以賽亞書五十二章 5 節去説明他那個年代的問題，他完全知道兩個年代的平行，卻沒有受制於過去的歷史。

第三，詮釋者把一個文本的一個詞、片語或概念普及化，然後應用於其他有類似主題的文本上。亞伯拉罕的故事就是一個最佳例子，説明這在保羅著作中如何起作用。創世記十五章似乎是保羅喜歡用來描述亞伯拉罕的信心的經文。保羅寫羅馬書四章 3、9、18、22 節時，是從創世記十五章 5 至 6 節得到啟迪的。同樣地，保羅也在加拉太書三章 6 節引用創世記十五章 6 節，借此為同一個主題辯證，他如此的使用，也許是為了不同的修辭目的。

第四，詮釋者可以抽取兩個相關文本的詞、片語或律法規條，從中建構出一個原則。事實上，保羅在羅馬書三章 10 至 18 節已是這樣做了，他不單以一節，而是以多節經文辯證人類完全的罪性。他引用了詩篇五篇 9 節（《七十士譯本》），十四篇 1 至 3 節，三十六篇 1 節；五十三篇 1 至 3 節；一四〇篇 3 節（《七十士譯本》）與以賽亞書五十九章 7 至 8 節。

第五，詮釋者可以從獨特開始轉到普遍的作辯證，反之亦然。一個好例子是哥林多前書九章 9 節，保羅引述申命記二十五章 4 節（《七十士譯本》）。清楚的舊約例子提到若牲畜有付出勞力工作，就當給牠食物。接著，保羅把它應用到在哥林多教會工作的人身上，指出在教會工作的人，同樣要得物質上的供應（林前九 10 ～ 14）。

第六，詮釋者可以借用另一段性質類似而意思較為明朗的經文，解釋一段意思不明朗的經文。保羅在羅馬書九章便使用了一連串經文說明他的觀點。羅馬書九章 25 節引用何西阿書二章 23 節，而羅馬書九章 26 節則引用了何西阿書一章 10 節。兩段經文都提到那些不被稱為耶和華子民的人是「祂的子民」。那些「不被稱為耶和華子民」的人，原本是指以色列人，如今保羅卻將之應用在外邦人身上。這樣的類比會令人感到困惑，保羅立即在羅馬書九章 27 至 28 節加上另一位先知以亞賽的話，透過以賽亞書十章 22 至 23 節（《七十士譯本》）說明他的意思。在以賽亞書的經文中，以賽亞論到以色列的餘民，但在羅馬書九章 25 至 26 節中，意思就不是那樣清楚了，因為這段經文是用來證明羅馬書九章 24 節的，而保羅在那裏論到上帝揀選外邦人。因此，這會令熟悉何西阿書二章 23 節和一章 10 節的處境的聽眾感到困惑，因為保羅以這兩節描述反叛的以色列的經文來描述被揀選的外邦人。這或許導致他使用以賽亞書十章 22 至 23 節（《七十士譯本》）去平衡他有關部分猶太人餘民被拯救的立論。這個立論引入羅馬書九章 29 節的修辭高潮，那裏引述以賽亞書一章 9 節（《七十士譯本》），說所有猶太人都可得拯救，其實都是一個神蹟。因此，我們可以看見保羅是十分謹慎地選擇經文去說明他的看法，目的是確保能夠涵蓋所有對象，並同時傳遞一個信息：任何人可以得拯救或被揀選這事實本身是個神蹟。

第七，詮釋者可以挪去舊約經文的處境，並把該節經文重新用於他當時的處境中。以弗所書四章 8 節是個好例子。筆者知道很多學者都有理由相信以弗所書不是出自保羅的手筆，我卻有自己的理由相信這卷書是由保羅所寫的。[144] 我們暫且把誰是作者這討論擱在一旁，單單以以弗所書四章 8 節的引文作例子。這裏引述詩篇六十八篇 18 節是頗難處理的，因為引文似乎是形容某個以色列的牧人君王。然而，保羅編修了好些詞彙，提供了解釋，並在以弗所書四章 9 至 10 節用來形容耶穌。很多人對一個君王帶領著一羣被擄者的記載大感不惑，因為保羅的應用裏並沒有提到被擄者。解釋這個問題的最好方法是：保羅沒有提到被擄者，因為這段經文與被擄完全無關。他只是保留了整段經文，沒有打斷經文原本的思維。保羅以王權和給予恩賜的題旨為他的焦點。因此，他是把舊約經文的處境應用在全新的處境中，並把不配合他目的的部分挪去。保羅似乎以同樣方法，將創世記三章整章經文，應用在羅馬書五章 12 至 17 節，以及哥林多前書十五章 45 至 47 節的討論。儘管他相信那些事件的歷史性，他卻應用那些經文在現今和終末的人類實況上。

然而，當察看這些方法時，詮釋者也需要留意其他問題。我相信上述的討論，對研究保羅的讀者來說並非新事，但往往被忽略的（並非所有人都會忽略），乃是上文提到這些書信的口傳面向。口傳的情況直接影響保羅對舊約的使用。我所說的口傳，並不是指保羅從口述傳統中學習舊約（這往往是對舊約文本形成的傳統觀念，即使是在第二聖殿時期），而是指聽眾憑聆聽去接收資訊的問題。我們必須掌握到一個確定的原則，而我們將要在修辭的部分詳細討論：保羅的聽眾大都理解那些舊約經文。假如他們在最初聽到時並不明白，那麼保羅所寫的書信，尤其是那些充滿舊約引文的部分，都是白費工夫了。現代詮釋者並不明白這一點，因為那些書信與我們今天的現代處境有一段距離。因此，詮釋的討論幾乎必須時常問以下的問題：「原本的聽眾對這信息的把握有多少呢？聽眾是從哪裏取得這樣的信息的呢？從保羅嗎？從煽動者嗎？抑或兩者皆是？」而假如保羅的聽眾主要是外邦人，那麼以下的問題便更加重要：一羣外邦人是如何理解這些複雜的舊約引文呢？我們必須回答這個問題。答案可以來自（至少有部分）下文將要提及的修辭模式，因為畢竟文本是作溝通用的。假如聽眾並不明白大部分的內容，那溝通就是失敗的；但是，事實是這些保羅書信得以保存在正典之內，足以說明它們可以被人理解，也被賦予重要的價值。聽眾的理解應該是個支配一切的詮釋原則，尤其是以書信作為溝通方式時。事實上，保羅的聽眾羣中，有很多人理解這些舊約引文，足以證明筆者這樣說是對的：保羅是在他的福音中宣講某種以基督為中心的猶太教。

2.5 寫信與修辭技巧

研究文本對理解保羅的概念十分重要。最普及的文本研究來自修辭研究。修辭研究有獨有的規則，而詮釋者會選擇正確的規則用來釋經。當我們使用修辭研究的詞彙時，對不同的人可能有不同的意思。有些人會以微觀為焦點，有些人會以某個語言學現象為焦點。

貝茲（H. D. Betz）的加拉太書研究為保羅書信的修辭研究奠定基礎，而類似朗格內克（Richard N. Longenecker）、韋特寧頓與朱偉特（Robert Jewett）等人也延續他的工作。貝茲應邀撰寫加拉太書研究時，他的計劃頗為簡單：「保羅給加拉太的書信，可以按著希羅修辭學和寫信的技巧和原則來分析。」[145]他的意思是，詮釋者可以根據古典修辭手冊，探討整個結構，然後斷定所屬的修辭類別。肯尼地（G. A. Kennedy）提出三個類別：[146]第一，法庭式的修辭（judicial rhetoric），涉及真理與公義的討論；[147]第二，審議式的修辭（deliberative rhetoric），涉及判斷個人利益和將來的好處；[148]第三，表演詞藻技巧的修辭（epideictic rhetoric），涉及對事物態度的改變或深化某個信念。[149]貝茲把保羅的書信歸類為護教類別，他大概經過仔細的文本分析後，才寫下這樣的導論的。[150]貝茲從加拉太書不尋常並相對較長（至少對保羅書信來說）的自傳中得出這個線索。[151]貝茲以這個歷史敘事為焦點，卻沒有採用歷史鑑別學，而是把這個歷史敘事當作整卷書的修辭基礎。這是在文學上與歷史鑑別學旨趣的一個關鍵性決裂。他的「歷史」是在保羅的文本以外，卻在亞里斯多德之內，因為他在那裏提供了很多護教書信的例子，並把加拉太書分為法令（一1～5）、緒論（一6～11）、敘事（一12～二14）、議題（二15～21）、舉證（三1～四31）、勸勉（五1～六10）與結論（六11～18）。[152]亞里斯多德以口傳的層面為焦點，而貝茲則繞過這議題，堅持書信是用來取代即場的口傳。[153]與此同時，貝茲留意到古代修辭的法律性功用，假設保羅把加拉太人的情況理解為一幅圖畫，畫裏是一個法庭，且有陪審團在內；保羅便是辯護者，令護教成為某種法庭式的修辭技巧。[154]由於修辭分析的部分最終目標，是為了找出作者的修辭意圖，貝茲在此開創了一個新趨勢，讓保羅的研究延續了一段很長的時間。自此，很多人致力為保羅書信歸類為這種或那種的修辭目的。頗受香港神學生歡迎的韋特寧頓也大致跟隨貝茲的進路，把加拉太書歸類為審議式的論述。[155]

自從貝茲在新約研究範疇開展了修辭學的革命後，學界已進行很多分類，以致朗格內克的加拉太書註釋在上下兩部分混合了法庭式（forensic）與審議式的修辭體裁。[156] 朗格內克在他的近著《羅馬書概覽》（*Introducing Romans*）中承認分類的困難，[157] 並稱這種修辭分析為「歷時分析」。所謂「歷時分析」的東西，很多人會稱之為「時代錯置的分析」，因為手冊的日期事實上並不是保羅的時代，保羅寫書信之前，手冊早已面世。朗格內克這個混合修辭體裁不單顯示古典修辭分類的困難，也顯示出分類既無可能，也帶有強烈的主觀性。那麼詮釋者可以怎樣分類呢？朱偉特的羅馬書註釋向我們展示出重拾社會—歷史層面去查證這些分類的重要性。換言之，文本無法獨立於歷史處境以外。古典修辭本身無法得出肯定的答案。其他的概念，可以來自其他修辭鑑別學。到了朱偉特寫了他的巨著後，很多詮釋者不再感到有需要根據肯尼地倡議的三個古典類別（法庭式的修辭、審議式的修辭、表演詞藻技巧的修辭）來把書信的修辭分類。相反，即使古代修辭傳統引導著詮釋者，詮釋的過程也較多採用修辭手冊那描述性方面的內容，以察看這些技巧有否被保羅使用。朱偉特本身較著重按著書信的使節／外交書信體裁分類，而不是按著古典修辭類別分類。沉迷於以古代修辭類別分類的熱潮似乎過去了。只要看看沃森的分類概覽，就能得見倡議使用古典修辭架構的人的困惑。[158]

除了貝茲、朱偉特與韋特寧頓之外，有些學者也脫離了慣常以古典修辭的宏觀結構來看不同的語言描述，從而分析保羅的修辭的做法。其中一位是朗格內克，他的著作《在分界線上的修辭學》（*Rhetoric at the Boundaries*）集中討論保羅書信裏主題之間轉接位的連繫點。[159] 朗格內克在很多方面貢獻良多，我們在較早前也提過他如何詮釋保羅和加拉太書裏的終末性。這是一本貢獻良多的著作，因為它幫助詮釋者避免傾向把一些看似無關的主題，當作保羅後來加添的想法，又或更甚的是，當作保羅混亂的邏輯思想表達。朗格內克從古典修辭手冊的分類借用了大量資料，卻沒有受到這類手冊的整體結構所束縛。因此，關鍵是「轉接」(transition)，又或他稱為「連鎖緊扣」(chain link interlock)的東西，把不同的主題緊緊扣在一起，成為保羅的整體立論。這樣的緊扣往往以「A-b-a-B」的平行或小型的扇形結構出現。[160] 如此，朗格內克就決定性地脫離了對「扇形結構是寫作技巧，為要傳遞扇形結構裏最中間的信息」這傳統理解。[161] 他脫離這個架構的原因，正是因為一世紀的口傳—聆聽文化。[162] 他從斐羅、約瑟夫、布魯達克(Plutarch)，甚至是包括以賽亞書四十八章 16 節下至 22 節、五十三章 2 節下至 6 節等聖經經文所提供的豐富例子為論證。保羅也在他的寫作中展示了這些文學特徵。舉例來說，朗格內克指出哥林多前書八章 7 至 8 節有類似情況，保羅在那裏先引入對信徒牧養上的關注，然後在八章 9 至 11 節作進一步申論，而信心軟弱的概念在之後的八章 10 及 12 節出現，並漸漸離開了他在較早部分所採用的第一人稱複數表達方式(參林前八 4、6)。[163] 朗格內克以同樣的策略，解決羅馬書七章 25 節的另一個釋經問題，學者一直認為經文的內容並不配合處境。朗格內克留意到，雖然羅馬書七章 25 節並不配合之前的處境，卻與羅馬書八章 1 節及接著的經文適切地串連起來。[164] 總括來說，朗格內克以段落如何轉接到其他段落為焦點。這是一個重要的貢獻，因現代的聖經譯本(以及希臘文文本)往往加插了段落與章節分段，以致扭歪了詮釋者的範式。現代詮釋者並非時常意識到原初的寫作並沒有章節分段，雖然他們知道這個事實。朗格內克的研究，對於這方面的重要省察貢獻良多。

到了這裏就開始有點混亂了。根據保羅本身的表達，他是反對修辭技巧的話語（不論那些話語有多少修辭元素在內），似乎希羅的修辭手冊無法幫助我們完全理解保羅。不過，看完堅拿（Craig S. Keener）的哥林多前後書註釋後，所有疑問將會除去，但卻令人想到保羅曾否正面地看待希臘的修辭方式。[165] 方斯（Johan Vos）最近的著作，則展示出保羅事實上可以採用非常具有彈性的策略，甚至可以不理會或不受這樣的手冊限制。[166] 也許，分析較短的段落，可以解除詮釋者所面對的修辭僵局。也許古典的三個類別——審議式的修辭、法庭式的修辭與表演詞藻技巧的修辭——可以輕易標註較短的經段。根據今天的修辭鑑別學，在理解到聽眾知道甚麼之後，這種分類法有助鑑別學家掌握文本可以怎樣影響聽眾。這種分類法也幫助詮釋者免去猜測到底保羅是否有意用這個或那個策略書寫。這只是一個理解文本有可能在說甚麼的估計方式。當意會到古典修辭的限制後，最新的趨勢便進入較自由的修辭描述，而不再受古典手冊分類的限制。[167]

除了朗格內克之外，也有其他研究出現，它們都離開了僵化的古典修辭範式的限制。學者早已對保羅的修辭技巧感興趣，[168] 筆者已出版的論文《從奴僕到兒子》（*From Slaves to Sons*）就是主要討論隱喻，並以由佩雷爾曼（Chiam Perelmann）與奧爾布萊茨—圖泰卡（L. Olbrechts-Tyteca）使普及化的新修辭方法為基礎。[169] 選擇隱喻的原因是因為它們時常被大眾濫用和當作寓言。這個研究以加拉太書的隱喻為焦點，視隱喻為普世性的語言現象。因此，隱喻的描述是一種語言的扭曲（verbal twist），是有技巧地改動一個詞彙或片語的原本意思，成為另一個意思。[170] 它的語言結構容讓意思被扭曲，因為隱喻結合了作者所描繪文本裏的主題的一幅圖畫。這幅圖畫可以很多來自文本以外的社會，而主題則是文本之內的。結合兩者而又沒有忽略任何一方，都會導致隱喻的出現。這個研究是為了糾正對隱喻的修辭用法常見的誤解。學者一般視隱喻為作者所描繪惟一的圖畫，但那可不是隱喻，因為意思是多變和無法控制的。詮釋者可以過度的詮釋，並把整個社會敘事或語義學的範圍加進隱喻的意思裏。這樣，文本就是能滿足詮釋者的目的了。舉例來說，在加拉太書六章 17 節，保羅從其中抽取意象的文化處境，就是奴隸烙印或刺青的習俗。[171] 假如按字義理解，這幅圖畫就是說保羅身上有耶穌名字的印記或刺青。然而，加拉太書六章 17 節的文學處境似乎表示，保羅受苦是因為他反對煽動者和其跟隨者以割禮為真正記號。[172] 無論保羅所說的記號是甚麼，按字義或象徵來理解，這肯定不是指紋身。較早的文本表示有可能是指患病（加四 13 ～ 14）。因此，文本以外和之內的因素有助建構隱喻的意思。由於人普遍都時常使用隱喻，保羅也不例外，因此這類研究很輕易便可以轉移到其他文本。那些支持以敘事進路研究保羅的人，會發現同類的隱喻肯定有助整卷書信的釋經。[173]

我的研究集中於較小層面的隱喻，其他人則以不同方法研究修辭技巧。史葛為了研究保羅的知識論，他花了全書後半部的篇幅，討論保羅如何以他本身的修辭技巧重構故事，繼而進一步重新編排故事的情節，然後把他的聽眾置於敘事之中。[174] 史葛與筆者的研究相似，也是研究加拉太書。雖然史葛的研究與那些以敘事進路研究保羅的頗為相近，但其焦點並不是要找出最大的元敘事，以涵蓋保羅所有著作的研讀。相反，他以加拉太書為焦點，目的是要理解加拉太書的段落，但不是按著古典修辭的模子去理解，而是根據文本的任務去理解。史葛並不在乎哪一段經文應分為哪一類，他反而著眼於一個在加拉太書進行中的敍述，究竟如何變得迂迴曲折——隨著保羅正嘗試說服他的聽眾不要只作觀眾，而要成為上帝的一台戲裏的參與者，並知道該怎樣活出新的生命。

在保羅透過口傳的溝通過程中，也有一個社會的面向。讓我們在這裏看清楚修辭技巧這個研究是甚麼意思。我們所說的口傳（與寫下來的相反）的修辭包括兩個世界：舊約聖經和外邦社會的世界。文本是保羅溝通的媒介，但社會的面向卻超出純粹書寫的文字而延伸至口傳世界裏。它可能涉及聽眾、煽動者，甚至是教會裏互相攻擊的那羣人。要到最近，舊約學者在傳統資料中才提及記憶的重要性。[175] 論到聽眾究竟怎樣知道很多保羅的舊約引文這一複雜問題時，我們必須承認，最適切的估計應是他們從會堂歸正，那裏的人習慣大聲誦讀聖經；此外，也有可能是保羅教導他們聖經，或者更好，是煽動者（也許）錯誤地教導他們聖經，而保羅為此而回應。這些都是真實的可能性，必須透過作者和聽眾共通的記憶，又或學者所稱的「社會記憶」（social memory），逐一探討。[176] 我們從以口傳為基礎的研究，轉到主要以希羅手冊為基礎的研究，再轉到對保羅的著作有一更靈活的理解。那麼，誰是正確呢？我相信各方都有道理。初期教會公開的書信，是由一羣少數有讀寫能力的人，向那些憑耳聽接收的公眾誦讀出來。因此，所有書信都是為了要被誦讀而寫的，目的是要原本的聽眾很快明白和應用它。寫作與口傳的面向之間有道橋梁。在這個口傳羣體之內，有一個很大的知識庫，而從上文討論關於在外邦人中使用舊約這部分，便可得見。詮釋者在研讀文本時必須銘記在心。

上面說了這麼多關於口述傳統的事情，可見修辭技巧與口述傳統完美地糅合起來。當我們討論修辭技巧時，我們應該同時討論口述傳統；而當我們討論口述傳統時，我們也應該同時討論修辭技巧。這樣說並不表示神學命題不重要，但若然我們從口述修辭技巧來閱讀，神學的陳述就超越了經文的表面結構而承載意義。在底層的是另一個獨立的層面，這個層面也同樣重要。人怎樣溝通，將會直接影響那信息本身。

2.6 結語：保羅書信的立體感

保羅的文本有它本身的故事。這個故事包含了至少三個元素：它的影響、口述傳統，以及它的修辭技巧。在通過處理修辭技巧，我們可以在完全拒絕或完全擁抱古典修辭學的價值兩者之間取得平衡。保羅來自大數這一深受希臘化影響的城市，他很熟悉古典修辭。[177] 與此同時，為了更深刻地影響聽眾，他並沒有被古典修辭所限制，而失卻了其寫作上的創意和彈性。當我們細看前文的整個討論時，最終會得出一個必然的結論：保羅以他的神學塑造出一個敘事世界，而他就是在這世界裏寫作。保羅是考慮過聽眾所知道的事情之後才寫作的。這個敘事結合了聽眾的處境（將在下文討論）與來自保羅背景的豐富資料。就如我早已提過，這個信息的傳遞方式混合著口傳與寫下來的文本。當我們用這種方法研讀保羅時，我們必須思想到神學方法就是一種敘事方法，而口傳的觀點就是一種修辭技巧。對聽眾所帶來的衝擊與文本本身記載的內容，兩者幾乎同樣重要。

2.7 為了現代信仰而閱讀保羅書信

保羅書信的傳統閱讀往往偏向實用主義，但把保羅的教導應用在信仰羣體時，卻不一定達致自省。大部分處於基要派及自由派兩極立場的人都有這個問題。前者不強調保羅與我們之間是有距離的，而後者則因為兩者的距離，而強調保羅的信息與我們無關。兩個解釋都無助於那些想從信仰立場研讀保羅的人。教人驚訝的是，最近的意識形態批判學（ideological criticism）卻開始解決一個問題。在詮釋和應用經文之前，意識形態批判學坦然承認一個詮釋學的立場（hermeneutical stance），並把讀者置於其自身的世界裏。在這個框架下，現代文化不一定是主觀或「錯誤」的。事實上，作出如此的一種詮釋行動，就是在理解保羅之時，承認現代的關注和洞見會帶來幫助。

在傳統的意識形態批判中，無論它是以性別或政治為基礎的，都涉及詮釋者在某個社羣中的參與（例如：在非裔社羣中的美籍非裔解放詮釋者）。而哥士告魯夫（Charles H. Cosgrove）、惠斯（Herold Weiss）與楊克勤最近的跨文化保羅研究，最能說明一個新趨勢，因為每個詮釋者詮釋保羅時，不單從他自身的社羣經驗（例如：美籍華人透過美籍華人的觀點詮釋保羅）出發，也從自身的社羣以外（例如：美籍華人透過本土美國人的觀點詮釋保羅）這樣做。[178] 很多時候，這些研究有助於給那些頗為反對保羅的一股勢力命名。這樣看來，它就與傅柯（Michel Foucault）對語言與權力的理解完全脗合。[179] 每個詮釋者不單是討論他的種族與文化背景如何影響詮釋，但也討論如何透過其他文化背景來影響他們自身的經驗。他們的表白與我在此書的導言所作的基本上一樣。坦然承認自己詮釋的立場，不單是誠實，也是一種謙卑的做法，把假裝的「客觀性」與優越性，呈送在那著作的現代讀者眼前，以致現代讀者可以自行從歷史保羅尋找與他們有關的信息。因此，詮釋的精神較多是在於對話，而不是「看看我可以教導你甚麼」。雖然這些作者在學界都享負盛名，他們的研究並非毫無根據。研究顯示現代文化處境與保羅的文化處境之間既遠且近。每個詮釋都先以歷史敘事觀點為詮釋的開始（例如：簡短的阿根廷或中國宣教史，以及它與保羅的關係），然後才尋找保羅提及過的類似主題。簡單來說，無論採取哪個立場，對現代讀者來說，保羅既有一個公共神學（public theology），又有一個個人神學（private theology）。在應用保羅於現代世界時，這是一個很好的模式。

後現代主義已然重擊西方，尤其是福音派。然而，我們不需嚴詞痛罵後現代主義。我相信保羅是頗有助於後現代主義的某些趨勢。舉例來說，我們無法否認保羅曾應用其詞彙中的羣體用語。[180] 很多人都忽略了保羅以複數代名詞形容基督教會，以致大部分基督徒都認為基督教是「我與上帝的關係」，而忽略「我與其他基督徒和世界的關係」。對於這個概念的處境化和濫用情況，保羅必會感到很驚駭。後現代主義提醒教會（和所有現代主義者）：詮釋是一個羣體活動。後現代主義的公共倫理、而不是現代主義的個人道德觀，其實正正與保羅所使用的關係性語彙十分脗合。保羅的信仰可以適用於現代社會。假如人能稍為放下他們的個人化詮釋，而去理解保羅所指的猶太教其集體實踐是甚麼意思，人還可以有真正明白保羅的希望。

按著現代的解讀方法，包括非基督徒哲學家的解讀，人可以叫保羅說任何話。基督徒以他們的印象塑造保羅，而華人詮釋者亦可以叫保羅中國化，如此類推。所以，詮釋的最重要起始點，仍需要付出更大的努力觸及猶太教的保羅。無論現代的解讀最終帶我們到了哪裏，假如欠缺猶太人的組成部分，那麼我們甚至無法靠近保羅，並按著與保羅一致的目的來應用他的倫理教導。任何解讀若不考慮到保羅對第二聖殿猶太教的貢獻，這解讀都已偏離軌道，到頭來是無法挽回的。

註釋：

1. Daniel Patte, *Paul's Faith and the Power of the Gospel: A Structural Introduction to the Pauline Letters* (Philadelphia: Fortress, 1983).
2. Patte, *Paul's Faith and the Power of the Gospel*, 77, 87ff.
3. Patte, *Paul's Faith and the Power of the Gospel*, 7.
4. Patte, *Paul's Faith and the Power of the Gospel*, 12 ～ 13.
5. Patte, *Paul's Faith and the Power of the Gospel*, 14.
6. Patte, *Paul's Faith and the Power of the Gospel*, 21.
7. 例如 Jerome H. Neyrey, *Paul, In Other Words: A Cultural Reading of His Letters* (Louisville: WJKP, 1990)。
8. Ben Witherington III, *The Indelible Image* (Downers Grove: IVP, 2009), 41.
9. 見 Dieter Mitternacht, *Forum für Sprachlose*, CBNTS, 30 (Stockholm: Almquist & Wiksell,1999), 18 ～ 20。
10. Mitternacht, *Forum für Sprachlose*, 18.
11. Mitternacht, *Forum für Sprachlose*, 19.
12. Dieter Mitternacht, " Wahrnehmungen und Bewältigungen einer Krisensituation, " in *Erkennen und Erleben. Beiträge zur psychologischen Erforschung des frühen Christentums*, ed. Gerd Theissen and Petra V. Gemünden (Gütersloh: Gütersloher Verlagshaus, 2007), 168 ～ 169.
13. Seyoon Kim, *The Origin of Paul's Gospel* (Grand Rapids: Eerdmans, 1982), 31.
14. Geoffrey Turner, " Righteousness of God in Psalms and Romans, " *SJT* 63 (2010): 295 拒絕知性上的贊同的想法，卻支持以「忠信」來評估信心或信念。當然，知性上的贊同是不完全的，但肯定是這信仰的圖畫的一部分。
15. 有關斐羅的討論，見 David M. Hay, " Philo of Alexandria, " in *Justification and Variegated Nomism: The Complexities of Second Temple Judaism*, vol. 1, ed. D. A. Carson, T. O'Brien, and M. Seifried (Grand Rapids: Baker, 2001), 357 ～ 379。
16. 見 Markus Bockmuehl, " 1 QS and Salvation at Qumran, " in *Justification and Variegated Nomism*, vol. 1, 383 ～ 384 的討論。
17. Daniel Falk, "Psalms and Prayers," in *Justification and Variegated Nomism*, vol. 1, 12 ～ 17.
18. Daniel Falk, " Psalms and Prayers, " 39.
19. Craig A. Evans, " Scripture-Based Stories in Pseudepigrapha, " in *Justification and*

Variegated Nomism*, vol. 1, 59 ~ 61.

20. Evans, "Scripture-Based Stories in Pseudepigrapha," 64.
21. Evans, "Scripture-Based Stories in Pseudepigrapha," 71.
22. Philip R. Davies, "Didactic Stories," in *Justification and Variegated Nomism*, vol. 1, 110 ~ 111, 119 ~ 121.
23. Davies, "Didactic Stories," 116 ~ 117, 123.
24. Davies, "Didactic Stories," 129.
25. Richard Bauckham, "Apocalypses," in *Justification and Variegated Nomism*, vol. 1. 150.
26. Bockmuehl, "1QS and Salvation at Qumran," in *Justification and Variegated Nomism*, 391.
27. Bockmuehl, "1 QS and Salvation at Qumran," 394, cites 1QH 13.
28. Bockmuehl, "1 QS and Salvation at Qumran," 401.
29. Mark A. Seifrid, "Righteousness Language in the Hebrew Scriptures and Early Judaism," in *Justification and Variegated Nomism*, vol.1, 433.
30. 有關天啟運動的討論，參 J. Julius Scott, *Jewish Backgrounds of the New Testament* (Grand Rapids: Baker, 1995), 182 ~ 193。
31. Peter J. Tomson, *"If This be from Heaven ..." : Jesus and the New Testament Authors in Their Relationship to Judaism* (Sheffield: Sheffield Academic Press, 2001), 93.
32. 參 Caroline Johnson Hodge, *If Sons, Then Heirs: A Study of Kinship and Ethnicity in the Letters of Paul* (Oxford: Oxford University Press, 2007)；此書有詳細討論這詮釋層面。
33. John Calvin, *Institutes of the Christian Religion*, 2 vols, ed. John T. McNeill (Philadelphia: WJKP, 1960), ii.7.17.
34. Peter J. Tomson, *Paul and the Jewish Law: Halakha in the Letters of the Apostle to the Gentiles* (Minneapolis: Fortress, 1990), 19.
35. Tomson, *Paul and the Jewish Law*, 19.
36. Tomson, *Paul and the Jewish Law*, 82.
37. 吳羅瑜在馮蔭坤的《加拉太書註釋》(卷一)的序言中指出，修辭實在言過其實。筆者堅持她是錯誤的，而且相信修辭往往在保羅書信的釋經中被忽略。我們會否在讀一封書信時，無論是古代的或現代的，不去顧及書信的修辭處境和某一段內容的修辭功用呢？既是如此，為何我們不能這樣讀保羅書信？

38. Patte, *Paul's Faith and the Power of the Gospel*, 89.
39. Stanley E. Porter ed., *Paul and His Opponents* (Atlanta: SBL, 2005).
40. Jerry L. Sumney, "Studying Paul's Opponents: Advances and Challenges," in *Paul and His Opponents*, 6 ~ 45.
41. J. Louis Martyn, *Theological Issues in the Letters of Paul* (Nashville: Abingdon, 1997), 12 ~ 36.
42. N. H. Taylor, "Apostolic Identity and the Conflicts in Corinth and Galatia," in *Paul and His Opponents*, 99.
43. Mark D. Nanos, "Intruding 'Spies' and 'Pseudo-Brethren': The Jewish Intra-Group Politics of Paul's Jerusalem Meeting (Gal. 2:1 ~ 10)," in *Paul and His Opponents*, 68 ~ 94; Taylor, "Apostolic Identity and the Conflicts in Corinth and Galatia," 111 ~ 115.
44. Brigitte Kahl, "Reading Galatians and Empire at the Great Altar of Pergamon," *Union Seminary Quarterly Review* 59 (2005): 34.
45. 有關這討論，參 David M. Eichorn ed., *Conversion to Judaism: A History and Analysis* (Jerusalem: KTAV, 1965); Martin Goodman, *Mission and Conversion: Proselytizing in the Religions History of the Roman Empire* (Oxford: Oxford University Press, 1996); Shaye J. D. Cohen, *The Beginning of Jewishness: Boundaries, Varieties, Uncertainties* (Berkeley: University of California, 2001); Scot McKnight, *Turning to Jesus: The Sociology of Conversion in the Gospels* (Louisville: WJKP, 2002)。
46. Robert Paul Seesengood, *Paul* (Chichester: Wiley-Blackwell, 2010), 15.
47. Marcus J. Borg and John Dominic Crossan, *The First Paul* (London: SPCK, 2009), 31.
48. F. F. Bruce, *The Acts of the Apostles* (Grand Rapids: Eerdmans, 1990), 367.
49. Darrell L. Bock, *Acts* (Grand Rapids: Baker Academic, 2007), 544.
50. 有關心理地圖較為出色的討論，可參 Loveday Alexander, "On Journeying Often," in *Luke Literary Achievement*, ed. C. M. Tuckett, JSNTSup, 116 (Sheffield: Sheffield Academic Press, 1995), 25 ~ 31。
51. Peregrine Horden and Nicholas Purcell, *The Corrupting Sea: A Study of*

Mediterranean History (Oxford: Blackwell, 2000), 10.

52. 參 A. J. M. Wedderburn, *The Reasons for Romans* (Edinburgh: T & T Clark, 1991); Thomas Schreiner, *Romans* (Grand Rapids: Baker, 2005), 10。早於教父俄利根（Origen）已留意到這個種族問題。參 Mark Reasoner, *Romans in Full Circle: A History of Interpretation* (Louisville: WJKP, 2005), xxv ～ xxxvi。
53. 參周健文的著作：J. K. Chow, *Patronage and Power: A Study of Social Networks in Corinth*, JSNTSup, 75 (Sheffield: Sheffield Academic Press, 1992), 31 ～ 32。
54. Conzelmann, "charis," *TDNT* IX (Grand Rapids: Eedrmans, 1974), 375.
55. Conzelmann, "charis," 376.
56. David A. deSilva, *Honor, Patronage, Kinship, and Purity: Unlocking New Testament Culture* (Downers Grove: IVP, 2000), 116.
57. 另參 James R. Hollingshead, *The Household of Caesar and the Body of Christ* (Lanham: University Press of America, 1998), 137。這恩庇制度使我質疑 Stanley Stowers, *A Rereading of Romans* (New Haven: Yale University Press, 1994) 53 中主張帝國主義的核心是自制的，恩庇制度乃是與之相違背的。事實上，羅馬權力政治的核心是要管轄別人。
58. 西方最全面的目錄冊及有關碑文的證據的討論，參 Duncan Fishwick, *The Imperial Cult in the Latin West: Studies of the Ruler Cult in the Western Provinces of the Roman Empire*, 3 vols (Leiden: Brill, 1987 ～ 2005)，此書提供了重要的證據，證明羅馬在各省裏的勢力何等大。
59. Richard Gordon, "The Veil of Power," in *Paul and Empire: Religion and Power in Roman Imperial Society*, ed. Richard A. Horsley (Harrisburg: Trinity Press, 1997), 127.
60. S. R. F. Price, "Ritual and Power," in *Paul and Empire*, 47.
61. 參 R. A. Kearsley, "The Asiarchs," in *The Book of Acts in Its Graeco-Roman Setting*, ed. David W. J. Gill and Conrad Gempf, The Book of Acts in Its First-Century Setting vol. 2 (Grand Rapids: Eerdmans, 1994), 366 論到小亞細亞的帝國主義網絡。
62. S. R. F. Price, *Rituals and Power* (Cambridge: Cambridge University Press, 1984), 62 ～ 64.
63. Erik M. Heen, "Phi. 2.6 ～ 11 and Resistance to Local Timocratic Rule," in *Paul and the Roman Imperial Order*, ed. Richard A. Horsley (Harrisburg: Trinity,

2004), 136.

64. Peter Oakes, *Reading Romans in Pompeii: Paul's letter at ground level* (London: SPCK, 2009).
65. Oakes, *Reading Romans in Pompeii*, xi.
66. Oakes, *Reading Romans in Pompeii*, 67.
67. Oakes, *Reading Romans in Pompeii*, 70.
68. Oakes, *Reading Romans in Pompeii*, 175 ～ 179.
69. Adrian Long, *Paul and Human Rights: A Dialogue with the Father of the Corinthian Community*, The Bible in the Modern World, 26 (Sheffield: Sheffield Phoenix Press, 2009).
70. Long, *Paul and Human Rights*, 27.
71. Long, *Paul and Human Rights*, 215. 例如 Brigitte Kahl, "No Longer Male," *JSNT* 79 (2000): 37 ～ 49。
72. Long, *Paul and Human Rights*, 71.
73. Long, *Paul and Human Rights*, 95.
74. Long, *Paul and Human Rights*, 217.
75. Long, *Paul and Human Rights*, 313.
76. F. F. Bruce, *Paul* (Grand Rapids: Eerdmans, 1991), 35.
77. D. E. H. Whiteley, *The Theology of St. Paul* (Philadelphia: Fortress, 1972), 7.
78. Christopher J. H. Wright, *The Mission of God: Unlocking the Bible's Grand Narrative* (Downers Grove: IVP, 2006), 107.
79. 見 Robin *Scroggs. The Last Adam: A Study in Pauline Anthropology* (Minneapolis: Fortress, 1966)。
80. E. P. Sanders, *Paul and Palestinian Judaism: A Comparison of Patterns of Religion* (Philadelphia: Fortress, 1977), 463 ～ 464.
81. Borg and Crossan, *The First Paul*, 13 ～ 14. 然而，兩個作者在研究保羅的敘事刻劃上採取了不同的進路，而不是單單討論歷史鑑別的作者問題。他們的研究最終還是新瓶舊酒，以強烈的個人偏見（在他們的例子中，就如自由派基督徒）討論歷史鑑別問題。
82. Ferdinand Christian Baur, *Paul the Apostle of Jesus Christ*, two volume in one (Peabody: Hendrickson, 2003), 250 ～ 257 等。
83. Tet-Lim N. Yee, *Jews, Gentiles and Ethnic Reconciliation: Paul's Jewish Identity*

and Ephesians, SNTSMS, 130 (Cambridge: Cambridge University Press, 2005), 34～70.

84. Michael Wolter, "Die Entwicklung des Paulinischen Christentums von einer Bakehurngs religion einer Traditionsreligion," *Early Christianity* 1 (2010): 16, 18.
85. Borg and Crossan, *The First Paul*, 47.
86. Harold W. Hoehner, "Did Paul write Galatians?" in *History and Exegesis*, FS E. E. Ellis, ed. Sang-Won Son (New York: T & T Clark, 2006), 155.
87. Michael Bird, *Colossians, Philemon* (Eugene: Cascade, 2010), 6.
88. Richard I. Pervo, *The Making of Paul: Constructions of the Apostle in Early Christianity* (Minneapolis: Fortress, 2010), 30～31.
89. Pervo, *The Making of Paul*, 64～77.
90. Borg and Crossan, *The First Paul*, 47.
91. I. Howard Marshall, *The Pastoral Epistles* (London: T & T Clark, 1999), 60.
92. Lewis R. Donelson, *Pseudepigraphy and Ethical Argument in the Pastoral Epistles* (Tübingen: Mohr, 1986), 11～12.
93. Philip H. Towner, *The Letters to Timothy and Titus*, NICNT (Grand Rapids: Eerdmans, 2006), 21.
94. Alan R. Millard, *Reading and Writing in the Time of Jesus* (Washington Square: NYU Press, 2000), 165.
95. Stanley Stowers, *Letter Writing in Greco-Roman Antiquity* (Philadelphia: Westminster, 1986), 42. 史杜也斯嘗試引用涅班尼烏斯的研究（頁 53），但是涅班尼烏斯是公元四世紀左右的學者。這是以時代錯置的資料為聖經證據的例子。
96. John L. White, *Light from Ancient Letters* (Philadelphia: Fortress, 1986), 203.
97. Stowers, *Letter Writing in Greco-Roman Antiquity*, 49～174.
98. Stowers, *Letter Writing in Greco-Roman Antiquity*, 73.
99. Stowers, *Letter Writing in Greco-Roman Antiquity*, 75～76.
100. 例如 Stowers, *Letter Writing in Greco-Roman Antiquity*, 87, 140～141。
101. 例如 White, *Light from Ancient Letters*, 114～115, 120～122。
102. 例如 White, *Light from Ancient Letters*, 116。
103. 例如 White, *Light from Ancient Letters*, 117, 119。

104. White, *Light from Ancient Letters*, 133 ～ 136。

105. M. Luther Stirewalt, *Studies in Ancient Greek Epistolography* (Atlanta: Scholars Press, 1993), 31.

106. Duane F. Watson, " Three Species of Rhetoric and the Study of the Pauline Epistles, " in *Paul and Rhetoric*, ed. J. Sampley and Peter Lampe (New York: T& T Clark, 2010), 43 ～ 44.

107. Stirewalt, *Studies in Ancient Greek Epistolography*, 18 ～ 20. 小史迪禾特的研究對理解保羅時代的書信甚有幫助。

108. Carlo M. Cipolla, *Literacy and Development in the West* (Baltimore: Penguin, 1969), 38 ～ 39.

109. F. G. Kenyon, *Books and Readers in Ancient Greece and Rome* (Oxford: Clarendon Press, 1932), 35 ～ 37.

110. William V. Harris, *Ancient Literacy* (Cambridge: Harvard, 1989), 22 ～ 23, 25 ～ 26.

111. 有關統計龐貝的讀寫率的困難，見 J. L. Franklin, Jr., " Literacy and the Parietal Inscriptions of Pompeii, " 80 ～ 81; Keith Hopkins, " Conquest by Book, " in *Literacy in the Roman World*, Journal of Archaeology Sup., 3, ed. J. H. Humphrey (Ann Arbor: JRA, 1991), 135。

112. Michael Heim, *Electronic Language: A Philosophical Study of Word Processing* (New Haven: Yale University Press, 1987), 21 ～ 22 為寫作作為一種科技提出類似的論點。

113. Ruth H. Finnegan, " The How of Literature, " *Oral Tradition* 20 (2005): 165.

114. White, *Light from Ancient Letters*, 196 除了提供一百一十七個相對較短的古代蒲草紙書信的例子之外，其餘大部分都對惠特認為是古代書信的寫作形式和習慣提供說服力。

115. 有關假冒書信的問題，見 Stirewalt, *Studies in Ancient Greek Epistolography*, 38 ～ 42 。

116. Stirewalt, *Studies in Ancient Greek Epistolography*, 4.

117. Mark Harding, *What Are They Saying About the Pastoral Epistles?* (Mahwah: Paulist, 2001), 17.

118. Michael Prior, *Paul the Letter-Writer and the Second Letter to Timothy*, JSNTSup, 23 (Sheffield: JSOT, 1989).

119. Bo Reicke, *Re-examining Paul's Letters: The History of the Pauline*

Correspondence (Harrisburg: Trinity Press, 2001), 31.

120. Reicke, *Re-examining Paul's Letters*, 31.

121. Jerome Murphy-O'Conner, *Paul the Letter-Writer* (Collegeville: Liturgical, 1995), 35; Anthony Kenny, *A Stylometric Study of the New Testament* (Oxford: Clarendon, 1986); Kenneth Neumann, *The Authenticity of the Pauline Epistles*, SBLDS, 120 (Atlanta: Scholars, 1990). 雖然如此，Jerome Murphy-O'Connor, *Paul: A Critical Life* (Oxford: Clarendon, 1996), 356～371 還是否認提摩太前書是由保羅所寫的。Towner, *The Letters to Timothy and Titus*, 23 的證據更強烈，他指出無爭議的書信本身，也可以有不同的「風格」，視乎人如何下定義。

122. White, *Light from Ancient Letters*, 213.

123. J. Paul Sampley, "Ruminations Occasioned by the Publication of These Essays and the End of the Seminar," in *Paul and Rhetoric*, ix 也一樣。

124. Walter J. Ong, *Orality and Literacy: The Technologizing of the Word* (New York: MacMillan, 1982), 34.

125. Bruce Rosenberg, "The Message of the American Folk Sermon," in *Oral Formulaic Theory*, ed. J. M. Foley (London: Garland, 1990), 146～147.

126. Ruth Finnegan, *Oral Poetry: Its Nature, Significance and Social Context* (Cambridge: Cambridge University Press, 1977), 217～233, 416.

127. Valentina Pagliai, "The Art of Dueling with Words," *Oral Tradition* 24 (2009): 61～88.

128. Pagliai, "The Art of Dueling with Words," 63.

129. Pagliai, "The Art of Dueling with Words," 69.

130. 例如曾思瀚：《歷久常新的生命故事——約翰福音人物研究》(香港：基道，2006)，頁 3～8；《啟示錄的刻劃研究——英雄、女性與國度的故事》(香港：基道，2009)，頁 29～70；《羅馬書解讀——基督福音的嶄新視野》(台北：校園書房，2009)，頁 61～62。

131. Charles H. Talbert, *Reading Corinthians: A Literary and Theological Commentary* (Macon: Smyth and Helwys, 2002), 2.

132. 例如 Calvin J. Roetzel, *The Letters of Paul* (Louisville: WJKP, 1991); Jeffrey A. D. Weima, *Neglected Endings*, JSNTSup, 101 (Sheffield: JSOT, 1994)。

133. White, *Light from Ancient Letters*, 196 也很類似。

134. Michael Neill, "Wits Most Accomplished Senate," *Studies in English Literature*

1500-1900 18 (1978): 342.

135. Vincent P. Branick, *Understanding Paul and His Letters* (Mahwah: Paulist, 2009), xiii.

136. Borg and Crossan, *The First Paul*, 9.

137. Scott, *Jewish Backgrounds of the New Testament*, 133 ～ 134; Emanuel Tov, Textual Criticism of the Hebrew Bible (Minneapolis: Fortress Press; Assen/Maastricht: Van Gorcum, 1992), 25, 30.

138. 有關這些重要主題更多資料，見 Staffan Olofsson, *Translation Technique and Theological Exegesis*, Coniectanea Biblica Old Testament Series, 57 (Winona Lake: Eisenbrauns, 2009), 86 ～ 133。

139. D. Moody Smith, "The Pauline Literature," in *It is Written: Scripture Citing Scripture*, FS Barnabas Lindars, ed. D. A. Carson and H. G. M. Williamson (Cambridge: Cambridge University Press, 1992), 272.

140. 見 J. Julius Scott, *Customs and Controversies: Intertestamental Jewish Backgrounds of The New Testament* (Grand Rapid: Baker, 1995), 143。

141. 有關在一世紀和之前的猶太教詮釋文本(卻還未有被歸類為米大示)的名單，可參 Scott, *Customs and Controversies*, 31 ～ 32。嚴格來說，猶太文學中的米大示是在一世紀之後才出現的。

142. 然而，我並不會猶如史密夫一樣(在他的情況下，是昆蘭立約成員)，毫不猶豫地稱猶太人為律法主義者。"The Pauline Literature," 277.

143. Scott, *Jewish Backgrounds of the New Testament*, 130 ～ 131.

144. 支持保羅是作者的原因，可參 Herold W. Hohner, "Did Paul write Galatians?" in *History and Exegesis*, FS E. E. Ellis, ed. Sang-Won Son (New York: T & T Clark, 2006), 150 ～ 169。

145. Hans Dieter Betz, *Galatians*, Hermeneia (Philadelphia: Fortress, 1979), 14.

146. G. A. Kennedy, *New Testament Interpretation Through Rhetorical Criticism* (Chapel Hill: North Carolina University Press, 1984).

147. Kennedy, *New Testament Interpretation Through Rhetorical Criticism*, 20.

148. Kennedy, *New Testament Interpretation Through Rhetorical Criticism*, 20.

149. Kennedy, *New Testament Interpretation Through Rhetorical Criticism*, 20.

150. Betz, *Galatians*, 14.

151. Betz, *Galatians*, 15.

152. Betz, *Galatians*, 16 ～ 23.
153. Betz, *Galatians*, 24.
154. Betz, *Galatians*, 24.
155. Ben Witherington III, *Grace in Galatia: A Commentary on Paul's Letter to the Galatians* (Grand Rapids: Eerdmans, 1998), xi, 33.
156. Richard N. Longenecker, *Galatians* (Dallas: Word, 1990), 11, 186.
157. Richard N. Longenecker, *Introducing Romans* (Grand Rapids: Eerdmans, 2011), 182 ～ 184.
158. Watson, "Three Species of Rhetoric and the Study of the Pauline Epistles," 25 ～ 47.
159. Bruce W. Longenecker, *Rhetoric at the Boundaries: The Art and Theology of New Testament Chain-Link Transitions* (Waco: Baylor, 2005).
160. Longenecker, *Rhetoric at the Boundaries*, 44, 47.
161. 更多有關扇形結構的討論，見以下著作：Angelico Di Marco, "Der Chiamus in der Bibel," *LB* 44 (1979): 3 ～ 70; Nils W. Lund, *Chiasmus in the New Testament: A Study in the Form and Function of Chiastic Structures* (Peabody: Hendrickson, 1992); J. Murphy-O'Connor, *Paul the Letter-Writer: His World, His Options, His Skills* (Collegeville: Liturgical, 1995), 86 ～ 95; Ian H. Thomson, *Chiasmus in the Pauline Letters*, JSNTSup, 111 (Sheffield: Sheffield Academic Press, 1995).
162. Longenecker, *Rhetoric at the Boundaries*, 49 ～ 55. 在他最近的 *Introducing Romans* (Grand Rapids: Eerdmans, 2011), 176 ～ 179 中，朗格內克繼續提及口傳的模式。
163. Longenecker, *Rhetoric at the Boundaries*, 87.
164. Longenecker, *Rhetoric at the Boundaries*, 91.
165. Craig S. Keener, *1 ～2 Corinthians*, New Cambridge Bible Commentary (Cambridge: Cambridge University Press, 2005).
166. J. S. Vos, *Die Kunst der Argumentation bei Paulus*, WUNT, 149 (Tübingen: Mohr Siebeck, 2002).
167. 一個簡單卻清楚的例子見於 Gary D. Salyer, "Reading Scripture as/for Public Knowledge," in *Rhetorics in the New Millennium*, ed. James D. Hester and J. David Hester (New York: T & T Clark, 2010), 69 ～ 89。
168. 一些好的資料如下：Victor Heylen, "Les metaphors et les metonymies dans

les epitres pauliniennes," *ETL* 11 (1935): 253 ~ 290; Jean Nelis, "Les antitheses litteraires dans les epitres de saint Paul," *NRTH* 79 (1948): 360 ~ 387; A. B. Du Toit, "Hyperbolic Contrasts," in *A South Africa Perspective on the New Testament*, ed. J. H. Petzer, J. Hartin (Leiden: Brill, 1986), 178 ~ 186.

169. Sam Tsang, *From Slaves to Sons: A New Rhetoric Analysis On Paul's Slave Metaphors in His Letter to the Galatians* (New York: Peter Lang, 2005); Chiam Perelmann, L. Olbrechts-Tyteca, *The New Rhetoric: A Treatise on Argumentation* (Notre Dame: University of Notre Dame Press, 1971).

170. Tsang, *From Slaves to Sons*, 12.

171. Tsang, *From Slaves to Sons*, 76 ~ 77.

172. Tsang, *From Slaves to Sons*, 75 ~ 76.

173. 一個好例子，見 John M. G. Barclay, "I will have mercy on whom I will have mercy," *Early Christianity* 1 (2010): 82 ~ 106 以敘事進路來看的金牛犢故事。

174. I. W. Scott, *Paul's Way of Knowing* (Grand Rapids: Baker, 2006), 199 ~ 276.

175. Athalya Brenner and Burk O. Long, "Performing Memory in Biblical Narrative and Beyond," in *Performing in Biblical Narrative and Beyond*, ed. A. Brenner, Frank H. Polak (Sheffield: Sheffield Phoenix Press, 2009), 3.

176. Brenner and Long, "Performing Memory in Biblical Narrative and Beyond," 3.

177. 有關希臘色彩的討論，見 Wilhelm Wuellner, "The Pre-Christian Paul and Rhetoric," in *Rhetorics in the New Millennium*, ed. James D. Hester and J. David Hester (New York: T & T Clark, 2010), 98 ~ 107。

178. Charles H. Cosgrove, Herold Weiss and K. K. Yeo, *Cross-Cultural Paul: Journeys to Others, Journeys to Ourselves* (Grand Rapids: Eerdmans, 2005).

179. 一個很好的討論，見 Anthony C. Thistleton, *The Living Paul* (Downers Grove: IVP, 2009), 152 ~ 154。

180. 以羣體閱讀上帝的公義與稱義的例子，見曾思瀚：《羅馬書解讀》，頁 174 ~ 178。

第 4 章
示範詮釋過程

1. 範例：研讀哥林多前書

1.1 在哥林多宣教的日期

為理解導致保羅寫哥林多前書的處境，最好先從一些歷史研究開始。研究歷史背景的方法，是理解這所教會被建立時所處的環境的必要一步。由於這並不是釋經的註釋書，以下的討論所提供的資料，只涉及說明研讀保羅的方法所引用的經文例子。

研究歷史背景的方法有兩個。第一，我們可以從文本以外的處境，推斷保羅何時接觸哥林多教會。第二，我們可以著眼於書信中保羅對哥林多教會要說的話。在下文我會隨著這兩個方向，推斷保羅宣教的日期。這樣的步驟，也有助任何有關哥林多前書的討論，無論是成書日期或成書地點。

在使徒行傳十八章，路加記載了哥林多教會創立的經過。保羅在哥林多教會待了超過一年半。根據路加描述這所教會的興起（徒十八 4），有某些哥林多人很有可能與會堂是有聯繫的，而更重要的是，保羅與猶太人有很多衝突（徒十八 12～13），原因是他正在將一羣熟悉舊約聖經的聽眾帶到彌賽亞那裏。因此，歸正的哥林多人有強烈的猶太背景。

這個處境讓我們聯想到在哥林多宣教的日期，是與亞該亞（現代的希臘半島）總督迦流有密切關係（徒十八 12）。迦流是哲學家塞尼加（又名小塞尼加〔aka Seneca the Younger〕）的兄弟。戴斯曼（Adolf Deissmann）是第一位把那在特耳菲（Delphi）找到、刻有迦流名字的碑文公之於大眾的人。這塊碑文為迦流的統治期提供了準確的日期。[1] 迦流於公元五十一年在亞該亞作總督大概一年。因此，保羅到哥林多宣教的日期，可定位為公元四十九至五十一年左右。霍雷爾（David G. Horrell）有個很好的建議：把保羅的年表分類為相對年表和絕對年表。[2] 那些無法追溯回大量歷史證據的，應該分類為相對年表（例如：保羅在阿拉伯等）；那些可以追溯回有力的歷史證據的（例如：迦流），應該稱為絕對年表，就如這裏討論的一樣。論到要與新約文本脗合的討論時，沒有甚麼比得上迦流碑文的準確性。無論歷史鑑別學家是否質疑迦流的日期，都必須留意使徒行傳十八章 12 至 17 節一段很有趣的記載，當中提及革老丟驅逐猶太人，而那大概是在保羅這段宣教期間發生的。必需要留意的是，路加並不像歷史鑑別學家，除了估算之外，路加幾乎沒有任何方法可以確定他的資料，因此他資料的準確度是尚未解決的。史寧加蘭特（Donald Slingerland）嘗試證明路加若非無知，就是對年表毫無興趣。[3] 當然，史寧加蘭特誇大其詞而已。描述路加的資料最好的方法是「精密的估算」（precise approximation）。事件的次序大概正確，而從那年代的歷史編纂學的標準來看，對宣教的日期的推算，在這裏的研究已很足夠。畢竟，路加並沒有圖書館、互聯網，或其他有關年表的學術文章，去確定這些事件發生的日期，即使事件已在很多年前發生。然而，這個涉及猶太人和革老丟的政治珍聞，有助我們推測為何猶太人在保羅這個宣教階段中這麼重要。

在詮釋哥林多宣教和每封哥林多書信的獨特處境時，有兩個重點要特別留神：第一，革老丟的行動，顯示當時羅馬帝國可以嚴密地控制一個如「敬拜耶穌是主和彌賽亞」這類不明確的運動。革老丟的諭旨最初的問題源自猶太教中的彌賽亞派(即：耶穌)與非彌賽亞宗派(即：保羅的反對者)的衝突。彌賽亞運動可以隨時完結，而來到這個重要關頭，它已經瀕臨崩潰邊緣。將這些信徒遷徙和分散他們，教會便會出現問題，這導致運動的終結。第二，猶太人遷移到希臘，就會把在羅馬醞釀的衝突帶到希臘去。無可避免地，衝突會伴隨著那些被驅逐的人的苦澀與埋怨一併而來。很多時候，詮釋哥林多書信的人，並沒有將猶太人潛在的衝突列入詮釋的範式中。保羅參與會堂活動與他使外邦人歸入其猶太教的形式，必定叫很多人為之側目。在猶太人當中，潛在反對他宣教的聲音是很大的。現實來説，根據路加這準確陳列的資料，在研讀哥林多書信中有關道德和潔淨禮儀時，必須留意猶太教的彌賽亞式衝突這敍事。

1.2 成書日期

看過建立哥林多教會時所發生的事，我們如今可以推斷哥林多書信的成書日期。毫無疑問，這些書信是在保羅宣教後一段時間寫成的，大約是在公元五十一年之後。處理哥林多書信的成書日期之時，我們需要解決一個問題：保羅似乎寫了超過一封哥林多書信。我們如今必須重構當時的情形。

保羅離開哥林多之後，便把領導權交給當地的領袖，直到亞波羅來到，以及得到彼得的支援(又或根本沒有彼得，因為沒有任何記錄有記載彼得曾去到那麼遠的地方）。使徒行傳十八章24至28節沒有直接記載亞波羅與保羅見面，其焦點反而是亞波羅與百基拉及亞居拉見面。亞波羅有可能曾與保羅見面，然後很快便去到哥林多幫助教會。不過，這都是我們無法確定的。哥林多前書五章9節指出保羅寫了一封不知名的信，論到潔淨這主題，而很多學者稱之為哥林多書信〔A〕。接著，保羅上耶路撒冷，並在開始第三次旅程前回到安提阿與以弗所的長老見面。這大概有兩年半的時間，因此，保羅的工作大概是公元五十二至五十三年進行。保羅的運動會意象，有可能是受到公元五十五年的伊斯米亞運動會（Isthmian Games）所啟發（林前九24）。我們可以推斷，哥林多前書是在公元五十五年或之前（林前十六8）寫成的。我們可以頗為肯定提摩太就是信差，將信送到哥林多，並讀出和解釋它的內容（林前十六10）。因此，學者稱之為哥林多書信〔B〕。接著，提摩太帶來一個壞消息（林後一15～16；另參徒十九22），保羅只好探訪當地（林後二1），而問題很有可能沒有得到解決，以致追求完美的路加並沒有在使徒行傳記錄下來。接著，保羅去了以弗所，並前往特羅亞（徒十九20），最後到了馬其頓（林後二13）。在這個情況下，保羅寫了一封熱淚盈眶的書信（林後二4），學者稱之為哥林多書信〔C〕。之後，提多帶來了好消息（林後七6～7），保羅繼而寫了哥林多後書一至九章，記載了較多鼓勵說話，學者稱之為哥林多書信〔D〕。接著，也許保羅收到壞消息，尤其是關於他的誠信問題，以致他繼續撰寫哥林多後書十至十三章，很多學者稱之為哥林多書信〔E〕。這些都是在第三次旅程發生的。我們可以估計，哥林多書信最早的成書日期可能是在公元五十二至五十三年，伊斯米亞運動會剛在公元五十一年結束。而最後的成書日期，可能是公元五十五年，在尼祿作王不久之後。這一切都視乎保羅的回應有多迅速，他要探訪的地方與小亞細亞只是一海之隔。

因此，總括來說，哥林多書信的寫作次序如下：

哥林多書信〔A〕——不知明的書信，在公元五十一年，或在公元五十三年之前（林前五 9）

哥林多書信〔B〕——哥林多前書；在公元五十二至五十三年之間成書

哥林多書信〔C〕——令人悲傷的書信，也是不知明的書信（林後二 4），約在公元五十四至五十五年

哥林多書信〔D〕——哥林多後書第一至九章，約在公元五十五年

哥林多書信〔E〕——哥林多後書第十至十三章，約在公元五十五年

1.3 哥林多城

說哥林多是個不道德的城市實在太誇張了，因為所有的帝國都是不道德的。若說哥林多教會比所有已知由保羅建立的教會更不道德，就較接近事實。

哥林多肯定是一個拜偶像的城市。根據哈伯德（Moyer V. Hubbard）其資料豐富和有趣的著作《希羅世界裏的基督教》（*Christianity in the Greco-Roman World*），被人敬拜的神明包括愛美神（Aphrodite）、太陽神（Apollo）、戰神（Ares）、守護女神（Artemis）、醫治之神（Asklepios）、智慧女神（Athena）、農神（Demeter）、酒神（Dionysus）、愛神（Eros）、火神（Hephaestus）、天后（Hera）、海格力斯（Harakles；宙斯之子）、赫密士（Hermes；宙斯之子）、女灶神（Hestia）、勝利

女神（Nike）、海神（Poseidon）、世界之神（Uranus）與宙斯神（Zeus）。[4] 不用進入考古學的細節，都能發現這份神明名單有部分不屬於一世紀的。很有可能到了一世紀，有部分遺址的地位已衰微了。然而，這份名單顯示，從歷史來看，哥林多這麼強的宗教影響不單來自東方，也來自西方。類似農神和酒神等神明有可能不是當地的神明，而是從小亞細亞遷徙過來的。再者，小亞細亞（以及很多其他地方）的神明也有死亡與復活循環的特徵。這已有足夠理由相信，哥林多是個宗教大熔爐。這樣看來，哥林多書信與保羅福音總的來說聽來頗具顛覆性，對當時的人甚至是具對抗性的。

哥林多是個宗教大熔爐的其中一個重要原因，乃是基於它位於策略性的地點。今天假如我們去哥林多，我們定會見到名為伊斯米斯（Isthmus）的運河。這個運河令不少旅客可以避開位於希臘半島最尖端那波濤洶湧的愛琴海，尤其是馬里亞海角的商貿航道。在保羅的日子，百姓並沒有這樣幸運。人要避免在冬季出海，因為冬天的風暴會把船隻吹翻，導致傷亡。在冬季時要在地中海航海是很危險的，就如保羅在使徒行傳中往羅馬的旅程所經歷的一樣。在希臘半島旅行更加危險。在風平浪靜的季節，要在希臘半島旅行，仍得要花很多時間、精力與資源。尼祿就嘗試從四公里長的哥林多海峽挖掘運海，讓船隻可取道捷徑，但他失敗了。在保羅的時代，要避免繞過希臘半島，就要穿過由人挖掘的伊斯米斯軌道（它有四公里長，現已成為運河）。[5] 騾子會在這條道上拖拉商貿船隻約四公里，讓船隻在向著小亞細亞的另一邊下水。伴隨著船貨而來的，是混雜的文化。哥林多因有利的地理位置而得到經濟上的優勢，但與此同時，也為它帶來不少不同的文化與宗教。它是一個真正的多元社會。我們不應低估哥林多豐富的宗教文化，不單因為那裏有很多神明，也因為宗教在日常生活中也十分重要。舉例來說，伊斯米亞運動會每兩年舉行一次，當中總包括向神明獻祭這環節。劇院除了是一個看表演的公眾場所，也包括用來舉行公眾宗教儀式的地方，讓人向神明獻祭。此外，百姓每家都會拜祭家裏的神明，祈求這些神明賜福。

與宗教及經濟同樣重要的是，哥林多無疑從許多不同的地方引入各種不同的文化。因此，奧古斯都把這城定為亞該亞的首都（Dio *Or*. 37.8），而革老丟也延續那個傳統（Suet. *Claud*. 35.3）。毫無疑問，羅馬的殖民主義大大影響著保羅的宣教和他所給哥林多的外邦人的信息。霍思禮（Richard A. Horsley）在他的註釋中引述斯特雷波（Strabo *Geogr*. 8.6.23c）的話，提及羅馬人對當地的百姓所做過的事情。根據霍思禮的記述，羅馬人曾經重新分配哥林多的人口，大部分遷入這城的，都是來自原本住在其他城市的貧民窟裏的老兵，而當中有一半人曾經作過奴隸。[6] 基於這城市是亞該亞的首都，它有其官方語言，羅馬人將之改為拉丁語（後來在公元二世紀改回希臘語）後，把這城羅馬化的工程就完成了；而遷入城市的貧窮人，則造成某種社會分化。哥林多既是一個充滿機會與生財的地方，令那些有雄心壯志爬上社會更高階層的人，尤其嚮往財富與文化。另外，運用修辭的習慣是文化的指標之一。修辭可以提醒哥林多人在過去希臘化歷史中曾有過光榮的一刻。不過，在這動態的文化之中，出現了一股社會張力。因此，我們必須理解好的修辭是如何依據社會分層而產生，這樣才能明白保羅所面對的境況。

希羅教育首先由校長教導孩子背誦大量資料開始。只有富有的孩子才可以支付那樣的教育。當孩子到了青少年期，熟習了這些資料後，他們就開始進深學習修辭技巧。修辭是良好教育的標誌，也有可能象徵著上流社會的教育。作為一個高雅文化的城市，哥林多人習慣聆聽好的修辭。在保羅的時代，人可以透過兩個基本途徑獲得政治權力：軍事力量和法律事務。我猜想在很多已發展的國家裏，人也可以透過同樣的途徑晉升。就法律事務而言，要在保羅的時代獲得權力，修辭是必須的。難怪有很多古代的修辭手冊是為法庭裏的法律功能而寫的。雖然古代人對修辭有不同意見，有時候是輕蔑謬論，但無法確定是否所有人都同樣輕蔑修辭大師。反對修辭的基本原因，就是因為它內容空洞。這個蔑視較似是來自有學識之士的高傲態度，也許與今天學術界的高傲並無分別，但在尋常的百姓中並不常見。哥林多人對這樣的修辭習慣很熟悉，就如哈伯德指出很多古典資料（例如：朱文諾〔Juvenal）等）是嘲諷哥林多的修辭家的。[7]

在處理晉升的能力時，討論應總以社會分層為中心。哥林多與其他城市一樣，並沒有現代所謂的中產階級。階級較低的人要依賴他們的恩庇者。很多人也加入了自發的組織，集合資源處理喪葬之事。即使是新約文本，也有一個恩庇侍從的社會的清楚證據。羅馬書十六章 24 節記載有一位住在哥林多的以拉都，他在城內是管銀庫的。假如我們相信提摩太後書四章 20 節反映了保羅教會真實的一面，那麼我們就會留意到以拉都的名字是連於哥林多的。這個名字很重要，因為有一個碑文似乎與他有關。[8] 碑文似乎提到一次的晉升，而他後來成為公眾事務的主管。根據碑文，他變得很富有，因為他可以用自己的錢財鋪路。保羅給羅馬人的信表示，以拉都是哥林多教會的活躍分子。很有可能，他的房子大得足以讓哥林多人每週在那裏聚會（林前十六 2）。從不同的碑文中，我們能找到充足的證據顯示，重拾自由的人讚揚他們之前的主人是好的恩庇者。這樣讚揚的原因，是因為主人與奴隸或恩庇者與受恩庇者之間互惠的關係。

在羅馬社會，恩庇者是一家之主。他們有能力聘請很多雇員，並擁有很多奴隸，漸漸成為羅馬經濟命脈的根基。恩庇者要對那些在他們之下工作的人負責。而作為回報，那些在他們之下的人要對這個家庭忠心。這樣的關係網會延續至很多代。因此，即使在他們死後，重拾自由的人的親友，也會讚揚他們的恩庇者，盼望恩庇者會照顧他們一家。必然地，這個制度是一個謹慎的權力平衡，就是在富有的人與貧窮的人、有權力的人與沒有權力的人之間的權力平衡。任何時候，每當有金錢上的交易，付錢的人就會對收錢的人發施號令。在這個背景下，我們也許開始明白為何保羅寧願織帳棚，也不願支取哥林多教會的錢財了。因此，保羅織帳棚只是反映哥林多的人是怎樣的人，而多於保羅是怎樣的宣教士。哥林多人對世界的一套完全受落。接下來要問的是，究竟上流社會的人的生活是怎樣的呢？希臘人重視閑暇。在英國的社會裏，紳士是不用工作的；希臘人也是一樣。恩庇者除了在他所住的寬敞居室內做生意之外，他的大部分工作都是由其他人代勞的。哥林多人會尊重那些過著奢華休閑生活的人。保羅是一個織帳棚者，身為一個好的猶太人，他沒有過著安逸的生活。在這裏，我們可以看見希臘人與保羅的價值觀有實際的衝突。

在過去，哥林多書信的詮釋，一直頗為局限在文本以內明顯的議題上，而忽略了文本以外的元素。基於人類—社會學（anthropological-social）批判的立場，我會主張哥林多前書應該被稱為「高處境」（high context）文本，而詮釋者必須在完成詮釋過程之前，建構一個歷史敍事框架或處境。[9] 我相信除了神學角度之外，我們必須探索所有詮釋角度，才能得出完整的意義。雖然筆者有可能被批評為過於詮釋，但我猜想其他人也有可能是詮釋不足。這一切僅揭示我們的人性化。

從上述的討論，我們可以說哥林多城是一個怎麼樣的城呢？從上文可見，社會因素連同政治—宗教的情況，確實可以為保羅帶來很多挑戰。在政治方面，由於那地方是羅馬殖民地，再加上城中的人對其希臘根源的渴望，修辭技巧無疑會令普羅大眾印象深刻。在社會方面，由於城市的貧窮人經常遭遇困境，他們得額外努力工作，才能成就他們的社會目標。此外，在社會裏不同階級的劃分也會影響著教會，事實上真的如此，就如我們將會在下文的詮釋中得見的。在宗教方面，保羅面對很多其他宗教真實的挑戰。保羅的信仰必須在死人復活這可笑（laughable）的信息以外，有較為認真的內容，才能勝過這樣的挑戰。此外，猶太教依然是一個問題，問題不是在於它是一個皈依式的宗教，而是因為進猶太教的人，都是一班進到保羅其自由式的信仰版本的人，這猶太教的版本是不需要守潔淨禮儀的。再者，那些因著革老丟的諭旨而由羅馬遷徙至哥林多的猶太人，他們沒打算讓潔淨禮儀付諸東流。這些人誹謗保羅的新羣體為禮儀上不潔的和拜偶像的，他們尤其針對保羅有關吃拜偶像之物的教導。保羅大可以因著這些謠言而放棄他的宣教工作。在哥林多贏了或會導致他在羅馬的失敗，就如他後來在羅馬書一章 11 節與十五章 24 節表示他也想去羅馬。

2. 敍述背景的總結

由於上述的背景涉及很多問題，作個總結總是好事。一個宏大的總結至少為每個詮釋者建構一幅心理地圖，看看書信的背景與詮釋一封書信有何關係。

哥林多教會位於哥林多城裏。因著其熙來攘往的商貿路線，自然得以接觸外來的人，在保羅的時代似乎是無與倫比。這教會不但由保羅一手建立，也由他牧養，且佔了他事工最長的時間。他離開教會之後，很可能交由亞波羅和彼得牧養（林前一章，三 6）。

在哥林多教會所處的環境中，會面對很多挑戰且可以絆倒教會的。第一，它要面對世俗化的問題，因為那是一個多元社會，道德也敗壞，這與保羅倡議的彌賽亞信仰背道而馳。第二，它要面對強而有力、敵對的宗教力量的挑戰。特爾斐的神諭（Delphic oracle）預言從神明亞波羅那裏得到智慧，並以方言或難以理解的言論説預言。特爾斐（Delphi）是一個以拜祭亞波羅神為主的一個城，城內起了一座宏偉的亞波羅神殿（Apollo Temple）。更糟的是，它與哥林多城相距只有九十公里。從希臘人強調修辭和特爾斐的亞波羅神殿這背景下，哥林多的人會選擇亞波羅過於別的領袖，而市集裏的亞波羅神殿則使這個問題愈加惡化。第三，它要面對那些反對保羅主張進猶太教的人不行割禮仍可以歸向彌賽亞運動的猶太人的聲音。畢竟，由於革老丟的諭旨而從羅馬大量湧入哥林多的猶太人，將會帶來額外的挑戰。到了保羅寫信的時候，因為尼祿批准他們回家，可能已有部分人返回到羅馬，但也許仍有些留在哥林多。他們引發起潔淨的問題，這可能成為哥林多教會的挑戰。第四，因為哥林多的社會階級制度，它要面對教會的分裂。那些來自舊哥林多的「舊人」（繼承祖先遺產的）肯定會蔑視那些因著羅馬殖民地制度而被安排到哥林多定居的前奴隸。上述只有四個原因，也許還有其他的，但這四個原因足以輕易為保羅帶來巨大的問題。上述的敍事是從有關保羅、他的文本與古代聽眾的世界的所有背景資料歸納而成的。我們可以使用這樣的敍事來理解保羅的信息。

3. 處理書信：結構和目的

3.1 哥林多前書的結構

筆者把哥林多前書的結構放在這裏，因為它對決定整卷書的目的十分重要。沒有整卷書的宏觀概覽，為某個部分所作的釋經就會前功盡廢。

因著創新的敘事進路而廣為人知的他伯特（Charles H. Talbert），他在其文學—神學註釋中以主題式研讀哥林多前書，嘗試按著一個思想的大單元來閱讀保羅。[10] 他研讀的基礎不單是在研究保羅說了甚麼，也包括他如何地說，他把保羅置於一個修辭的詮釋中。他沒有跟隨古典修辭手冊，而是選擇以他自己的詞彙描述保羅寫作的方式。但是，他把哥林多前書歸類為審議式的修辭，而把哥林多後書一至七章等歸類為法庭式的修辭。[11] 他伯特認為哥林多前書五章 1 節的分段位，是轉接到五章 1 節至十六章 12 節的勸勉內容的。[12] 他的理由是，哥林多前書一至四章整段都因著福音的緣故，而把講者放在那個位置。換言之，整封信是為了指出他們需要聽保羅的話，也惟獨是保羅的話才可以聽。[13] 因此，根據他伯特的估計，這麼長篇幅的序言是為了預備保羅的立論。

最常見的分段及其不同形式的變化，最佳例子可見於費爾（Gordon D. Fee）和西塞爾頓（Anthony Thistleton）的著作。他們的分段方式基本上相同，只是西塞爾頓在哥林多前書四章和五章之間在分段上有細微的分別。[14] 費爾雖然也是這樣做，但他把兩個段落一同放在「革來氏家裏的人的話」的標題下。全書餘下的部分，同樣根據哥林多教會寫給保羅的主題（十一 2～十六 24）分段。另一個細微的分別是，西塞爾頓在哥林多前書十四章 40 節分段，並另開一段討論復活。西塞爾頓的理據似乎較為清楚，因為保羅打破了之前討論的公式（七 1，八 1 等），在哥林多前書十五章 1 節以片語「我……告訴你們知道」（Γνωρίζω δὲ ὑμῖν）作開始。我們怎樣分段，視乎我們如何理解「δὲ」的功能，這可以連於哥林多前書十四章，又或與上文無關。西塞爾頓可能視之為一個分隔小詞，而費爾則把它連於保羅在哥林多前書十四章對哥林多教會的回應。

將這封信分段涉及哪些問題呢？首先，我們必須看看準則。有些人會以主題為準則，有些人會以重複事件或句子為準則，也有一些人會以古代寫信公式為準則。我認為最好的方法是將保羅書信裏凡轉接入書信主體時採用的普遍格式作比較。肯尼地的修辭方案既簡單，卻很有用和富彈性，可能是處理這事的最好方法。[15] 整個方案以概括地提到當時的情況為開始，繼而進入書信的主體作闡述，最後以跋作結，這樣的陳述似乎很有幫助。當詮釋者被來自修辭手冊或其自身印象中僵硬的修辭法規所限制，便會專注於某些欠缺了法規所定的部分，因而產生困惑。但是，肯尼地的方案卻避免了這種情況。其次，大部分學者——而我認為他們是對的——都緊隨兩個分段工具：保羅從革來氏家裏聽到的信息和哥林多教會在信中有關一些問題的諮詢。第三，那些認同主流觀點的學者之間縱有細微差異，他們仍然要爭論哥林多前書十五章的意義。它究竟是屬於上一個段落，抑或是一個教義式的補充？這全視乎我們怎樣理解哥林多的希臘文化背景。要問的是：當時是否有一個激烈的爭論，以致有人寫信給保羅，詢問他現有的身體與復活後的身體之間的關係？立論必須來自哥林多前書文本以內和之外。

看過上述的討論，我依然會選擇費爾或西塞爾頓的方案，並非因為那是主流的觀點又或是較傳統的觀點。我認為他伯特的方案是有創意的，但他把哥林多前書五至十六章視為一大段的勸勉卻無法成立，因為這是一卷辯論的書卷。以命令語態動詞形式表達的勸勉，是辯論的自然結果。勸勉或命令也許不足以作為分段，因為這封信有修辭的意味。下文是我得出這個結論的過程。

任何有關書信結構的討論，必須往書信內看。讀書信時，我們會見到段落是懸掛在修辭樞紐上的。要怎樣決定某些經文是修辭樞紐，用作分開經文段落的呢？我相信有類似句法並在語彙上有平行詞彙，應該是個好的起步點。惟有當我們看過這些平行之後，我們才能在書信中尋找合理的主題發展。修辭結構有兩個主要的傾向。有時候，一個段落從屬於前一個段落，令之前的段落成為中心。另一些時候，基於類似的陳述和句法，段落之間是平行的。綜觀這兩個主要的分段傾向時，會浮現一個問題：保羅論到聽眾（一 11，五 1，七 1 等）時其明確的認識論陳述（是有關保羅如何取得他的資料的陳述）。這些陳述本身也需要詮釋。另一個在論到學者們其不同的分段方式（即使是在普遍的分段之中）時浮現的問題，就是十五章 1 節的功用，這節經文並不完全配合類似保羅回應較早前收到的信的結構陳述（七 1）。這些問題需要探討。為了這個研究的緣故，我會簡單探討這些陳述。

從一章 11 節開始，保羅提到他從革來氏家裏聽到教會分裂的消息：「因為革來氏家裏的人曾對我提起弟兄們來，說你們中間有紛爭」（ἐδηλώθη γάρ μοι περὶ ὑμῶν, ἀδελφοί μου, ὑπὸ τῶν Χλόης）。關鍵是「提起」（ἐδηλώθη）一字。在哥林多前書其他地方，這個詞彙的意思是觀察到明確的證據（三 13），或是藉著人性而自然得知（十五 27）。換言之，保羅從革來家的某人那裏收到消息，而那個人觀察到教會裏的分裂。這樣的陳述應該與五章 1 節作比較，因為有些註釋家把五章 1 節當作與哥林多前書一至四章關於合一的主題的平行。它們應該平行而看嗎？

五章 1 節以沒有記錄報告者名字的報告開始，指教會內有不道德的事：「風聞在你們中間有淫亂的事）（Ὅλως ἀκούεται ἐν ὑμῖν πορνεία）。細心的詮釋者可能會察覺到一章 11 節與五章 1 節的陳述頗為不同，也沒有同樣的特徵。首先，主要的動詞並不一樣。與此同時，雖然兩個主要動詞的「語態」都是被動式，但時態卻不相同。一章 11 節是過去不定時時態，而五章 1 節是現在時態。一章 11 節的過去不定時時態很有可能代表著一件簡單事件，就是保羅聽到一些謠言，而五章 1 節的現在時態則代表著一個報告的過程，而這過程是需要花點時間。換言之，講述關於不道德事件的故事是需要花一點時間的。在語彙上沒有完全平行下，要說它們事實上是平行的陳述或段落，實在有點困難。

根據上述的討論，究竟這兩個陳述應該被視為平行，抑或是其中一個主導著另一個呢？假如我們選擇前者，那麼就會得出以下的結構：

一 10 ～ 四 21　　不合一的問題
五 1 ～ 六 20　　辨別道德的問題

假如我們選擇把一章 11 節當作主導著五章 1 節的中心，就會得出以下的結構：

一 10 ～ 四 21　　因領袖而生的不合一
五 1 ～ 六 20　　因道德問題而生的不合一

從上述的討論可見，即使學者之間的結構分段基本上一樣，但對修辭目的之推斷，將會影響詮釋者認為哪些才是撰寫每個段落的原因。

現在我們必須作個選擇。我相信第二個選擇，就是把五章1節當作從屬於一章11節關於合一的討論，我看這較為有利。一章11節連於討論合一的一章10節。要使一章11節完全與五章1節平行，而不是主導著五章1節，那麼保羅可能要平行用詞及平行文法。雖然當中有某程度的平行文法（兩者都是被動語態），但是兩者的用詞很不同。我們在下文將會看見在哥林多前書中，這樣的平行應該清楚表示平行的主題。我們可以暫時假設，一章10節所指的不合一的問題，應該主導著兩個段落，而段落的內容在副標題上也顯示出來。

現在我們必須簡單看看十五章1節的功用。我們必須比較十五章1節和其他分段的句子，例如七章1節和八章1節。在七章1及25節，八章1及4節，十二章1節，十六章1及12節，它們全都說：「論到」（Περὶ δὲ）。這些簡單的片語清楚展示出一個平行。如果真的有任何差別，保羅在七章1節似乎有「你們信上所提的事」（ὧν ἐγράψατε），而接著的是一句可能引自他們書信的引文。假如是這樣，那麼我們必須說餘下的平行是個簡述，源自「你們信上所提的事」，引入他們所寫的內容。因此，七章1節同時是一個主導句，也是與其他句子平行的句子。一個句子可以成為其他聲音的主導句嗎？當然可以，根據差異的地方，我們可以確定那主導的思想，而以同樣的方法，我們可以確定一章11節和五章1節的主導思想。與此同時，這樣的句子可以與其他的句子平行嗎？由於七章1及25節，八章1及4節，十二章1節，十六章1及12節都在說同樣的話，答案再一次是肯定的。那麼十五章1節呢？十五章1節並不配合主導思想或平行經文，因為它欠缺了主導思想的力量和平行記載的用語。我們可能會視十五章為一個補說（excursus），除非它在書信中屬於針對討論身體這部分。十一章似乎也符合補充的角色，因為它並沒有「論到」這詞的出現，但與此同時，它卻連於下文。我們可以十一章為轉接點。因此，根據上述的討論，我們可以得出以下的方案：

七 1 ～ 40	有關性的主題
八 1 ～ 十 33	有關偶像祭肉的主題
十一 1 ～ 34	補說
十二 1 ～ 十四 40	有關屬靈恩賜的主題
十五 1 ～ 58	補說
十六 1 ～ 12	有關施予的主題

至此，我們的討論得出以下的結構：

一 10 ～ 四 21	因領袖而生的不合一
五 1 ～ 六 20	因道德問題而生的不合一
七 1 ～ 40	有關性的主題
八 1 ～ 十一 1	有關偶像祭肉的主題
十一 2 ～ 34	補說
十二 1 ～ 十四 40	有關屬靈恩賜的主題
十五 1 ～ 58	補說
十六 1 ～ 12	有關施予的主題

在檢視這樣大範圍的大綱時，詮釋者可以輕易得著「保羅是隨意地回答不同的主題」的印象。保羅有一個計劃嗎？答案視乎詮釋者是否可以找到保羅立論的概念。我相信尋找哥林多

前書的概念應該並不困難。

據推測，一章10至11節有關不合一的陳述的功用，與羅馬書一章16至17節在羅馬書中的功用很類似。假如我們細看那些不合一的主題，就會清楚看到保羅在寫甚麼。保羅在一章10節至六章20節按以下次序討論兩種不合一：他們跟隨領袖的不合一和他們對處理不道德事情的紀律的不合一。保羅的立論是從小到大的，類似猶太拉比的釋經（就如我們早已在討論舊約引文的部分所提到的）。換言之，由於他們欠缺智慧，不能在適當的領袖、正確的原則下合一，因此他們無可避免地在錯誤的原則下合一（在這裏就是不道德的行為）。因此，選擇適當的領袖這個較輕的問題，帶來了違背上帝的道德要求這個更嚴重的問題。這樣，我們可以把大綱修改為以下的樣子：

一10～四21	為適當的領袖而引發的不合一
五1～六20	在錯誤的事上合一

哥林多前書的第二部分較為複雜。我們可能立時從較闊的大綱見到保羅為甚麼要以性的主題開始。五章1節至六章20節與性有關，因此以性作起始點也很自然。惟一的分別是，從七章1節開始，保羅所針對的是從哥林多人寫給他的書信中的不同主題。我們會在稍後看到，其他所有主題都是有次序的，並非隨意寫下來。我們甚至可以猜測到，哥林多人寫信給保羅時，並沒有以這樣的次序來排列他們的主題，但保羅卻重新排列主題的次序，以致讓他自己的書信是按著某個邏輯發展。

假如我們一瞥哥林多前書七章至書信結束的大綱，就可以立即見到保羅的邏輯是頗連貫的。七章1節至十一章1節論到教會從某種秩序觀來看社會。十一章2節至十六章12節論到教會在其牆垣內按著作先知講道、聖餐（Lord's Supper）、屬靈事項（即：人、恩賜等）、復活與施予而運作。因此，我們可以這樣重新編排大綱：

七 1 ～ 十一 1	向外的教會秩序
十一 2 ～ 十六 12	內部運作的教會秩序

透過每部分的段落在詞彙上的平行起始點，我們便對七至十六章的結構獲得一些認識。現在，我們一定對保羅如何在那些段落裏立論有一些理解，因為這十章的經文包含了很多內容。我們要看看不同的主題如何彼此相連。七章 1 節至十一章 1 節是簡單易明的。保羅先按著七章 1 至 40 節有關性的討論來說明黑白分明的道德教導，繼而進入八章 1 節至十一章 1 節有關禮儀潔淨條例的灰色地帶。這很自然地配合由大到小的立論方式。較大的議題似乎可以輕易解決，由上帝設立的婚姻制度是性行為的界限。第六章論到不當的性行為，是在婚姻制度以外的。七章 1 節至十一章 1 節大部分內容涉及不同形式的祭肉。這是個灰色地帶，因為保羅似乎接受肉本身並沒有影響力的事實。反而，吃肉的人可以影響別人。

十一章 2 至 34 節這段落似乎是討論聖餐，但它的內容其實不止如此，而是更為豐富。十一章 2 至 22 節論到作先知講道的主題，而秩序的主題也再次出現。這預備了十二至十四章討論屬靈的事，例如恩賜與人、作先知講道（以及先知）等。因此，十一章 2 節至十四章 40 節是關於信徒今生在基督的身體內的功用。十一章 2 至 34 節的補充，可能成為保羅在十二章 1 節起回答他們的諮詢的基礎。較不明顯的是十五章。這是回答他們的諮詢嗎？十五章 1 節欠缺了恰當的詞彙去表明保羅是在回答他們的問題，不像七章1及25節，八章1及4節，十二章1節，十六章1及12節。與此同時，保羅在十五章1節指出他們接受了一個傳統，有可能包括了十五章3節的傳統。這可能是保羅在十五章12節聽到的話的回應。有些人說沒有復活，因此引起了某些倫理行為。這可以是以書信的形式表達的，或是從革來氏家裏聽到的謠言而得知的。保羅並沒有清楚說明出處。那麼，為甚麼要把這個主題放在這裏呢？惟一答案就是視十五章為表明來生的秩序，但也是教會之內非常重要的問題。畢竟，非信徒不能享受到保羅福音裏所指基督的復活，這樣就顯得合理了。保羅在這裏藉著討論復活，而把所有問題限制在教會的範圍內。有別於之前有關在教會之內的有關今生的段落，復活的段落論到來生的秩序。這就留下了最後的問題：十六章1至12節論施予，以此結束這個教會以內的事項。為甚麼最後才論施予呢？保羅或有實際的關注，假如他們沒有達至某種合一，籌募資金之舉將會十分困難。根據這個簡單的評估，我們可以更新哥林多前書後半部的大綱：

- 七1～十一1　向外的教會秩序
  - 七1～40　黑白分明的秩序
  - 八1～十一2　灰色地帶的秩序
- 十一2～十六12　內部運作的教會秩序
  - 十一2～十四40　在今生的秩序
  - 十五1～58　在來生的秩序
  - 十六1～12　施予的秩序

根據上文的討論，我們現在可以得出保羅那融貫一致的立論，整封信書被一章1至9節的序言與十六章13至24節的跋包圍著：

一 10 ～ 四 21	為合適的領袖而引發的不合一
五 1 ～ 六 20	在錯誤的事上的合一
七 1 ～ 十一 1	向外的教會秩序
七 1 ～ 40	黑白分明的秩序
八 1 ～ 十一 2	灰色地帶的秩序
十一 2 ～ 十六 12	內部運作的教會秩序
十一 2 ～ 十四 40	在今生的秩序
十五 1 ～ 58	在來生的秩序
十六 1 ～ 12	施予的秩序

3.2 哥林多前書的成書目的

相比加拉太書，哥林多書信也許是第二卷最富爭議的書信。就如筆者較早前在討論口傳那部分所提到的，書信的目的肯定隱藏在書信之內，因為口傳書信是要直接針對當時的處境的。而找出書信的目的的最好地方，就是在書信的開首。

像哥林多前書這樣長篇的書信，在書信中分出較長的段落作序言是個好的做法。哥林多前書一章 1 至 9 節也許是個好的起始點，因為哥林多前書一章 10 至 11 節直接指出保羅是在回應某些事情。根據上文的結構分段，我們可以說一章 1 至 9 節應該是個分段點。我們已經討論過，序言是怎樣應當指導我們對一封以口傳形式表達的書信的理解。序言（一 1 ～ 9）到底記載著甚麼呢？

在這個討論裏，保羅很關注對哥林多人的稱呼，以致他在一章 2 節稱呼他們為「蒙召作聖徒的」（κλητοῖς ἁγίοις）。猶如他恐怕他們會拒絕那個標籤，於是稍後在一章 9 節以「召」

(ἐκλήθητε)這一類似的詞彙，論到他們的蒙召。這個重複似乎還未足夠，保羅繼而以「教會」(ἐκκλησίᾳ)一詞形容這個羣體。「教會」一詞，在字根學上與所有蒙召的詞彙是有關的。這並不是說，教會一詞的意思是「被召的人」，像那些對希臘文一知半解的講員常說的那樣。這個字本身的字義是「聚會」，但在這個處境裏，這個字的讀音會令人聯想到「蒙召」的詞彙。因此，雖然我們不可以賦予「教會」一詞有「被召的人」的意思，我們卻可以說保羅在修辭上把這個字連於「蒙召」的詞彙，透過讀音強調蒙召作聖徒。

在這樣的序言裏，我們應該留意到「教會」一詞是單數。這很重要，因為根據當時的社會情況，哥林多幾乎不可能只有一所教會。根據歷史資料，我們可以猜測，由於羅馬的殖民地政策，教會有很多貧窮人。這個情況，應該導致很多貧窮人無法像我們今天的情況般下班，並橫越城鎮上教會。在許多情況下，信徒都無法準時上教會(參林前十一21)。我認為哥林多有很多家庭團契，貧窮人可以在他工作附近的地方聚會，以致他們可以方便地參加敬拜，他們很有可能只會在星期日聚集在一起(十六1～2)。保羅絕對有可能使用了單數的「教會」，強調他們在基督裏是單一的個體，而立即成為他在一章10至11節指出的問題，並繼續在第六章討論。我相信單數的名詞標誌著單一的呼召，要把這個羣體合而為一，因為呼召他們的是獨一的上帝，祂的目的是要建立一個單一的聖徒羣體。正正因為這些人並沒有像聖徒般生活，卻在各方面重回到屬世的自我中心世界裏，以致保羅要寫這封信。

在一章1至9節這個短短的段落中，保羅也提到其他問題。他在一章4至7節提及恩賜的問題，這就是稍後在十一至十四章中導致哥林多信徒分裂的問題。一章5節尤其提到口才問題，因為它指向當時發生中的情況：在一至四章提及他們跟隨著某些有修辭恩賜的領袖。它進一步指向十四章有關作先知講道的討論，以及應該如何有秩序地實踐出來。接著在五章和七章 1 節至十一章 1 節浮現的潔淨問題，早已在一章 8 節有關期望他們在上帝面前無可責備地生活中提及過。簡單來説，保羅寫信的目的很簡單。保羅希望哥林多人活出蒙召為上帝子民的樣式，在潔淨和愛裏合一。書信裏的問題，全都攔阻著他們實現那個呼召。保羅計劃糾正這些問題，好讓他們能茁壯成長。

看過經文的序言後，就要從歷史處境找出保羅成書的目的，才能理解整幅圖畫。讓筆者澄清一點，保羅寫信的主要目的在經文中是頗為清楚的。現在我要嘗試看看保羅從他的歷史處境寫信時，其他可能需要關注的地方。

就如我們早已討論過，革老丟驅逐猶太人一事，甚至是猶太教中一些主張外邦人要行割禮的耶穌跟隨者，肯定會惹起保羅的關注。根據這封信的日期，那些視保羅的運動為猶太教的一種威脅的人，可以很容易為保羅帶來一些麻煩，尤其是當那些歸正者不檢點的時候。這裏極大的關注是與雅各在耶路撒冷大會裏所表示的一樣，那是大約在猶太人被逐出羅馬的時期舉行的（徒十五章）。即使是跟隨保羅信仰的猶太人，也會對保羅在哥林多書信中寫到的一些行為感到困惑。因此，對跟隨耶穌的猶太人來説，這些問題可以分化保羅曾在宣教中致力保存的猶太人與外邦人彼此合一的事情。這問題涉及兩方面：道德上和食物條例上。雖然道德問題黑白分明，但是食物條例卻不然。毫無疑問，保羅關注道德的問題，它可以令人大大誹謗他的羣體。這會實際上令猶太人側目，不單在希臘，同時也在耶路撒冷。這會危害宣教工作。至於食物條例，這也會叫人感到很不安，尤其是吃那些曾在廟宇中供奉偶像之物。到了那一點，食物條例不再涉及禮儀，而是涉及保羅的跟隨者所宣稱相信獨一的上帝。我們只能想像，也許當保羅發現有些屬哥林多放縱派的人進到廟宇，並參與拜偶像的宴會（八 10），他會是多麼的苦惱。基於反對保羅的猶太旁觀者的存在，我相信保羅的關注不單是關於絆倒軟弱的弟兄。他也有第二個關注，就是因為誹謗而阻礙著他整個宣教工作。

誹謗可以壞到甚麼地步呢？哥林多的異教背景，可以為這個明顯的問題提供簡單的答案。特耳菲與其他充斥著異教廟宇的城市很接近，對外人來說，基督教所指講方言這不尋常的行為，看似與異教沒有分別。哥林多人醉酒放縱的愛筵，也較似是異教的宗教宴會，當中富裕的人與貧窮的人按著階級分列而坐，也根據這些階級來分配食物。那些反對保羅的事業的人，會在這樣的一個場面中有盡情嘲笑的機會。他們可以說，保羅的宗教在本質上是一種基督論的混合主義形式，其所衍生出的行為，不過是一種加上了基督元素的異教習俗。這樣的謠言會扼殺保羅長達一年半的宣教工作的尊榮。在一個高舉榮辱文化的社會裏，他一旦被羞辱，就難以恢復其宣教工作。

哥林多教會究竟知道了甚麼呢？從大量的舊約引文來看，保羅必定在他駐留哥林多時，以大量經文教導教會。根據我粗略的估計，哥林多前書是第二多引用舊約經文的保羅書信，最多是羅馬書。在一年半的時間裏，保羅必定教導了大量的聖經篇幅，包括詩篇、創造的記載、出埃及事件，以及很多其他與彌賽亞有關的重要經文。雖然哥林多教會的外邦人也許之前沒有從會堂得到很強的猶太宗教教育（當然，從他們的道德表現來看，他們並沒有），但保羅以他的教導來彌補這個不足，難怪這些行為敗壞的外邦信徒會知道舊約經文。為何保羅要引用舊約經文？他以那些敍事提醒他們在基督裏應該是怎樣的身分。

那麼，我們可以怎樣總結保羅的目的呢？首先，根據經文，保羅鼓勵哥林多信徒按著他們所蒙的召而生活。其次，保羅要透過舊約倫理控制那破壞性，以致這些外邦信徒不會使他的宣教工作成為猶太人的一個笑柄。保羅所關心的主要是這個羣體是否有健康的靈性，但也同樣關心他自己的宣教工作，這可以大大影響將來的計劃。他那回到羅馬並繼而前往西班牙的夢想，可以片刻幻滅。

4. 研讀保羅的方法：從社會—修辭進路到現代倫理進路

從上文可見，社會—修辭學分析是綜合所說的討論的最好方法。上述的資料並不是全都適用，但詮釋者有責任檢視哪一些與現代的詮釋有關。

保羅其社會中的古老故事是解釋他書信的起始點。文本背後的故事所提供的背景資料，對於幫助我們研讀文本是十分重要的。本質上，這是在傳統的歷史—文法式（historical-grammatical）研讀中的「歷史」元素。在此，第一步要處理的是文本背後的世界。根據歷史敘事，我們就可以重構保羅的處境。我們必須問：文本有哪部分或全部都是對那個獨特的處境説話？

第二步要處理的是書信的修辭目的。在最基本的層面上，這涉及理解那個引導著保羅立論的主要概念。這個主要概念必須來自那引導立論的主要子句。從主要的概念，我們可以探索到修辭的目的，以致不單抽出保羅到底在寫**甚麼**，而是他**怎樣**寫和**為甚麼**要寫。目的和方法**是**信息的一部分。這步驟著重的是文本以內的世界。這樣，我們或者能夠標籤某段經文為三個範疇之一——審議式、表演詞藻技巧的、法庭式——以致我們能夠明白讀者從保羅那裏所接收到的影響。

第三步應該聚焦於古代和現代讀者。古代讀者固然有其自身的文化背景，而保羅也固然會在與他們溝通時留意到的。雖然現代讀者所關注的事情不同，但很有可能都有相類似的關注和志趣。現代讀者世界裏的現代批判，可以展示保羅的書信怎樣將社會和教會都包含在內。某程度上，現代教會與古代教會很相似。兩者都藉著成為保羅的書信中所致力實現的那種教會，向世界作見證。這步驟著重的是文本前面的世界，也就是讀者的世界。這樣，我們可以按著我們的現代敍事方式，融入一些經文例子，以致我們更能體會有哪一個或多個可行的「保羅」解決方法，來解決我們的「問題」。

5. 哥林多前書第一個例子：十一章 23 至 24 節

5.1 歷史研究：來源與背景

在這個部分，我們要看看來源與社會背景，這樣或許能夠向我們進一步揭示保羅的言論的意思。當我們讀哥林多前書十一章 23 至 34 節的內容，便知道它的主題是用膳。在保羅的時代，用膳是重要的事。當中提及聖餐，這是源自猶太人的逾越節，當中有很多儀式都象徵著耶和華給以色列的拯救。

我們必須先看看保羅是從哪裏得到他的傳統。哥林多前書十一章 23 節說保羅從主「領受」（παρέλαβον），這使普遍人認為他在往大馬士革的路上從耶穌那裏直接領受了一些事情；更準確的是，這「領受」往往標誌著透過傳統而來的（林前十五 3；參可七 4）。保羅使用強調語氣「我」來表示他自身對領受這樣的一個傳統的重要性。然而，加拉太書一章 12 節使用這個詞彙來討論某種超自然的接收。因此，我們不可以完全否定保羅也曾經從耶穌那裏直接得到某些啟示的可能性。但是為了這裏的討論，我們要看看保羅傳統中有可能出現的歷史來源。

在聖經裏，我們有四個關於聖餐的直接記載：馬太、馬可、路加與保羅。假如我們像大部分新約學者般，假設保羅的記載是最先寫成的，但倘若我們又假設保羅的記載是基於某個來源，又或許他是基於一個馬太、馬可與路加都採用了的來源的話，那麼，究竟哪一個較接近呢？

一瞥之下，路加記載的篇幅與保羅的記載較為相若（路二十二 17～23；林前十一 23～34），雖然保羅在某些地方略為不同。保羅在論喝那杯之後，還加上更多的記載（林前十一 26～34），而路加的記載則以猶大為焦點（路二十二 21～22）。保羅對「這是我的身體」有一簡短的版本（林前十一 23～24），相比起路加只在提到餅時加上「記念的話」（路二十二 19），保羅在提到餅和杯時都加上了（林前十一 23、25）。現在假如我們要比較保羅的記載與馬太和馬可的記載，就會發現保羅的記載與他們的記載比路加的更加不同。馬太和馬可的記載更加簡單（參太二十六 26～30；可十四 22～26）。因此，我們可以說保羅和路加可能使用了相同的來源，而保羅則為了平行而加上更多資料（而路加在論到杯時則刪減了），又或更有可能是他在十一章 25 節的「記念的話」中參考了其他來源。且讓我們假設保羅為了平行的緣故，而加上了第二番說話。我們或能推測為甚麼會是這樣。必須留意的是，這是初期教會的禮儀，雖然它可以是一般用膳的一部分。平行的說話可能有禮儀的目的，假如保羅真的加上了這個片語。在原初的傳統裏，這句話早已成為一種禮儀公式，以致教會更易在一般用膳中使用它。這樣的公式——就如保羅的用法——在平常如用膳這事情裏標誌著耶穌的死的嚴肅性。

因此，根據保羅的來源的討論，我們必須承認他必定諮詢了可靠的人，他不單知道這些話，也明白聖餐的意義和影響。再讀加拉太書一章18節等經文，則可以重新為他定一個不同的逾越節觀。保羅所領受而又教導其他人的，無疑符合初期教會的傳統。因此，他並不是在教導哥林多教會一些他們不知道的東西，而是提醒他們一些他們早已知道的事情，並分享這樣的教導在現實生活的含義。

檢視過歷史的來源，以及這種形式會這樣進入保羅的傳統的用意所在，我們也必須看看用膳本身在羅馬人處境中的意思。用膳不單在希伯來文化裏十分重要，在希羅文化裏也是如此，以致聖經文學學會花了整個會議討論這個主題。這些用膳的事情與今天的不同，不單是為了果腹，也有重要的社會影響力。與此同時，它們也是社會的縮影（Cicero *ad Fam*. 9.23.3）。為了這個討論，筆者只會在下文簡略地描述。這並不是古代用膳的全面性研究。

異教宴會一個明顯的特徵，就是將人按著社會地位分類。那些與主人家最親密的，並有最高社會地位的人，往往被安排最接近主家席。座位會這樣安排，確保只有屬於同一級的人才能互相接觸。這個場合讓主人家可以炫耀他的財富和強大的關係網。這是建立生意網和獲取個人利益的機會。事實上，宴會展示甚麼是生命中最好的東西，以及人在這個僵硬的社會級別中的地位。在這樣的精英制度下，貧窮人扮演著屬於富有者的奴僕的角色，以旁觀者的身分一窺他們主人的豐厚財富，卻沒有晉升和參與的機會。這樣，宴會的目的就是排斥而不是包容他者。再者，當中也有會按著性別分類的。很多時候，在從前的日子，一般婦女在這些宴會裏是會被剔除的，因為有不正經的女子會在這類宴會中作娛樂性的表演，這有違正常家庭觀念。當然，兒童不會參與這樣的活動。在宴會中，醉酒和暴食是常見的事，從很多別墅的宴會廳裏都擺設了酒神狄尼修像，足以證明這事。這種場合明顯是欺壓女性的。那些色藝絕倫的妓女，往往透過她們的姿色和才藝博取權力。可惜的是，即使她們能夠藉著一些有權力的恩庇者而得到一些權力，她們在社會中依然被邊緣化，因為她們的恩庇者與他們的朋友都會知道，她們是怎樣取得顯赫地位的。羅馬人是從希臘人借用了這套習俗，為他們的文化借取更多信譽。哥林多位於希臘，因為受到希臘文化影響，於是哥林多人便會因為有醉酒、社會階級分類、不道德的性關係與暴食而引以為榮。宴會不單定義了參與者的個人身分，也定義了一個羣體，也就是哥林多教會的身分。

教會為甚麼會如此沒有節制？從很多有關宴會的碑文清楚可見，人不能確定死後尚有生命，至少不是保羅信仰所肯定的盼望。因此，最能形容他們奢華的生活方式的是：「我們必須吃、喝、做愛和歡喜快樂；因為明天我們可能會死去。」好些碑文都表達了這樣的感受。[16]

與這樣的社會經驗同出一轍的，就是保羅社羣的宗教經歷。聖餐雖然都是用膳，但意義卻截然不同，甚至因為在某程度上是相反的，以致可以有不同的詮釋。由於聖餐欠缺了社會那種互動力及主對禮儀的一些說話，羅馬人後來以為敬拜耶穌的人是吃人肉的（Tertullian *Apologia* 7.1）。雖然異教用膳的模式與聖餐有很大分別，但兩者相近之處卻導致更大的誤解。我們可以說，保羅主張的聖餐是沒有社會級別與性別區分的。根據哥林多前書十一章，婦女明顯地在場。然而，這類似另一個稱為「農神節」（Saturnalia）的異教慶典，奴隸和百姓可以在那時參與他們平日禁止參與的活動。這一切都要說明，保羅留意到這些習俗，並頗為擔心聖餐會被誤解為與異教慶典相同。

有了這幅更闊的圖畫，我們就能明白為甚麼食物條例對保羅這樣重要了，因為這一方面牽涉猶太人對此的理解，另方面則關係到異教徒觀察者的評價。對猶太人來說，假如這一切都失控了，尤其是混雜了異教元素，即類似八至十章的內容，那麼保羅向外邦人的宣教工作就會受到影響。對異教徒觀察者來說，假如這一切都失控了，彌賽亞的筵席就很容易被看似為其他異教宗教，因而削弱了它的力量與獨特性。這些因素都會危害保羅的工作，也會分裂他的羣體。

討論過外在的背景之後，就要看看文本之內一些最後的資料，就是探討引發保羅撰寫這個段落的原因。哥林多信徒的誤解似乎是因為他們欠缺了這個洞見：人的身體怎樣影響基督的身體（六 12～20）。這個誤解導致一種生活方式，即不像基督的跟隨者的生活方式（五 9）。這種身體神學肯定會把哥林多教會連於聖餐，而聖餐也提到「身體」一詞，但這次與耶穌有關。這個主旨貫穿全書，甚至延伸到討論基督身體（Body of Christ）的隱喻性（十二 20）到人復活的身體（十五 35～49）。打從開始，保羅就聽到教會分黨分派（一 10～11、13），這早已暗示對基督身體的誤解。這讓我們理解到，為甚麼要討論聖餐的歷史背景。論到聖餐，部分是因為要解決合一的問題，那是源於對基督的身體（和身體）的扭曲理解。畢竟，並沒有哪卷新約書卷這樣頻密使用希臘文的「一」一字。這字在哥林多前書出現了三十一次。

5.2 修辭研究：文本、段落與結構

我們用過了歷史工具後，就要轉到另一個世界——文本之內的世界。在這部分之前，我們已看過導致撰寫這個段落的文本背後、在歷史當中的世界。

在進行任何分析之前，詮釋者必須決定那個處境精確地從哪裏開始。詮釋者必須找出經段。這意味著在尋找經段的開始時是帶著某程度的主觀性，因為整封書信是一幅連貫的拼圖，但是我們必能找出一些有主要動詞的主要子句，作為好的起始點。

我相信十一章 2 節足以成為我們的討論的起始點。或許會問為甚麼不是十一章 1 節呢？十一章 1 節似乎與前一個段落論到要平行地、有智慧地運用自由去幫助別人這主題更有關。十一章 1 節與之後的段落並不配合，因為之後的段落，只有很少部分可以連於效法基督或保羅的討論。另外，十一章 23 節無法獨立而存，成為一個新的起始點，原因是它指向十一章 2 至 22 節的問題。從沒有新的段落會像十一章 23 節那樣以「因為」（γάρ）作開始的，這一點也值得留意。牧者往往習慣以十一章 23 節作為聖餐這主題的起始點，但在文法上，這是錯誤的。保羅並不是在教導聖餐，而是以聖餐來討論別的問題。那麼，要理解保羅是在說甚麼的線索在哪裏呢？

我相信十一章 2 節和十一章 17 節是理解保羅為甚麼討論聖餐的好地方。十一章 2 節提醒哥林多信徒他們的傳統是甚麼。十一章 17 節告訴他們在何處失敗了。關鍵是十一章 2 節的「我稱讚」（ἐπαινῶ）這詞，以及十一章 17 節的片語「我不是稱讚」（οὐκ ἐπαινῶ）。這個對立的修辭策略成為重要的標記。重複是很適合朗讀書信的口傳社會。然而，對立的修辭僅僅是一個分段的位置，因為保羅基本上是在討論同樣的事情。兩個記載都是論到教會集合敬拜時的某個習俗。十一章 4 節論到預言，這個主題會在十四章更詳盡地討論。十一章 17 節起論到教會成員聚集吃飯時的分裂，這應該是教會聚會的一部分。結合兩個段落（十一 2 ～ 16 和十一 17 ～ 34），似乎就是秩序的主旨。

這一切都引入聖餐。聖餐似乎是上文提及的第二個段落的一部分。為甚麼我會視它為第二個段落的一部分呢？因為十二章1節清楚展示一個新的主題，那是保羅為回應哥林多教會一封較早的書信。因此，聖餐是第二個論到秩序的段落的一部分。而我們就要找出這個引入聖餐的段落的意思，即是十一章17至22節。惟有把十一章23至34節當作十一章17至22節的一部分，才能夠理解它。

在這裏，我要把所有詳細的詞彙研究，留給釋經書和本書的讀者去處理。我只會指出有助我們理解當下的經文（十一23～34）的關鍵議題。我們必須明白十一章17至22節的內容，它是頗為簡單的。敍事的處境如下：當哥林多信徒聚集在一起時，他們當中出現分裂。有些人在吃飯的秩序中得到好處（十一19）。[17] 他們是按著他們的社會地位而被區分出來。這一切都導致保羅撰寫十一章23節及之後的內容。

現在讓我們看看之前的處境。務要留意十一章23至34節在哥林多前書整體的結構中所扮演的角色。在之前有關哥林多前書結構的討論中，我們早已同意，十一章23至34節屬於肢體內部生活秩序的主題。聖餐是有關秩序的討論的一部分。在此最好先討論保羅是在說哪一種秩序。

十一章23至34節可以分為數個不同的單元。首先，保羅在十一章23至27節討論從耶穌而來的傳統。其次，保羅在接著的一個單元，就是十一章28節，它是以「所以」（ὥστε）開始（中文聖經是第27節），表示這是一個應用。另一個「所以」在十一章33節出現，有可能是結束十一章28至32節。因此，從十一章23至27節可見，保羅希望哥林多信徒以下述的態度回應。保羅期望他們怎樣回應呢？

我們可從十一章27及33節的一對「所以」找到答案。在兩個「所以」之後，都有兩個現在時態命令語氣主動詞。在十一章 28 節，動詞「應當自己省察」（δοκιμαζέτω）是單數第三人稱關身語態現在時態命令語氣。這單數十分重要，因為它標誌著個人的責任，尤其是以關身語態表達。現在時態或許是表示這個過程仍在進行中，要小心和持續地省察。在十一章 33 節，動詞「等待」（ἐκδέχεσθε）是現在時態命令語氣單數動詞，表示持續地等待，直到有一定的信徒來到。這次的動詞是複數，表示這是整體會眾的責任。因此，一對「所以」強調了個人和羣體的責任。保羅在十一章 23 至 34 節的修辭大綱如下：

十一 23 ～ 26	聖餐傳統的陳述
十一 27 ～ 32	第一個回應：個人的省察
十一 33 ～ 34	第二個回應：羣體的等待

為了現有的討論，我們可以看看每個回應和相關的處境。從十一章 17 至 32 節開始，我們必須留意到保羅在十一章 27 至 28 節對比吃聖餐的正確方式和錯誤方式，之後在十一章 29 至 32 節說明他的吩咐背後的原因。

首先，我們必須看看十一章 27 節，那裏記載了吃聖餐的錯誤方式。餅和杯與主的身體和血是直接的平行，形成了一個**框架結構**（*inclusio*）。在結構的中間是「不配的態度」（ἀναξίως）和導致「有罪」（ἔνοχος ἔσται）的討論。其實 ἀναξίως 早已在六章 2 節出現過，那裏提到哥林多信徒欠缺良好的判斷力，幾乎使他們失去參與終末式審判的角色。換言之，是否配得吃聖餐，與參與者在吃聖餐前有否在羣體之內做好自己的角色有關。罪的討論與法庭有關，所用的詞彙帶出了法庭的意象。換言之，這種不相稱的行事，將會在法庭的處境中被詳細檢察，而在這裏則有可能是指天庭。

其次，我們現在必須看看十一章28節中提及吃聖餐的正確方式。保羅在這裏的吩咐很簡單：「自己省察」。十一章28節的陳述，並沒有詳述整件事的意思，除非我們同時考慮十一章29至30節的條件子句（qualifying clauses）。十一章29節清楚表示審判，很配合十一章27節的審判意象。十一章29節的平行經文連於「因為」（καί）。這個語法是奇怪的，以致一個譯本把它譯作「假如他沒有正確地審判身體」。也許這裏的「因為」是為了連於解釋之前的審判的概念，以致它成為一種解釋用（*epexegetica*）的「因為」。保羅所指的審判「身體」，意思不詳。常見的解釋是身體就是餅。因此，信徒必須在吃餅前，把餅看作主的身體。這不太說得通，因為身體並沒有隨它而來的血，就如餅和酒必須放在一起。根據經文的內容：我相信「身體」是指基督的身體。保羅沒有把身體與血連繫在一起，表示保羅也許是在討論教會內基督的身體。在哥林多前書其他地方，也有象徵性地使用「身體」（十17，十二20）。

假如我們把這裏沒有血的身體理解為教會的身體，那麼我們就是在處理一個隱喻了。就如上文所說的，筆者在本人的論文《從奴僕到兒子》（*From Slaves to Sons*）中主張，隱喻是扭曲了文字的意思，脫離了正常、直接的意思。「身體」可以指不同的東西。有時候，身體不需要指人類的肉體。它可以指動物的身體。有時候，它可以單單指某東西的本質，就如英文所說的「知識體系」（the body of knowledge）。有時候，也是很多時候，它可以單單指人類的身體。就如我們在上文所見，保羅在十章17節以身體為隱喻，並繼續在十二章20節這樣做。在這個情況下，每個處境都涉及身體，它與各肢體一同運作，成為一個身體。因此，隱喻最有可能的意思是與合一有關。在這之前，保羅開始論到信徒之間的合一（十一 28）。換言之，我們必須理解審判身體的意思是指：對教會作正確的判斷，尤其是弟兄姊妹之間的和諧關係。從十一章 31 至 32 節開始，保羅似乎在鼓勵哥林多信徒要恰當地作判斷，以致他們不會像世界一樣得到同樣的審判。因此，個人應要審判身體，又或按著身體去審判自己。假如有任何東西阻礙哥林多信徒與其他信徒的合一，保羅鼓勵他們在吃聖餐前先糾正過來。十一章 28 節的自我省察，來自省察自己與他人的關係。

除了自我省察之外，第二個吩咐見於十一章 33 至 34 節。所有人都要等待別人。這個吩咐是基於十一章 21 節記載有些很早來到的人先吃喝，導致其他人飢餓了。保羅關注的再次是羣體的利益。

我們或已準備好把這段經文歸入法庭式的修辭、審議式的修辭、表現詞藻技巧的其中一類。某程度上，保羅是在發揚一個羣體的共有價值觀，就如豐富言詞式的寫作一樣，但他也期望他們可以在吃聖餐的方式上作一些改變，尤其是他在十一章 28 至 34 節提及應用的方式。這樣，最好是把這段經文視為審議式的修辭，目的是要促使一些行動。事實上，也許任何以一些命令式應用作結的段落，最能符合審議式的修辭。

5.3 結合文本背後、當中和前面的世界：保羅的信息

現在我們可以看看以上的資料並結合起來，找出十一章 23 至 34 節的意思和背後的目的。上述所有資料要求我們視社會和修辭處境為歷史文本的一部分。那麼，保羅看見的問題是甚麼呢？

根據我們所知的，問題是有關聖餐的不當行為。保羅有對外邦人宣教的負擔，他留意到猶太人為他的宣教所帶來的危

機，源於逾越節晚餐的聖餐面臨被轉變為異教酒宴的危機。對異教的社會來說，這個瘋狂的宴會將使教會失去見證，因著那些早早來到而吃光聖餐食物的人，那些遲來的人則飢餓萬分，以致在基督裏的成員失去了平等的待遇。參與者抵達的時間與他的社會地位關係密切。希臘人重視安逸的生活。人想致富的原因是想得到安逸的生活，期望其他人為他們工作。熱愛安逸促使貧窮人要額外努力地工作來賺取金錢。在貧富懸殊的社會中，富裕的人可以很早就來到吃聖餐，那是教會用膳的一部分；而那些遲來的人，正在為了那些早到的人努力工作。其他人要辛勞地工作，並要最後一刻才來到。問題就會累積起來，因為那些有食物的會吃得較多，而那些只有很少食物的幾乎沒有甚麼可吃。筵席的階級分別，如今以一種彌賽亞式的猶太教形式展現。這實在是很大的危機。保羅有甚麼解決方法？

保羅的解決方法，就是要他們按照基督的教會來省察自己。任何威脅到合一的習俗，都應在吃聖餐前棄絕。對教會來說，保羅想所有人都等待其他人。雖然視保羅極端地區分愛筵團契與聖餐會是太過簡單，但是這段經文的確為區分兩者提供了一些基礎。根據十一章34節，保羅想他們在家裏、而不是在教會裏用正餐。假如我們從整卷哥林多前書來看，就會發現這段經文屬於用膳與禮儀的所有討論中的一部分（參八至十章）。

即便是使用這段經文，我們說保羅在宗教方面帶來變革也非誇大其詞。保羅身處的異教處境，並不常把倫理和道德與禮儀關聯起來。然而，保羅卻把這些範疇串連起來。希臘人喜歡在哲學範疇裏討論倫理，但在宗教範疇裏，幾乎沒有討論任何關於倫理與禮儀的關係。保羅向外邦人介紹了一個嶄新的事情，就是讓他們透過禮儀引導他們的生活。因此，禮儀就不再僅僅是禮儀了。

從社會學模式的觀點看潔淨禮儀，我們可以恰當地在關於合一的議題上（與不按理吃餐而叫人羞愧形成鮮明對比）作一廣義的詮釋。保羅在八至十章論到在禮儀上不潔的食物，他認為這些食物本身算不得甚麼。那些食物只會影響軟弱的人。而在十一章 23 至 34 節，屬於日常用膳的那部分提及聖餐這新的禮儀，卻可以立刻影響教會的貞潔，以致有些人因為玷污了聖餐而死去。原本在禮儀上算為不潔但對人無害的異教筵席，已被聖餐所取締。這聖餐是因新約而立，而且理應是用來潔淨教會的。在禮儀上潔淨的吃喝方式並不是透過儀式而行，而是透過信徒之間的合一而成。在榮與辱的社會學模式裏，我們可以說，從前祭偶像之物是榮耀的，如今卻被抵銷為一些沒帶傷害的東西，不過，在某些情況下反而是羞恥之物。從前，猶太人的逾越節晚餐禮儀已被轉化為不拘一格而帶著附帶條件。人已不能靠著社會的名譽地位而得著尊榮，反要藉著與卑微的貧窮人的身分認同，以及等待他們而得著尊榮。保羅得到真正的尊榮，正正因為他認同社會上卑微的人。

5.4 現代倫理與十一章 23 至 34 節

就公共與個人領域而言，哥林多前書十一章 23 至 34 節向現代社會大力發聲。就現代公共領域而言，聖餐對世俗主義者來說只是一個禮儀、儀式。然而，教會運作的方式，將會影響世俗主義者如何理解禮儀的意義，這一點超越了我們對聖餐的看法。無論它以同質說（consubstantiation）、變質說（transubstantiation）或是象徵物來描述聖體，這其實都不太重要。耶穌的說話帶著奧祕，可能是今世無法理解的，更重要的是倫理的意義。

保羅的討論清楚顯示，教會是站在政治領域的位置上。假如我們以聖餐的觀點來看教會的公共神學，那麼，教會理應藉著與受欺壓者及貧窮人的身分認同，而指出禮儀的意義。在世界堅尼系數（Gini Coefficient）中，香港即使不是最高也是極高。政治家與政治正確的人士一直說，香港沒有貧窮問題，而香港有全球最富裕的人。假如我們這些基督徒坐下來稍為想一想，就會發現這事實上是加劇了貧富之間的距離。教會也反映了這一點，很多大宗派都與「凱撒」（和中上流社會）結盟，而不是與基督結盟。假如我們有一些富裕的人住在這裏，他們的財富更能反映貧富之間的距離，因為貧窮人並沒有消失。假如教會仍然在談論要配合政府的政策，就如一些大教會的領袖慣常做的，它就沒有實踐聖餐的教導。起始點是在教會之內。很多教會已失去了平衡，誤把它們的資源投放在物業而不是在人身上，尤其是他們當中的貧窮人。這也是違反了聖餐的教導。敬拜權力和形象等同於拜偶像。教會有一政治責任，但不是只不過有分於或默許一個敗壞的政府，而是要透過與貧窮人站在同一位置，而活出聖餐於「此時此地」的終末盼望。教會作為一個見證，必須平等對待富裕的人與貧窮的人。

當觀看聖餐的時候，我們基本上是在看著耶穌基督的十字架和復活，並以十字架為焦點。在保羅的政治神學處境中，筆者尤其喜歡博格（Marcus Borg）和克羅森（John Dominic Crossan）的提議，視十字架為羅馬統治的象徵。[18] 對外邦人（即有別於猶太人）來說，代贖的概念令人難以明白，因為外邦人並沒有舊約代贖的穩健制度。再者，十字架對保羅有關政府的正面言論有平衡作用（參羅十三章）。我要再補充一點：十字架象徵著不完全的司法制度，耶穌在這個制度之下不公平地被釘十字架。耶穌被高舉的事實，令普通的羅馬百姓不獨對這個象徵所代表著的殘酷產生疑問，也對羅馬的公義提出商榷。十字架成為給那些敢於反對凱撒的人的一個殘酷之視覺教材。上帝藉著十架和後來的聖餐禮為耶穌伸冤，提醒信徒只有上帝的管治是完全的，而上帝的國度就在教會裏。只有那些無知的人，才會依仗政治的過程（雖然身為一個地上的公民，我們也必需參與其中）。那些真正明白主的聖餐的意義的人，即明白聖餐作為合一的教會如同上帝的國度臨在地上的一個羣體宣稱的人，他們會清楚知道自己的社會責任，不要被人看為只會與政府結盟，任由政府高舉所謂公義的象徵（往往是作宣傳用），例如十字架。他們反而要堅決作見證者，見證著一個更好的明天及終末的盼望。以這種政治方式來閱讀保羅描述的基督十字架，不單是個別地看贖罪，而是進一步指向一個國度的羣體政治面向。

在以聖餐作為一種倫理應用時，不獨可以採取一個公共和政治立場，也可以看看當中的性別批判，並作為公共論述的一部分。聖餐與其他禁止女性和兒童參與的異教筵席不同。無論任何性別，所有信徒都可以參與聖餐。這在希羅社會中是一個重要的見證，但往往被忽略了。同一個原則可以應用於今天的教會嗎？我相信答案是正面的，尤其是根據保羅的文本。身為支持女性權益者，教會理應活出那種包含在聖餐之內的平等。這也需要連帶徹底地想清楚有關女性在教會之內的角色和職稱。

在公共倫理中，聖餐也提出了漢語神學的關注。舉例說，聖餐與偶像的筵席成為強烈對比，它藉著取締偶像的筵席而展示它的能力。同樣地，在華人羣體之中依然有很多文化上的問題，而這些問題則使整個羣體受束縛。聖餐不應只是考慮到在中國文化之內進行那未經批判的基督教本色化，就如上一代很多華人教會領袖所做的那樣。就著那深深植根於教會裏的華人文化，聖餐需要有一種更新的批判。每個被埋藏的文化包袱需要被挖出來，加以檢視和糾正。當然，任何文化也可以這樣做。在保羅的著作中，聖餐是挑戰文化的方式。這樣的更新也是需要的。

在個人領域中，我必須預先補充負面的那方面。在基督教信仰中把道德和宗教私有化，會導致人把基督教重新置於保羅那禮儀與倫理並無相連的異教環境中。保羅事實上會對於那些在領聖餐後行為沒有改變的基督徒感到萬分驚訝。保羅對聖餐的描述是充滿著倫理含義的，不是個人的宗教踐行，而是在日常生活中的一種公共整合。在進一步討論個人領域之前，這一點是必須先留意的。

在個人領域中，聖餐要求人省察自己的身體。每個人都吃和消化基督的身體和血（無論怎樣詮釋也好）。這些元素成為人的一部分。這樣，在基督裏的新生命如今就居住在個別的信徒裏面。然而，這並不足夠，新生命並不局限於個體。個體是羣體中的一員，而個體的行動可以影響著整個稱為「基督的身體」的羣體。換言之，個體不再是為自己而活。聖餐要求人有這樣重複的省察。每當這樣的和諧被破壞，省察後應該被糾正。因此，聖餐是一種羣體更新的努力，不應隨意看待，就如今天很多華人教會所做的一樣。

6. 哥林多前書第二個例子：六章 1 至 11 節

6.1 歷史研究：來源與背景

對於那些處理政教關係的人來說，哥林多前書六章 1 至 11 節依然是一段受歡迎的經文。要明白文本在保羅社會中的角色，最好看看這幾節的背景。由於保羅的立論是以猶太教對終末審判的立論為開始，我們需要稍為看看這一點。接著，我們方能討論羅馬法庭的外邦背景。

保羅在六章 3 節提到信徒在將要來的世界裏，甚至要審判天使。這個神學是從哪裏而來的？我們只要看看《以諾一書》一至三十六章就能知道。這卷書又稱為「守望者之書」（Book of Watchers），記載以諾在他的旅程中，坐在天上的會議裏。根據《以諾一書》記載，受審判的天使是壞的天使。《以諾一書》是尋找這類概念的好地方，因為它充滿著有關天使的討論，但它也對創世記六章 1 至 4 節那難以理解的經文有很多推測。在死海古卷中人稱「巨人之書」（Book of Giants）的段落中（4Q203, 1Q23, 2Q26, 4Q530 ～ 532, 6Q8），詮釋者依然對如何詮釋創世記六章 1 至 4 節有很多推測。在「巨人之書」的殘篇裏，以諾要為巨人解夢，並代表他們向上帝祈求。在這類天啟文獻中，天使扮演著重要的角色，從敬拜到在天庭上審判。因此，保羅的法庭那一幕與第二聖殿時期提及天使的概念很相似。那些質疑保羅是否天啟主義者的人不用再質疑了。藉著提到天使，保羅留意到他那時代的猶太神學背後的天啟傳統。根據《以諾一書》，我們可能把太多資料讀進天使的審判裏，視之為審判好的天使。保羅完全有可能在六章 3 節指審判壞的天使。

隨了天使之外，更為重要的是羅馬法庭作為六章 1 至 11 節背景的一部分。羅馬法庭事實上牽涉甚麼呢？我們從使徒行傳的記載得知，訴訟是公民的一種獨特活動。非公民是無法得著公義的，因為羅馬的司法制度是為富裕的人而設的。假如非公民要控告或為了一些損失而召某人上法庭，他就要依靠富裕的恩庇者去幫助他。根據他很多法庭的隱喻和使徒行傳的記載，保羅必定很熟悉羅馬的法律程序。在他的哥林多書信之後，從使徒行傳較後數章裏可見，保羅事實上要訴諸羅馬法庭，要求獲得釋放。我們已討論過保羅所身處的世界的政治層面。法庭是描繪帝國權力的最好地方。在最高聆訊位置的是帝王。帝王的權力是絕對的，因為他不單以統治者的身分掌權，也以大祭司和終審法庭的身分出現。有別於今天的情況，在保羅的日子，那些以律師為業的人，只是為了取得更多名聲，也就是為了他們自己的仕途。每個案件都是他們一個表現演説技巧和修辭教育程度的機會，繼而令人留下其超卓才能的良好印象。雖然很多律師都沒有正式收費，他們往往從富有的客戶那裏收到可觀的費用。事實上，這些律師並不需要收費，因為他們來自上流社會。從他們可以修讀修辭學本身，就表明了他們的社會地位。然而，並不是所有上流社會人士都可以成為律師，因為這需要很有自信和能力。演説時是有由法庭裏的滴水計時器計時的。因此，律師要十分熟悉他們的資料，才能準時表達他們所想的一切。

訴訟本身就像個劇院，既富戲劇性，也有不同情節。律師可以不擇手段地使用不同的方法爭取優勢，包括叫辯護者或原告穿得衣衫襤褸，博取同情。單憑邏輯並沒有用，只有戲劇性才能震撼人心。有時候，他們也會把兒童帶來，進一步博取陪審團的同情。因此，即使有點誇張和富戲劇性，情感是作輔助案件用的。有別於控辯雙方，律師會衣著醒目，以表現他的能力和社會地位。這個樣子也會吸引上流社會的官員，因而更加信任律師。羅馬人重視戲劇，因為他們知道要説服人不只是邏輯，也要靠感觀的刺激，因為人類的心靈需要多元的刺激。訴訟是卑鄙的。

羅馬法庭聆訊是公開的，往往在市內的長方形會堂裏舉行。初期教會從四世紀開始也以長方形會堂為聚會的地方，因此為後期的教會提供了建築靈感。在哥林多，市集裏有一個講壇，類似審判的座位，是迦流（Gallio）曾經聆訊的地方。這形成了一個獨特的情況，就是在聆訊之時，旁觀者可以交換意見（例如：耶穌的受審），並在審訊過程中施加公眾壓力。很多旁觀者事實上是坐在控辯雙方後面。其他觀看的人會坐在外圍，以致他們能更清楚看見整個場景。在很多聆訊中作主席的迦流，很有可能會有其他陪審團和市內的官員與他同坐，為案件提供意見。陪審團是精通羅馬法律的專家，能夠為當地的案件提供意見。很多時候，一個審訊會有多於一個法官，也有市政成員坐席和為案件投票。與今天的情況不同，那時代誠實並不是甚麼德性，並沒有任何誓詞去確保見證人不會說謊。事實上，見證人可以是冒充或受賄作假證供的。審訊的結果，往往是基於演說者運用其修辭去說服法官，而有時候則包括遊說羣眾。假如保羅是在針對這樣的情況，當教會敗壞的行為受到公眾的監視，並使普羅大眾和市內的官員留下負面印象時，他恐怕自己不獲公平對待。保羅將會被那詞藻華麗、有時候帶著欺哄的修辭需要，以及不誠實的戲劇性表演，殺個措手不及。基督教會當時並不是一個受到羅馬法律保護的一個宗教，沒有甚麼會比在哥林多教會內出現訴訟更可怕。對保羅而言，訴訟將會是一個噩夢。

根據上述的歷史重構，保羅希望以猶太人的理念說服哥林多信徒，叫他們避免在公共場所引人注目，免得破壞他們作好見證的名聲。這涉及神學和實際的問題。

6.2 修辭研究：文本、段落與結構

探討當時的歷史情況後，我們必須看看文本的修辭本身。就如我們在上文提過，有關法庭的討論，似乎在主題上是連於五章那道德敗壞的嚴峻情況。雖然六章 1 至 11 節是個灰色地

帶，但保羅似乎在六章7至8節察覺到教會之內可能出現了弟兄彼此告狀的情況。保羅在這個段落的修辭，並沒有像五章1節那樣以「風聞在你們中間有……」開始，表示這個段落與論道德問題的前一章有密切關係。兩章有甚麼關係呢？分析過六章1至11節後，我們就能回答這個問題。

保羅在六章1至4節透過一系列修辭問題，以一個神學立論作開始。接著，他在六章5至7節上作出一個譴責，繼而在六章7節下至10節教訓雙方。最後的呼籲是在六章11節。大綱如下：

六1～4	以終末論陳明問題所在
六5～7上	對全體綜合的責備
六7下～10	責備雙方
六7下	處理受害人
六8～10	處理欺壓者
六11	結案陳詞——訴諸聖化的羣體地位

現在讓我們逐一細看每個段落。在六章1至4節，保羅以一系列的問題作開始，那似乎是根源於這世界不公義的法官面前的訴訟。根據所說的內容，整個羅馬司法制度的不公義並非純粹是理論，它是真實的存在著，並充斥著各種敗壞的問題，當中有腐敗的政治家、假見證與戲劇演員。「不義」（τῶν ἀδίκων）一詞，在哥林多前書的處境中有甚麼意思呢？這個關於義的討論將會影響這個段落較後的部分，但我們稍後才會討論它。「不義」這詞彙在六章9節出現，保羅在這裏說得十分清楚，之後在六章9至10節列出的清單，也為不義下了定義，因此，保羅是在討論道德上的不義。這份罪行清單有一個共通

點：它們都是對教會有害的。我們將進一步討論這份清單。我們可以辯論羅馬人究竟有否認為這些素質是不可取的。很多帝王都犯下這些罪行，有些顯赫的政治家也時常犯下這些罪行。羅馬歷史學家蘇埃托尼烏斯（Suetonius）在他著名的《十二凱撒》（*Twelve Caesars*）中，在描述帝王時就幾乎記載了這些所有罪行。生命仍未被改變的哥林多人，並不會認為這些罪行是過於冒犯。希臘人是公然的同性戀者，但即使帝王很多也是有戀童癖的。在外邦聽眾的經驗中，保羅也許是第一個率先把道德的教導連於宗教的人。假如外邦統治者是那樣邪惡，為甚麼哥林多人會降服在這些人的審判下，而不是自行處理審判的事宜？保羅的立論愈來愈激烈，他在六章 2 至 3 節指出道德並不單是倫理上，也是神學上的。他在六章 3 節「何況今生的事呢！」指出來生的事更加重要。然而，假如聖徒無法在這個不足為道的生命中審判小事，他們又怎能在來生作審判呢？

就如我們在上文所提及，五章和六章 1 至 11 節所記的情況是相關的，因為它們都與審判有關。當保羅在五章中要求更嚴厲的審判時，哥林多人卻因為愚昧地包容一切而感到自豪。在六章 1 至 11 節，保羅要求作某些審判，哥林多人卻十分散漫，不願做任何事，只交由法庭去判決。這些記載反映了錯誤的審判與愚昧，有違哥林多人自稱為有智慧的人（一 18 ～ 31，六 5）。更重要的是，這些問題導致他們彼此分裂。保羅必定從革來氏家裏聽見這個情況。他的責備是合理的。

面對這個問題，保羅在六章 5 至 7 節上的責備是肯定的。根據六章 5 節，責備基於羣體普遍欠缺智慧。也許保羅使用了哥林多人所愛好的智慧的詞彙去責備他們。根據六章 7 節上，真正的失敗是教會裏的不合一。保羅繼而在六章 7 節下至 10 節責備個別的羣體。雖然保羅在六章 7 節上告訴受害人不要太過執著，但他在六章 8 至 11 節中則較多集中在犯錯的人身上。保羅接著把更多責任放在欺壓者而不是受害人身上。六章 9 至 10 節的罪行清單十分有趣，因為它指向那些施行審判的（參六 1、9），以及欺壓人的人。保羅明顯看見在教會內欺壓弟兄姊妹與罪行的清單同樣嚴重。再者，根據六章 1 節，保羅並沒有期望不信的法官會有公義的審判。與此同時，不義的法官因為他們的不義，並不適合去審判信徒。就著哥林多所有問題來看，我們可以說，這份罪行清單有部分是在責備哥林多教會，而道德罪行將指向第五章。拜偶像的罪行記載在八至十章。醉酒是在十一章 21 節。諷刺地，這裏有關審判的詞彙，同樣在十一章 31 至 32 節出現。雖然這份罪行清單指向世上的法官以及教會內欺壓的勢力，這份罪行清單成為對哥林多教會的嚴厲責備，比世上的法官更甚。

最後，保羅在六章 11 節以哥林多教會的身分作結束。他以一系列的過去不定時時態動詞組成這句話是很有力的，因為他想強調哥林多教會的義與成聖的身分。由於六章 11 節的希臘文「稱義」（ἐδικαιώθητε）與六章 1 節的「不義」（τῶν ἀδίκων）既相關，也有類似的讀音，保羅為憑著耳聽接收這封信的聽眾清楚作對比。這個身分有別於六章 1 節不義的法官。那麼誰應做法官呢？答案很簡單，就是信徒。

現在當我們讀六章 1 至 11 節之時，可以從法庭式的、審議式的、表現詞藻技巧的這三個修辭類別中作選擇。驟眼看，欠缺命令語氣的詞彙，似乎讓人作結論說這不是審議式的修辭。雖然保羅有一系列的控訴，因而讓這段經文歸入法庭式的修辭，但我們難以想像保羅希望這些聽眾感到自己做錯了甚麼似的。因此，審議式的修辭仍然是最配合這段經文的。至少，保羅想他們停止彼此告狀。

6.3 結合文本背後、當中與前面的世界：保羅的信息

我們現在可以整合六章 1 至 11 節文本背後的世界、文本之內的世界和文本前面的世界。哥林多前書似乎暗示，在教會裏弟兄之間有訴訟。六章 1 節的現在時態表示這可能已是一個持續的問題，而且仍未得到解決。就羅馬法律制度而言，由義的羣體審判信徒，會比由不義的羅馬人羣體審判較好。保羅的終末性立論清楚指出，哥林多信徒對神學的理解並不全面。因此，保羅告訴他們有關終末的事，尤其是對比他們竭力追求的屬世智慧。哥林多教會的危機不單是失去見證（當然，把他們的敗壞行為留給世俗的法官審判，會對教會的見證帶來災難性影響），對保羅來說，更重要的是這個訴訟會導致教會分裂。保羅早已在一章論到合一的重要性。而在這裏，那個合一明顯被破壞了。假如我們想像一下法庭裏慣常所設的坐位，教會就真的實際地被分裂了，因每個教會成員，都按著自己的選擇與其中一方同坐。這個公開的不合一，將會大大損害教會。

就上述的處境來看，我們必須說：保羅的信息是很簡單的。保羅想哥林多教會自行處理他們當中的分歧，尤其是把責任加在那些犯錯的人身上。由於這是一封公開的書信，保羅要求教會承擔責任，處理好這個問題。保羅想整個教會嚴厲責備欺壓者，就如他們嚴厲責備那些犯了清單上的罪行的人一樣。

6.4 現代倫理與六章 1 至 11 節

就著上文的研究，我們可以從現代社會的角度看看六章 1 至 11 節。我們先要處理這段經文在公共領域的應用，才去處理個人領域的應用。作為一種公共神學，教會有責任維持良好的形象。這個形象不一定是很多基督徒所想的那樣。保羅並沒有責備教會以外犯罪的人。罪行清單不是為責備那些外人而設

的。保羅認為那些問題是他的社會很平常的事。換言之，他並不是向社會說教。很多現代的保守基督徒正在做相反的事。與其自己省察，他們斥責和批評他人。

就著罪行清單來看，我們甚至可以看看哥林多信徒要怎樣回應。當然，他們應該察覺到欺壓的行為與犯罪清單一樣差劣。就著香港或亞洲的情況來看，那些在教會當中與欺壓一方同一陣線的，理應與那些在教會當中有不道德行為（或許六 9～10）的人同受責備。但事實往往不是這樣。我甚至看見某些超級教會（mega church）與欺壓勢力並政界要員結盟，卻又同時責備社會不道德的行為。當香港社會中不信的人呼求公義時，這些教會往往呼籲要和諧地與欺壓的一方同一陣線。這正正有違保羅的做法。這種行為是分裂的，為基督徒留下壞名聲。難怪很多香港人很難相信基督教是一個有效的信仰。

現在我們必須處理個人領域。很多麻木地讀這段經文的人會說，基督徒之間不應有訴訟。我對這個說法很有保留。我們不能搬字過紙地讀這段經文，因為我們必須明白，保羅時代的法律制度與我們的截然不同。保羅並沒有完全禁止訴訟。他只是鼓勵教會自行處理訴訟，而不是讓世俗的法官去處理，因為他們的判斷本來就是不公義。但是，基要派對這段經文的應用，導致很多基督教機構可以不用為到違反嚴重道德操守而負責任。我記起曾有一位教授的筆記在神學院擴建時意外地被銷毀，他想追討保險索償。他所任教的神學院不單沒有支持他索償，反而禁止他這樣做，因為管理層的人僵硬地應用這段經文，稱任何世俗的法律程序都有違上帝話語的。那些由建築公司當廢物丟棄的筆記是無可取代的。然而，從基督教機構內部，也沒有提供任何補償。所有的機構領袖只能說：「要去的就任由它去吧。」不久，這位教授就因為他堅持要追究、索償而遭辭退。僵硬地應用這幾節經文，教會事實上創造了一頭不需要為牠任何言行負責的怪獸。這樣，讓法律介入會比任由教會像脫繮的馬更好。假如教會可以不用為殺人負責，它就真的不會負責。我們只要想想昔日曾擁有所有權力而又敗壞的羅馬天主教教會，就能略知一二。由於它不用負責任，因此導致歐洲持續的混亂和出現反對聲音。華人教會也許應當以此為戒。欺壓是一項致死的罪。

註釋：

1. Adolf Deissmann, *Paul: A Study in Social and Religious History* (New York: Harper and Row, 1957), 235 ～ 236; Johannes Munk, *The Acts of the Apostles* (Garden City: Doubleday, 1967), 177. Dixon Slingerland, " Acts 18.1 ～ 18, Gallio Inscription, and Absolute Pauline Chronology, " *JBL* 110 (1991): 442 ～ 443 似乎為變動不定的日期提供更多空間。有關特耳菲的迦流碑文的全面資料，另參 Everett Ferguson, *Backgrounds of Early Christianity* (Grand Rapids: Eerdmans, 2003), 549。
2. David G. Horrell, *An Introduction to the Study of Paul* (New York: T & T Clark, 2006), 33 ～ 37.
3. Slingerland, " Acts 18.1 ～ 18, Gallio Inscription, and Absolute Pauline Chronology, " 443.
4. Moyer V. Hubbard, *Christianity in the Greco-Roman World: A Narrative Introduction* (Peabody: Hendrickson, 2010), 21.
5. 見曾思瀚：《傳到地極 ——羅馬書初探》(香港：基道，2008)，頁 97。
6. Richard A. Horsley, *1 Corinthians* (Nashville: Abingdon, 1998), 3; Sze-kar Wan, *Power in Weakness* (Harrisburg: Trinity, 2000), 21.
7. Hubbard, *Christianity in the Greco-Roman World*, 98.
8. 曾思瀚：《傳到地極》，頁 158。
9. 對文化人類學的高處境 (high context) 和低處境 (low context) 標籤的簡單理解，見 http://www.culture-at-work.com/highlow.html。一個較古舊但對重

構處境很有用的工具，見 Jerome H. Neyrey, *Paul, In Other Words: A Cultural Reading of His Letters* (Louisville: WJKP, 1990)。整本書是一幅詳細的地圖，展示了保羅的思想世界會是怎樣的。

10. Charles H. Talbert, *Reading Corinthians: A Literary and Theological Commentary* (Macon: Smyth and Helwys, 2002), 1.
11. Talbert, *Reading Corinthians*, 2.
12. Talbert, *Reading Corinthians*, 25.
13. Talbert, *Reading Corinthians*, 25.
14. 參 Gorden Fee, *The First Epistle to the Corinthians* (Grand Rapids: Eerdmans, 1987), 21 ~ 23; Anthony Thistleton, *The First Epistle to the Corinthians* (Grand Rapids: Eerdmans, 2000), v ~ xiii。William F. Orr and James A. Walther, *1 Corinthians*, AB 32 (New York: Doubleday, 1976), x ~ xi 也有類似西塞爾頓的分段，把五章 1 節和十五章 1 節作為分段的地方。Horsley, *1 Corinthians*, 21 大致跟隨費爾的大綱，卻不一定視問題的起源是來自革來氏家的。霍思禮堅持保羅正爭辯某些概念，因此他採取社會和修辭學進路。David E. Garland, *1 Corinthians* (Grand Rapids: Baker, 2003), 21 ~ 23 基本上與費爾的進路很類似，認為保羅是在回應三份口傳報告（有別於費爾所說的兩份）。
15. G. A. Kennedy, *New Testament Interpretation Through Rhetorical Criticism* (Chapel Hill: North Carolina University Press, 1984), 152 ~ 156.
16. Glenys Davies, "*Idem ego sum discumbens, ut me videtis*," in *Art and Inscriptions in the Ancient World*, ed. Zahra Newby and Ruth Leader-Newby (Cambridge: Cambridge University Press, 2007), 48.
17. 聖餐的次序是怎樣的，似乎是個永無休止的討論，參 Mark Surburg, "The Situation at Corinth," *Concordia Journal* 32 (2006): 17 ~ 37。他指出兩個可能性：第一，哥林多人在平常用膳後吃聖餐；第二，哥林多人擘餅，吃晚餐，接著喝餐後酒，令聖餐成為整個晚餐的一部分。這個詮釋乃根據其他聖餐傳統，建基於哥林多前書十一章 21 節。
18. Marcus J. Borg and John Dominic Crossan, *The First Paul* (London: SPCK, 2009), 134.

第5章
結語

當我們來到本書的結尾，就著已經做的研究，我認為還有許多東西值得討論下去。在觀察普遍的保羅詮釋時，詮釋者往往不一定會區分他們是以文本背後的歷史，或是以文本之內的修辭，又或是以文本前面的讀者為焦點。這些都是重要的區分，至少在理論層面如是。

不同的焦點會導致不同的詮釋。事實的真相是，只要有釋經，很多前設和預先關注的事情便會從詮釋者而來。對於那些認為若不以稱義為保羅的焦點就幾乎無法理解保羅的人來說，他們只是強烈地持守某個宗派在某段歷史時期中的某個教義上的轉移。他們假設了這個轉移就是保羅所想的。福音派與非福音派都是一樣。現在，假設有人來說，根據數字統計，「稱義」並不是保羅書信所強調的詞彙，因此，稱義並不是保羅的中心思想。這人其實也假設了統計詞彙的數目或詞彙分佈，足以確定保羅的焦點。又假設，有人來說，保羅書信中有看似反猶太人的辯論，但這不可能是指保羅想攻擊猶太教的基本信念。與此同時，這人又關注這樣應用保羅，會導致反閃族的情緒（我猜想自己要認同這一點）。這樣研讀保羅反對妥拉的陳述，也會主導了詮釋的結果。所有詮釋都有個人的意向。結果全在乎詮釋者。

在保羅研究中，早幾代以歷史背景和對歷史保羅的歷史重構為焦點。焦點是在文本背後。由於我們有很多歷史保羅的資料，學界繼續埋首於歷史。即使當焦點轉移到修辭或後現代讀者上，它也從未停止過。保羅新觀運動是一個歷史事業。漸漸有很多研究保羅文本的人，察覺到歷史研究並不足以詮釋歷史資料本身。來自其他學科的方法，例如考古學或人類學，都能提供新的亮光。

後現代運動的來臨，令保羅研究不再單單停留於宗教研究的層面。其他學科也會陸續出現，好幫助我們詮釋保羅。諸如意識形態批判等各種理論，也會繼續以上幾代從沒想過的方式討論保羅。聖經學者的挑戰，就是要努力地跨科際，而不是作旁觀者，看看這些別的學科怎樣詮釋保羅。

在這個研究裏，我盼望能展示出平衡各方面事情的重要性。在所有方法都有其限制的同時，大部分方法都可以帶來幫助。而可以肯定的是，對二十一世紀的詮釋者來說，單單熟悉文法或知道文本的一些歷史背景，必定不足以應付所需。

聖經研究叢書

探索與鑽研神的話語，傳承真理。

壞鬼釋經——糾正新約金句的常見詮釋
Commonly Misinterpreted Texts: Exegetical Fallacies in the New Testament
曾思瀚 著／曾景恒 譯／HK$88

壞鬼釋經：舊約敘事篇——糾正舊約金句的常見詮釋
Commonly Misinterpreted Texts II: Exegetical Fallacies in the Old Testament Narratives
曾思瀚 著／李梅 譯／HK$83

壞鬼釋經：舊約詩歌篇——糾正舊約金句的常見詮釋
Commonly Misinterpreted Texts III: Exegetical Fallacies in the Old Testament Poetry
曾思瀚 著／李梅、倪勤生 譯／HK$93

壞鬼比喻：馬太福音篇——糾正新約比喻的常見詮釋
Right Kingdom, Wrong Stories: A Backward Reading of Matthew's Parables
曾思瀚 著／曾景恒 譯／HK$93

壞鬼比喻：路加福音篇——糾正新約比喻的常見詮釋
Right Parables, Wrong Perspectives: A Diverse Reading of Luke's Parables
曾思瀚 著／曾景恒 譯／HK$98

壞鬼比喻：馬可福音篇——糾正新約比喻的常見詮釋
Stories Telling Stories: A Study of Mark's Parables
曾思瀚 著／曾景恒 譯／HK$78

讀者意見表

緊扣時代 服事教會

以文字傳揚基督真道

衷心多謝你購買本社書籍。本社一直致力以出版事工服事教會，幫助信徒扎根於神的話語，促進靈命增長。為使我們的出版更能滿足你的需要，請填寫下列各項資料，並寄回或傳真予本社。

所購書籍：________________

本書最吸引你的地方：
□作者 □適切性 □文筆 □設計 □實用性
□其他：________________

購買本書地點：
□基道書樓 □基督教書店 □非基督教書店

性別：□男 □女 職業：________________

信仰：□基督徒 □非基督徒

年齡：□ 16 歲或以下 □ 17～25 歲 □ 26～35 歲
□ 36～55 歲 □ 56 歲或以上

學歷：□中三或以下 □中五 □預科
□大學 □研究院

□我欲更多了解基道出版社的事工及考慮支持，請寄給我下列資料：
□機構簡介 □新書資料 □基道會員通訊
□《基道文字事工通訊》

姓名：________________電話：________________

地址：________________

____

傳真：________________ 電子郵件：________________

其他意見：________________

____

多謝賜教！

基道出版社

意見表可以傳真（2687-0281）或直接郵寄以下地址：
香港沙田火炭坳背灣街26號富騰工業中心1011室
基道出版社編輯部收